# 激励的本质与主体性的转化

## ——以道为本的激励哲学及操作模式研究

## The Essence of Motivation and the Transformation of Subjectivity : A Study on Dao-Oriented Motivation Philosophy and its Operational Model

程 江 著

南开大学出版社

天 津

图书在版编目(CIP)数据

激励的本质与主体性的转化：以道为本的激励哲学及操作模式研究 / 程江著. —天津：南开大学出版社，2014.11

ISBN 978-7-310-04701-7

Ⅰ.①激… Ⅱ.①程… Ⅲ.①激励理论－研究 Ⅳ.①C936

中国版本图书馆 CIP 数据核字(2014)第 265256 号

南开大学出版社出版发行

出版人:孙克强

地址:天津市南开区卫津路 94 号　　邮政编码:300071

营销部电话:(022)23508339　23500755

营销部传真:(022)23508542　　邮购部电话:(022)23502200

\*

河北昌黎太阳红彩色印刷有限责任公司印刷

全国各地新华书店经销

\*

2014 年 11 月第 1 版　　2014 年 11 月第 1 次印刷

230×155 毫米　16 开本　16.75 印张　2 插页　234 千字

定价:39.00 元

如遇图书印装质量问题,请与本社营销部联系调换,电话:(022)23507125

献给母亲高银荣、父亲程印学

# 序　言

　　激励是最重要的管理问题之一，因为管理的基本定义就是通过自己和他人的努力实现组织的目标。这就要求管理者具备激励自己和他人的能力。现代企业的出现是以分工为基本前提的，由分工而导致的"委托—代理"关系是现代企业中的基本关系。在信息不对称、利益关系复杂和工作更多成为谋生手段的情况下，激励就成为管理的基本职能。但是，在一些根本性问题没有得到解决的情况下，激励作为一种工具真的会长期有效吗？如果现实中的激励违背了人性和规律，这样的激励还能算是科学的吗？

　　社会中的任何组织都离不开激励，也正因为激励对于社会组织的重要性，激励理论成为管理学理论中内容最为丰富的领域之一，其研究历史长、研究者众、理论数量多。面对现实激励工作的效果，回顾激励出现的问题背景，不难发现激励有术无道的情况是普遍存在的。正是因为如此，激励理论所面对的问题不是在原有体系下的修修补补，而是本源性的创新。

　　已有理论的问题何在？程江博士对此进行了新的探索。这个新探索的可贵之处是其从"根目录"解决问题的视角。哲学是理论的理论，在一个具体问题的理论体系中居于地基的位置。如果理论的哲学基础存在问题，其后续的展开就可能将问题进一步放大。研究从激励哲学入手来分析和解决问题可以说是找到了问题解决的根本之处。

　　在对已有文献进行了哲学视角的分析后，发现已有理论哲学基础上存在着共同问题——将激励视为工具而逐渐偏离了激励的本质，因偏离了激励的本质而使激励的主客体关系、激励作用和目标长期错位，表现为只重视他励（外部刺激）而无视自励（内化的自动系统）。程博士的研究从哲学的高度探讨了管理中激励的理论本质与实践面临的问题，从主体性方向突破，提出了激励的自励本质或者说他励向自励转化的方向性。毫无疑问，这一研究抓住了激励理论的核心问题。

在找准问题的基础上，研究以道本管理思想为依据，提出了解决问题的新思路——以道为本的激励哲学，从而实现了理论上的突破和创新。道本管理是我根据当前管理实践中的问题，分析已有管理理论存在的不足，结合中国传统管理哲学思想基础上提出的一种新的管理学思想。入学前，程江就对道本管理思想表现出了强烈的认可，入学之初就提出希望以道本管理操作模式作为自己的博士论文选题。博士学习期间，程江和其他同学一起学习和讨论道本管理的理论基础和理论内涵，对道本管理思想有了深入全面的认识。最终，他从激励的视角提出以道为本的激励哲学，作为他的导师，我感到很欣慰。

在理论创新的基础上，研究设计了使理论能够落地的一整套操作模式。当前，中国的管理理论研究与管理实践存在脱节的现象。管理理论研究对实践的关注不足，研究成果大多不能有效地指导管理实践。理论来源于实践，理论也是为了指导实践，一项好的管理学研究应该是能够应用于管理实践的。因此，本研究的操作模式设计对管理实践很有指导价值。程江在攻读博士学位前已有十多年的企业实战经验，这为他提出具有很强操作性的研究成果奠定了很好的基础。

为了验证新理论的有效性，程江博士采用了现场实验（准实验）的方法对理论进行了实证检验。实践是检验真理的唯一标准。在真实的企业中应用理论并对应用结果进行统计分析，是真正的科学方法。研究在精心设计的基础上利用近一年的时间在企业中推行依据道本激励哲学设计的积分制激励模式，并按照科学方法取得数据，得出分析结论，这样规范的实验研究和踏实的研究作风在管理学研究中是难能可贵的。从这个角度说，本研究是一个很有价值的探索性研究。

当然，受研究样本数量的限制，研究结论的信度和效度仍待进一步证实。以积分制为代表的操作模式也还有进一步改进、完善和优化的空间。希望程江能以此研究为起点，在理论和实践两个方面将研究进一步深入，取得新的成果，实现更大的突破。

伴随着改革开放，我们学习西方思想已有三十多年，如今，是该考虑如何消化和提升完善的时候了。中国的文化在世界上具有独到的优势，中国的社会经济发展实践也走出了一条独特的道路，在此情况下，发展中国的管理思想与理论，不仅仅是实践的需要，也是我们民族尊严的需要。愿有志者一起努力！

南开大学商学院齐善鸿教授

2014 年 9 月 29 日于南开园

# 前　言

　　激励是一个"古老"的问题，之所以选择这样一个古老的研究问题进行新的探索，主要基于以下三个原因。

　　**一是自己在企业管理中的现实困惑及思考。**

　　从南开大学商学院取得工商管理硕士学位后，我成为了一名真正的企业管理者。管理一个有着一千名员工的中型企业，当时的我信心十足，认为四年的企业工作经验和三年的系统的管理理论学习已使自己具备了成功管理者的全部条件，只要勤奋努力，成功应该是自然而然的事。

　　然而，残酷的现实却无情地击碎了我的美梦。学习借鉴国内外知名企业而建立起来的"完美"的管理制度并没有按照设想顺利运行。无数的"例外"使我陷入到无尽的忙碌之中，我开始成为一名"救火队员"。这与制度经济学的预设和成功企业的经验相去甚远。我将问题归结为下属的能力与素质不足。为了解决这个问题，首先我推出了新的考核激励制度，以调动下属的工作积极性和主动性。其次，我更加努力地工作，希望通过示范和引领使下属能力提升，并在此基础上使制度能够发挥作用。但让我恼火的是，激励措施短期有点效果后便又回到了原点；我越往前冲，下属越往后退。最终，企业激励成本大幅增加，而我成为了企业的超级业务员、企业中"最忙"的人。直到我最后离职，问题最终也没有解决。

　　博士学习期间，我开始对这个问题进行系统的反思，试图破解实践中困扰我的难题。

　　阅读了大量的文献后，我发现我当时所面对的问题绝非个案，而是当前中国乃至世界范围内的共性问题，有人将之命名为"激励怪圈"和"激励综合症"。

于是我兴奋地试图从已有研究中找到困扰自己已久的问题解决方案。遗憾的是我并未找到。学术型研究者似乎没有了解到问题的严重性和本质，实践型的研究者则只是从某个点上提出了改进办法却没有提出有理论依据的系统解决方案。

既然现实中的问题没有解决，这就应该是管理学研究者的一个机会或使命。

**二是一些优秀中国企业的独特做法的启发。**

现代企业产生、发展于西方。西方最早的企业管理理论多是由企业管理者在实践中总结提炼出来的，这说明了管理学学科的实践性特征。中国的企业管理学习借鉴西方是必然的过程。但是，经过 30 多年的发展，中国企业及企业家逐渐在西方管理的基础上，结合中国文化、哲学和自己的思考探索出了许多新的想法和做法。

成功企业的独特经验为解决"激励综合症"提供了最佳参考和借鉴。为此，我开始收集和整理中外成功企业在激励方面的做法。结果发现，成功的中国企业有许多明显不同于西方企业的独特做法。如将一部分收入直接发放给员工的父母，将员工生活标准（心态甚至性爱）列入企业标准进行管理，要求员工宣誓遵守企业的价值观；对"人心"（核心是价值观）进行管理等。

上述成功中国企业的独特做法取得了很好的效果，但用西方理论无法解释。这些独特的做法是否能够发展成新的理论并更好地解决激励问题，应该引起管理学者的关注和探究。

**三是中国传统管理哲学思想的启发。**

不同的管理理论有着不同的哲学基础（如人性假设、主客体关系、认识论等）。中西管理哲学存在着显著的差异，这是"中国式管理"理论应当存在的较有说服力的原因。

在上文中提到的一些成功中国企业的独特做法，在中国管理哲学思想下，可以得到有效的解释。

因此，在探索中西方管理哲学差异和中国企业独特管理实践的基础上。很多学者尝试着提出了自己的"中国管理理论"，如苏东水教授提出的东方管理、席酉民教授提出的和谐管理、曾仕强教授提出的中国式管理、我的导师齐善鸿教授提出的道本管理等。这些理论的不断完善和发展，是中国管理学者对管理理论做出的重要贡献。本书正是在道本管理思想指导下就激励理论进行的一个探索。

当然，上述融合中西哲学思想的理论仍不完善。有些学者认为不存在所谓的中国管理理论，好的管理理论既适用于西方，也适用于中国，就像数学和物理理论不分中西一样。我想，不能因为物理理论不分中西就可以推断出管理理论也不分中西。因为物理学研究的是"物性"而管理学对应的是"人性"，且人性在不同情景下的表现服从随机性规律而不是确定性规律。

中西方管理哲学不同，管理情景不同，应该存在中国的管理理论[①]（适用于中国情景的本土化管理理论）。当然，中西管理哲学也有很多相同的成份，因此，中国学者基于中国的管理实践还可能提出管理的中国理论（适用于中西的通用管理理论）。

提出基于中国传统管理哲学思想的，适用于中国管理情景或世界情景的管理理论，是中国管理学研究者的任务和责任。

基于上述原因，我选择了激励理论创新作为自己研究的课题。之所以能够创新，是由于它的管理哲学基础是基于中国传统管理哲学思想的，是基于中国成功企业的独特实践的，是面向当前中国企业的激励问题的。

管理理论的创新是否正确和有价值，取决于其是否能有效解决现实管理中的问题（能否被证实）。为此，在理论创新的基础上，本书还提出了将理论落地的操作模式（实操办法），并在此基础上通过现场实验的方法对操作模式的效果进行了实证检验。

受本人学识水平的限制，文中难免有错漏之处，恳请专家、师长、朋友、读者批评指正。

程　江

2014 年 9 月 9 日于天津

---

[①] 中国的管理理论和管理的中国理论的提法来自于徐淑英教授的演讲和文章。

# 目　录

# 第一章　为什么激励理论仍需创新

激励是一个古老的话题。在人类社会形成之初，激励问题就应该已经存在。因为人类社会组织的形成就会产生某种程度的"委托—代理"关系，就会形成如法国著名经济学家让-雅克·拉丰（Jean-Jacques Laffont，2001）指出的所有关于组织的理论中的一个重要课题——激励[1]:1 问题。显而易见，由分工和"所有权—经营权"分离而产生的委托代理关系是组织产生的前提条件。

激励问题得到更多的关注是在 20 世纪，并变得越来越流行[2]:2，有关激励的研究成果大量涌现。据爱德华·劳勒三世（Edward E. Lawler Ⅲ，1994）教授的统计，已有几百种不同的激励理论[3]:53。之所以出现这种状况，应该与现代企业组织的出现有关。因为现代企业正是因为机器生产+分工和"所有权—经营权"分离而产生了强大的生产力。在更细致的专业分工和由此而产生的"所有权—经营权"分离条件下，委托方如何对受托方进行有效激励成为所有企业需要面对和解决的重要问题。

既然激励理论如此"古老"且已有了这么多的成果，激励理论还需要创新吗？

回答这个问题的标准应该是现实中的问题是否已经得到了有效的解决。

在中国企业管理的现实场景中，我们看到的是激励理论虽然数量众多，但现实中的激励问题并未被很好解决（下文详述）。表现为雇员对工作缺乏热情[4]、"激励怪圈"和"激励综合症"在企业中仍普遍存在、整体上让人共同接受的激励框架或方法还不存在[5]:2，说明激励理论仍需发展和完善。

因此,本研究认为当前企业中的激励问题并未得到很好的解决,因而激励理论还未完善,仍需创新。

激励理论仍需创新的原因有二:

一是已有理论可能还有缺陷。

二是由于世界的发展和变化使已有理论面临挑战。

本章将主要对上述两个可能的原因进行分析和探讨,并在此基础上提出新的解决思路的想法,分析新思路的合理性及证明新思路是否正确的途径和方法。

# 第一节　现实的困境与无耐——研究问题的提出

"有激励才有保费、有增员,没有激励就死水一潭","离开激励,业绩就下滑,团队就萎缩,花钱做促销反倒办不好事"[8]。这是代斌在《"激励怪圈"困扰寿险营销》一文中描述的中国寿险营销行业的"激励怪圈"现象。他认为过度的激励就如同吸毒品一样,短暂的亢奋之后便是莫大的痛苦,不能保证业绩持续增长的激励,无疑是"挖肉补疮、饮鸩止渴"。代斌认为"激励怪圈"的出现是因为营销人员患上了"激励综合症"——激励越来越频繁,金额越来越大,实质(长期)效果越来越差,但所有公司似乎都不得不这样做。

"我给这些高管每人配了专车,给了期权,年薪也提高了……第一个月状态还好,但是,慢慢他们又恢复了原样,做事被动消极,没有起码的担当。我真搞不懂,我究竟应该怎么做,他们才能拥有高管应该有的状态?"[9]:3 这是一个中国上市公司总裁的疑虑、委屈,还有愤怒。

调查结果显示,激励怪圈和企业高管的疑虑在中国企业中比较普遍[10-12]。表现为一方面施激者(股东或管理人员)认为自己已给受激者(员工或下属)提供了很好的激励,但受激者中很少有人认为自己得到了很好的激励。施激者认为他们已想尽各种办法(发奖金、提升、培训、带薪假期、给股份……）调动下属（尤其是核心人员）的工作积极性和主动性，可是结果不尽如人意。钱花了不少，员工的满意度、敬业度和忠诚度却并没有明显提升。相反，甚至出现由于给了"重点培养对象"过于丰厚的经济回报而"促使"其单飞并成为自己竞争对手的情况。很多施激者感叹"我对他们（下属）这么好，他们为什么一点都不感恩，更不用说回报"。另一方面受激者却认为自己付出多，回报少，领导和公司对自己不公平。为此，他们抱怨、磨洋工、跳槽……更有甚者，开始处心积虑地损公肥私，为自己摆脱"被剥削"状态、自立门户做准备。在中国企业中经常见到股东和管理人员把"通过先进的激励机制调动大家的积极性"挂在嘴边。其实这种反复强调、说明，正说明这个问题还没有做到。实践中，很多管理者每天都在为如何发挥下属的积极性和主动性，如何使员工更加高效地达成组织目标而伤脑筋[13]。

激励怪圈不仅在寿险企业中存在，在其他行业的企业中也存在；激励综合症不仅在中国企业中存在，在美国的企业中也同样存在。

迪安·R. 斯皮策（Dean R. Spitzer，1995）在《完美激励：组织生机勃勃之道》（Supermotivation: A Blueprint for Energizing Your Organization from Top to Bottom）一书中描述了美国企业的激励怪圈现象：在每年都花费成百上千万美元用来激励其员工的企业中，员工谈论的话题是下班之后做什么，还有多久才能退休。员工汽车上到处贴着"谢天谢地，今天是星期五！"之类的粘贴画。斯皮策认为美国工业处于"动力缺乏"的危机之中。因为，一方面，多数人事经理认为"员工缺乏动力"是他们所面对的最麻烦的问题；69%的运营经理认为"员工缺乏动力"是其组织中最令人气愤的问题；小企业的老板认为激发动力是花费他们时间最多的人力资源事务……另一方面，73%的雇员认为如今的激励比过去更少；84%的人认为只要他们愿意，就可以获得更显著的成绩；50%的工人认为他们只付出了保住职位所必需的努力程度[14]。

爱尔菲·科恩（Alfie Kohn，1999）在《奖励的惩罚》（Punished by Rewards: The Trouble with Gold Stars, Incentive Plans, A's, Praise, and

Other Bribes）一书中用大量例证证明了以强化理论为基础的激励政策和管理行为的长期无效甚至负效性[15]。他引用道格拉斯·小詹金斯（G. Douglas J. Jenkins）的研究成果：一组电焊工长期以来一直有经济刺激机制，然后刺激机制突然被取消了。按照研究假设，如果金钱刺激提供动力，没有了金钱刺激生产应该会下降。刚开始的时候确实如此。但是詹金斯继续跟踪生产情况几个月后，发现电焊工们的生产很快开始增加，达到和以前一样的水平，然后甚至超过了以前的水平[15]:107。詹金斯还通过对 20 世纪 60 年代早期开始的一系列研究成果进行分析后发现：报酬和系统表现之间的关系（尤其是在一段时间内记录的经营性和公司利润之间的关系）非常微弱，有时甚至是负面的[16]。

2012 年 7 月，全球知名管理咨询公司 Hay（合益）集团全球员工有效性研究报告显示，全球有超过 1/3 的员工不能与公司同舟共济，有 21% 的员工考虑在未来 2 年内离开目前的公司。中国员工的数据在全球偏低，敬业度仅为 51%，低于全球平均水平 15 个百分点，1/3 的人老想着"另谋高就" [10]。

对中国企业而言，激励怪圈和激励综合症为什么会出现？已有理论为什么不能很好解决？如何才能更好地解决？中国优秀传统文化和成功企业实践能够对激励理论产生什么贡献？本研究将回答这些问题并提出解决方案。

## 一、激励怪圈及成因：已有理论的缺陷与不足

解决问题首先需要找出问题产生的根源，然后才能对症下药，开出正确的药方。

现实中，"激励综合症"的症状表现为由于对激励不满而引发的各种行为。这些不满可根据施激者—受激者、满意—不满意两个维度，分为三类①，如图 1.1 所示。

象限Ⅳ表示施激者和受激者都对激励感到满意，这是激励追求的

---

① 也可按弗雷德里克·赫茨伯格（Fredrick Herzberg）在双因素理论（Two Factors Theory）中提出的观点增加两个维度——没有满意和没有不满意，将维度数量增加为四个，类别增加到 16 个。考虑到本研究的需要和讨论的简便性，本书采用简单两维度模型进行分析。

预期效果。但其他三个象限表示施激者和受激者中有一方不满意或双方都不满意，可能引起激励综合症的某些症状。

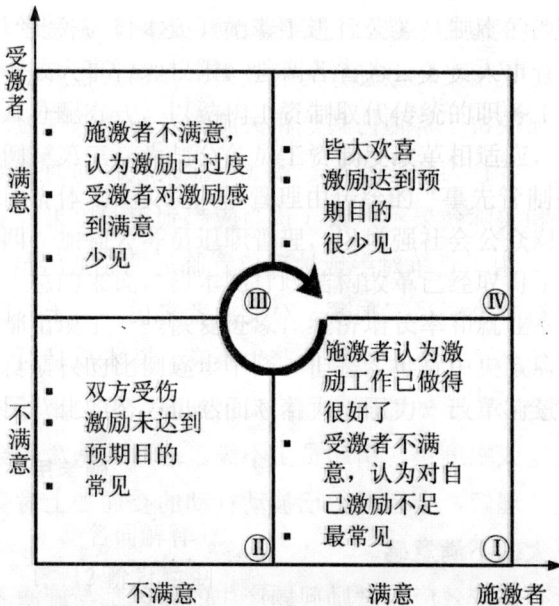

**图 1.1 现实中激励不满类型示意图**

资料来源：作者整理。

现实中，激励双方的不满因何而生呢？根据是否有比较效应（受激者是否与对比者进行比较），可分为两种情况。

无比较效应时（受激者找不到比较对象或不愿进行比较），施激者实施激励后认为受激者应更加敬业，但受激者认为自己受到的激励不足而不买账。如企业员工表现出工作积极性不高，工作努力程度不足。为此，管理层希望通过加薪等激励手段提高员工的工作积极性和努力程度。但加薪后结果并不理想。原因是员工对加薪的数量不满意，预期的加薪数量多，而实际加的少，因而认为继续在企业干发展不大，负面情绪更大了，很多员工甚至因此辞职进入其他企业（甚至竞争对手的企业）工作。此时，施激者会感到受"伤害"而很不满意，认为员工不知好歹，加薪反而带来更差的后果。这种不满的实质是激励双方对同一激励行为的认知（预期）和反应的不一致。

有比较效应时（受激者有类似的比较对象并积极进行比较），施激者的不满表现为不情愿（被动）实施激励。这时，施激者是否采用某种激励行为，或采用某种激励行为的效果，在很大程度上不取决于施激者的意愿，而取决于群体内其他相关施激者的类似行为。其实质是采取行动的施激者行为和意愿不一致（不愿采取行动而被动采取）或行动预期效果和实际效果不一致（认为应起到正面效果，实际起到负面效果）。例如，由于竞争对手或地理位置临近的企业给员工加薪，企业"被迫"也给本公司员工加薪。对受激者来说，由于与比较对象比较后认为自己受到了不公正对待而产生不满。其本质是对不公平感的反应。如虽然企业迫于外部压力而给员工加薪，但由于其加薪程度与对比者相比数量或幅度小，引起员工不满。这时，施激者会对受激者的不满行为无法理解，会因不得已被动行动的委屈加上对受激者的不理解而产生更大的不满意感。

无论是否有比较效应，激励问题产生的原因都与施激者认为受激者工作不够努力（"缺乏动力"），想通过激励的办法让受激者更加努力有关。激励实施后，施激者认为自己增加了投入（钱、职位、关心等）应当取得成果——受激者更加努力，为施激者带来更多的回报。但实际的结果是施激者认为受激者工作的积极性没有更高，结果没有达到自己的预期。在有比较效应的情况下，问题更加糟糕。因为这种行为是被迫的，因为别人（如竞争对手）采用了某种激励行为，自己也不得不采用，否则自己就会受到损失（如员工表达不满、骨干员工流失）。采取行动后即使没有达成预期成果，激励行为还不能取消，否则问题会更严重。

根据上面的分析，可以得出结论：激励问题在很大程度上[①]是源于施激者和受激者对激励的认知和感受不一致。那么，如果这种不一致导致问题产生，是谁的认识出了问题——施激者？受激者？还是双

① 激励综合症产生的原因是多方面的，由于企业只是社会系统中的一个子系统，所以仅从企业系统内容分析问题的原因一定是不全面的，因此只能说在很大程度上。

方？对这个问题的探寻可以帮助我们寻找激励综合症诸多症状下的真实原因。

在市场经济条件下，由于资本在各种资源中占相对主导的地位[①]，施激者和受激者在激励关系中的地位是不平衡的。施激者的力量相对更强，在关系中处于主导地位，是为实现自己目标的施为者；而受激者的力量相对较弱，在关系中是被动的，是为实现施激者目标的受动者。在施激者选择的目标与受激者目标不一致时，应以谁的目标为准就成为受激者经常面临的选择题。由于施激者的强势主导地位，可以强制要求受激者以施激者的目标为准。对于受激者来说，无论是否愿意，都必须接受施激者的要求。此时，受激者成为实现施激者目标的工具和手段，其工作的积极性和主动性必然受到影响。众所周知，每个人都有主体性。作为具有主体性的人，主体性如被侵犯必然会出于本能而进行"反抗"。受激者如在激励中被客体化、工具化，必然会进行反抗。这种反抗，自然会引起很多施激者的不满。这两种不满的叠加，就表现为激励综合症。

既然施激者在激励关系中是主导的、占主动的，是以其目标为目标的，那么问题的主要责任应在施激者[②]。这可以用现实中相同的受激者在不同的激励制度中表现完全不同（如联产承包责任制实施前后中国农民的不同表现）进行证实。

问题是现实中大多数施激者并不这样认为。他们认为问题都出在受激者身上。由于不从自身找原因，并不断强化着这种错误的认识，激励综合症始终得不到解决。

上述分析将问题的根源归结在施激者身上，并没有否认有些激励问题是由于受激者的原因引起的，如因个人道德原因而损害施激者的正常利益。但这些问题是个体性、局部性的。从问题产生的根本原因上看，激励问题产生的主要责任在施激者。

---

① 知识经济中知识的重要性上升，资本的重要性相对下降，但资本的相对主导地位并未根本改观。

② 这个结论是针对（统计上的）总体而非个体说的。现实中有因为受激者个体有问题而引发的激励问题，但这是在（统计上的）个体层面上的，与本结论说明的不是一个问题。另外，说主要责任在施激者，并没有否认受激者也存在责任。

从图 1.1 可以看出，四种激励结果出现的可能性是按Ⅰ→Ⅱ→
Ⅲ→Ⅳ的顺序递减的（如图中箭头所示）。激励最常见的情形是施激者
比受激者的感觉好（图中第Ⅰ象限）。其次是双方均不满意（第Ⅱ象限）
的情形。再次是施激者不满意而受激者满意（第Ⅲ象限）的情形。而
双方皆满意的情形则很少见到（第Ⅳ象限）。这反映出与施激者相比，
受激者在激励中感受到的满意程度更低。这与我们上述的分析是一致
的。

还要注意到，由于激励行为一般由施激者发起，目的是为了调动
受激者的积极性，以更好地实现自身目标。因而施激者是主动的、积
极的。而受激者则处于被动的地位。所以，施激者在心理上有趋向满
意的倾向，而受激者会出于自己的利益考虑更倾向于表达不满意，或
更易于对不满的表达产生附和。

综上所述，激励综合症的产生在很大程度上[①]是由于施激者在激
励中以自己的立场（利益）为出发点。实施激励是希望通过激励行为
使受激者工作更加高效和努力以帮助施激者实现自身目标。受激者同
样有为自身利益最大化努力的倾向，为保证自身利益，受激者一般会
选择尽可能少的付出，以实现自身投入产出比的最大化，而不会为了
施激者的目标而全力以赴。施激者希望用激励的刺激调动受激者的积
极性以实现自身的目标，可是受激者会用同样的原则在回报确定的前
提下选择付出最小化。追求自身利益最大化的原则同时影响施激者和
受激者，使激励既成为促进两者目标一致的因素，又成为导致两者行
为不一致的因素。这种不一致是由激励双方利益诉求不一致产生的。
这种不一致本身不是问题，问题是施激者利用其强势主导地位，以激
励的方式强制使处于相对弱势和受控地位的受激者接受其诉求，让受
激者按照自己的意愿行事。在短期内，这种要求是有效的；但在长期
内，由于受激者的主体性受到某种程度的剥夺，必然会通过各种方式
进行反抗。不管激励方式设计得如何巧妙，只要这种不平等的激励关
系存在，激励怪圈就会出现，激励综合症就不会消失。

---

① 同上页脚注②。

对于上述问题，已有理论能否解决？从中国的现实情况看，答案是否定的。

任何理论都有其明确提出或隐含的前提假设（在自然科学中也被称为适用条件）。例如，我们平常说水烧到100℃会沸腾，就隐含了在一个大气压下的前提条件。因为我们平时就生活在一个大气压的环境中，为了陈述简便，这个条件在陈述时就隐含（省略）了。但在理论研究中，这个前提就不能省略。因为这个理论只有在一个大气压的条件下才正确。在自然科学研究领域，一个理论的前提假设是非常重要的，因为不同的前提假设可以发展出完全不同但均正确的理论体系，如欧式几何和非欧几何理论体系，分别从相反的前提假设出发，均推导出了符合逻辑的正确理论。在社会科学研究领域，理论的前提假设也同样重要，如不同的人性假设会推导出不同的管理学理论及相应的管理行为。由于社会科学研究对象较之自然科学的复杂性和结论的概率性，社会科学理论的前提假设更为重要，因为如果理论的基础性假设存在问题，其后续的展开就可能将问题进一步放大[17]。

对于西方激励理论来说，虽然没有明确提出，但通过逻辑推理可以发现其隐含的前提假设有如下几个：

1. 施激者是激励的主体，受激者是激励的客体；
2. 激励是施激者通过某种方式实现自己目标的过程；
3. 施激者可以通过激励改变受激者的行为或行为预期。

（西方激励理论为什么会有这些前提假设，将在下一章进行详细分析）

从上述前提假设可以看出，西方激励理论隐含着施激者是主体、受激者是客体的前提假设。隐含着受激者是施激者实现自己目的的工具的假设。这种施激者与受激者关系的不平等与前面对现实问题的分析也是一致的。

西方激励理论出现这样的前提假设绝非偶然。因为现有的西方激励理论是其现实需求者对激励研究成果长期选择的结果。虽然研究人员都知道学术研究应该以追求真理为己任，而不应为某一类人的利益服务。但在市场经济条件下，人们通过对学术成果的选择性购买而影响学术研究的发展方向也是事实。企业中的施激者往往是社会中的强势群体,由于掌握着大量的社会资源而可以影响社会资源的配置方向。学术研究者对社会而言也是一种资源,其配置当然也会受到影响。强势群体会选择有利于自己的学术研究成果,而弱势群体由于没有资源而对学术成果的选择权很小。长期以往,强势群体就会影响学术成果的发展方向。让激励理论成为施激者"选择"出的理论。更可怕的是,随着学者的认可,理论被法理化,没有人再对其提出质疑。

没人提出质疑不等于问题不存在。现实中受激者一直用自己的行动提出质疑,于是出现了激励怪圈和激励综合症。本研究拟通过对已有理论及其哲学前提的质疑和对激励规律的认识,探索新的理论方向。

## 二、世界发展变化对激励提出的新要求

中国在激励研究和实践中基本上全面学习借鉴西方的理论和做法。这些做法曾促使中国企业取得了很大的发展。然而,随着世界和中国的发展,很多变化对中国情景下的激励理论和实践提出了新的要求。

这些变化从宏观上表现为物质生活的富裕使精神需求的重要性上升;信息技术的飞速发展使信息和知识的获取、交换越来越便捷,成本越来越低,信息不对称程度降低,非正式组织更容易形成;知识经济的深化使拥有知识的个人在雇佣关系中的地位提高;80、90后员工越来越追求个性诉求;资产证券化、虚拟化程度的加深使资本所有者可以越来越容易地通过出售资产来选择雇员,传统委托代理关系正在发生着深刻变化……这些新的情况使从西方学习借鉴而来的激励理论和做法的有效性降低,需要激励理论的更新和发展以适应新的情景。

在微观上表现为中国企业在现实中开始面临实施西方激励方式的困境。改革开放以来,中国一直全面学习借鉴西方的管理理论和实践做法,主要通过物质刺激来激发受激者工作积极性的激励方式。在经济落后、物质生活水平偏低的情景下,与计划经济平均主义下重精神轻物质的方式相比,物质激励方式起到了很大的作用和效果,极大地调动了人们的热情和动力,有力地推动了中国企业的发展壮大,促进

了社会经济的进步，缩小了同西方发达国家的差距。当然，差距虽然小了，大多数中国企业在经济实力上仍无法与西方企业对手抗衡。加入 WTO 后，中国企业必须与这些强大的对手同台竞争，由于在薪酬待遇等方面无法与国外对手相比，大多优秀人才（从管理者到基层员工）都进入到了外资企业。如此造成的问题是在同一个平台下中国企业将无法胜出（这一问题也反映在众多中小企业与大企业的激励竞争上）。因此，从现实上看，在起点低、起步晚的前提下，如果一味采用物质激励的方式，很多中国企业，尤其是中小民营企业，终将无法承受因激励竞争而导致的越来越高的人力资源成本。这是目前众多中国企业面临的现实问题。解决这个问题，需要中国学者和管理者寻找不同的路径和方式，形成新的理论和做法。

中国拥有世界上最庞大的企业及员工群体。然而，当前指导中国企业实践的大多数激励理论仍是由美国人提出的关于美国人的理论[6]:174。正如斯蒂芬·P. 罗宾斯（Stephen P. Robbins）教授在其经典著作《组织行为学》（第 7 版）中所指出的，"激励理论有文化局限性"[7]:185。中国文化与西方文化具有较大的差异，应该有不同于西方的适用于中国文化情景下的激励理论。

改革开放以来，很多中国企业在中国传统文化理念和做法的启发下，探索出了明显不同于西方的成功激励实践。这些实践为激励理论的创新和发展提供了新思路和可能。

1848 年，卡尔·马克思（Karl Heinrich Marx）和弗里德里希·恩格斯（Friedrich Engels）在《共产党宣言》中指出："资产阶级争得自己的阶级地位还不到一百年，它所造成的生产力却比世世代代总共造成的生产力还要大，还要多，自然力的征服、机器的采用、化学在工农业中的应用、轮船的行驶、铁路的运行、电报的往返、大陆一洲一洲的垦殖、河川的通航、仿佛用法术从地下呼唤出来的大量的人口——试问在哪一个世纪能够料想到竟有这样大的生产力潜伏在社会劳动里呢？"[18]这是对第一次科技革命给人类 18、19 世纪发展所产生影响的生动写照。20 世纪人类迎来了第三次科技革命。第三次科革命与第一次相比，物质财富增长的幅度虽然要小得多，但在文化等精神领域的影响则要强得多。正如彼得·德鲁克（Peter Ferdinand Drucker）所说：在历史上，任何世纪都没有像即将过去的20世纪发生了如此复杂、如此深刻的社会变革[19]:1。

企业作为社会中的组织，其管理必然面临不断变化的环境的挑战。从组织激励的角度看，以下一些变化对激励理论提出了新的要求。

一是人的精神需求越来越重要，越来越突出。根据马斯洛的需求层次理论，随着物质生活水平的提高，人们对精神的需求将越来越重视。中国古代的哲学家管子在2000多年前就提出"仓廪实则知礼节，衣食足则知荣辱"，说明了人的精神需要的重要性会随着物质生产水平的提高而提高的规律性。随着人类物质生活水平的提高，物质激励对受激者影响程度的降低越来越显著，精神激励影响程度则越来越强。精神需求的增强对中国人来说表现得更加突出。由于计划经济时期过分强调平均主义和对精神价值的追求，改革开放后，对经济追求合理性的强调爆发出了惊人的力量。这种改变在发挥了促进经济发展和人民生活水平提高的正面作用之后开始走向另一个极端——过分强调物质追求、忽视甚至蔑视对精神价值的追求。但是，由此导致的信仰的虚化、道德的滑坡、环境的破坏、收入差距的增大导致的社会不安定等后果已开始促使中国人认识到精神追求缺失最终将制约经济的发展，促使中国人重新审视精神需求的重要性和价值。重新燃起的精神需求使其在激励中产生的作用更强烈。

二是人的认识和交往范围越来越大，人对自身和别人的了解更多、更深入。随着信息技术和交通运输工具的发展，人类的活动范围越来越大，获取信息的途径越来越多、越来越便利、成本越来越低。个人可作为比较对象的范围大幅扩大。信息对人的感知影响越来越大。在信息越来越透明，与别人进行比较越来越容易的环境中，如何正确了解和引导受激者的公平感，成为激励理论需要解决的新课题。

三是资产证券化进程加快，资产流动性增强。由于信息技术的发展，全球化的资本市场业已形成，经济虚拟化程度越来越大。全球资本市场的繁荣促使资产证券化进程加速，资产的流动性大大增加。资产证券化对企业的激励产生了两个方面的影响。一方面，企业可以通过让员工持股将委托代理关系转变为合作经营关系，使原先"为他"的弱激励转变为"为己"的强激励；另一方面，企业的终极委托人（股东）可以方便地通过卖出和买进已证券化的资产来对受激者进行选择。在资产没有证券化之前，这是很难做到的。资产证券化使原来"被动的"施激者转变为有选择权的施激者。这在很大程度上改善了之前施激者不能选择用脚投票的局面。使激励主客体关系发生了深刻的变化。

四是中西文化融合和一体化的加剧。网络技术使世界成为真正的"地球村"。对中国来说，改革开放以来受地球村中其他村民，尤其是西方国家的影响程度越来越大。目前，随着中国的发展强大，中国对西方也开始具有了一定的影响力。从"西学东渐"，中国虚心地向西方学习，到平等交流，中国的优秀文化可以影响西学。由于不同社会思潮对企业员工人生观、价值观的影响，世界一体化正对组织激励提出新的要求。

上述发展变化引发了企业外部环境的巨大改变。这种变化使企业中的激励问题更加突出，也为激励问题的解决提供了新的工具和可能。其中：精神需求的提升、可选择的比较对象增多对已有激励理论提出了更严峻的挑战；资产证券化既为解决激励问题提供了便利，也增加了问题的复杂性；中西文化的整合则为吸收中国管理哲学思想和中国成功企业管理实践中的优秀因子对激励理论进行完善和修正提供了基础和条件。

## 三、中国管理哲学思想和企业管理实践的价值和启示

管理哲学是元管理学（meta-management），即管理理论和管理学科的出发点，回答管理的一般性问题[20]:4-9。管理哲学是管理中的世界观、认识论和方法论，是从思维和存在关系的角度，对管理的本质及其发展规律所作的哲学概括。[21]激励问题的解决、激励理论的创新，离不开对管理哲学的思考和创新。

中国作为世界上唯一一个文明发展进程未曾中断的文明古国，在五千年的发展中留下了很多宝贵的文化传统和精神财富，管理哲学就是其中一颗璀璨的明珠。

　　在近代世界向工业化转型的过程中，中国没有跟上时代发展的脚步，落在了西方国家的后面。当代中国通过改革开放奋起直追，逐渐缩小了与西方发达国家的差距。改革是痛苦的，因为改革需要否定自己，学习别人。学习是艰辛的，落后的向先进的学习，不仅要低下头，更要面临否定自己过去的痛苦。在这个过程中，中国人一直认真地当学生，革除旧风气，学习新理念，取得了举世瞩目的发展成就，这说明向西方学习是正确的。但是，在学习西方优秀理念，革除自身以往不足的过程中，有些人开始对中国的过去，尤其是哲学，进行全盘否定，这不能不说是一个巨大的错误，好比是"泼洗澡水却连孩子都泼了出去"。中、西方在各自的历史发展过程中都积累了宝贵的思想财富。不能因为中国近代在科学技术上的落后而否定中国优秀的文化遗产，尤其是哲学思想。

　　企业管理理论起源于西方，随着中国的逐步崛起和企业成功实践的增多，基于中国企业实践而形成的管理思想逐渐开始对源于西方的企业管理理论形成贡献。对激励理论来说，中国哲学思想可以在以下几个方面提供借鉴。

### （一）阴阳合一的理念

　　阴阳是中国最古老的哲学观念之一，在中国哲学史上有着非常重要的地位。它与五行学说一起，对中国的社会思想、政治乃至日常生活都产生了深刻的影响。

　　彭华考证了阴阳概念的发展，提出"阴阳"最初的本义是日光的向背，向日为"阳"、背日为"阴"。后来引申为向日、背日的地理位置，气候的寒暖等。最后，古代思想家看到一切现象都有正反两方面，就用"阴阳"概念来解释自然界两种对立和相互消长的势力。使"阴阳"超越了经验层面而成为了形而上的哲学范畴。

　　《周易》把相互联系的事物划分为阴阳两类，阳代表着光明、积极向上的事物，阴代表着幽暗、消极向下的事物。在《周易》中，阴阳和谐思维是建构《易经》体系和《易传》解释系统的灵魂[22]，形成了在中国哲学中朴素辩证法思想。在中国传统哲学的认识中，阴阳是统一的，统一在同一事物之中，不可分开，形成了中国哲学中的"阴阳合一"理念。

阴阳合一认为阴阳虽然对立，但绝非水火不容，而是阴中有阳、阳中有阴，阴阳互济互补[23]。在中国传统哲学中"阴阳"虽是一组对立的概念，但这种对立不同于西方的二元对立思想。正如郝大维、安乐哲指出的："在西方传统中，宇宙论上的对比倾向于排他的二元论，而在中国，这种对比倾向于互补的配对。在中国，基本的两极关涉相互联系的对立面（'明'与'暗'、'主动的'与'被动的'）。而在西方，基本的两极则关涉相反的对子。对此最有影响的说明是亚里士多德的《形而上学》中记载的毕达哥拉斯的《对立物表》。这一组对子是以'有限者'和'无限者'的对比为基础的，其特点是范畴的极端的排他性"[24]:85-86。

阴阳合一的思想启示我们在认识激励问题时要有整体、辩证和动态的观念。

### （二）心性和修身的思想

心性问题一直是中国哲学的一项基本理论。[25]:9通过修身养性，确立和完善浩然伟健的价值人格，是中国传统伦理文化所关注的重要问题[26]。

心性是中国哲学史中的一对范畴。指"心"和"性"及其关系。孟子认为性在于心，为人之性的仁义礼智四端，都蕴藏于人的心中（"君子所性，仁义礼智根于心"《孟子·尽心上》）。荀子强调心的作用，认为心可以改变本性。"性之喜怒哀乐，谓之情。情然心为之择，谓之虑；心虑而能为之动，谓之伪"（《荀子·正名》）。意思是说：本性所表现的喜怒哀乐之情，由心所控制（"择"），心的思虑活动称为伪。人性的改变决定心的"动"。"化性起伪"乃心"感物而有知"的自然作用的结果[27]:1665。成中英认为实现人的价值就是修己立人，亲亲而仁民、爱民、惠民。[28]这说明了一个人的心性可以通过调整而优化。

心性还是佛教中的一个重要概念。佛教称不变的心体为心性。中国佛教心性论主张要超越假有幻相，显示诸法实相，认为"一阐提皆可成佛"（一切众生皆具有佛性，都能够成佛）[29]:3。这对我们在激励中认识人性提供了借鉴。

修身是儒家思想体系中的重要内容。"修身、齐家、治国、平天下"是儒家提倡的人生价值观。修身即完善人品操行,提高人生境界,是齐家、治国的基础。儒家修身的目标是"富贵不能淫,贫贱不能移,威武不能屈"的大儒风范和"达则兼济天下,穷则独善其身"的最高人生准则[30]。儒家修身正心思想是影响中国人人生价值取向的重要思想渊源。在中国传统文化中,修身要通过"克己"来实现,通过克己来不断完善自身的人品操行,提高自己的人生境界[30]。修身的目标是心性的完善。

在中国传统的佛家和道家哲学中也有修身的概念,在宗教领域中更多地被称为修行。值得一提的是道家和佛家修行者和我国民间所使用的一种修行工具——功过格。功过格将人们的思想、言行的善恶功过予以分类,并为善恶评估打分,依此分数作为判定人修身高下的标准根据。履行功过格时,使用人需逐日登记所作善恶事,并予打分,一月一小计,一年一大计,年终将功折过,余额即为本年所得功数。[31]功过格通过打分将抽象的修身转变为具体可操作的、量化的分数,并通过累积进行评价,是一种经过实践检验的有效的修身方法。

马永庆认为市场经济对现代人格提出了较高的要求。现代人格的确立和完善需要人们进行自觉的修身活动,现代人格的实现离不开修身。现代人格的培养和完善需要相应的修身理论的指导。他认为现代修身理论可以从传统文化的修身观中汲取营养[26]。

现实中,中国优秀的传统哲学思想已在中国企业和其他组织的实践中发挥重要作用。如李嘉诚先生在经营的战略指导思想上运用"乐极生悲、否极泰来"的阴阳平衡思想,在经济高潮时不跟风投机,在经济低潮时果断出手投资房地产,实现了商业上的极大成功。[32]又如海底捞的张勇先生,在用人上采用"人皆可以为尧舜"的平等思想,所有管理人员均从一线人员逐级选拔培养,并对所有员工完全信任和授权[33-42],这在西方人力资源管理理论中是找不到的。实践证明张勇取得了成功。

管理是一门实践性很强的学科。中国企业在改革开放后的30多年时间里,从学生做起,在摸着石头过河的过程中已经积累了很多成功的做法。中国管理学研究也已从学习、模仿走上了完善、创新的道路。

　　激励理论可以而且应该从中国管理哲学思想和中国企业的成功实践中汲取营养。

## 四、"两座房子"的启示

　　齐善鸿教授（1999）用"两座房子"的隐喻引出对精神管理的思考[43]:2-3。

　　在"第一座房子"里，人们衣冠楚楚。有人给发工资和奖金，还有各种名目的福利。这里一直在努力实行一种叫"激励"的管理措施。这所房子给里面的人提供了生存条件。可是，没有听到房中有人感谢它。相反，里面的人们都认为自己做的多，得到的少，许多人怨气冲天……这座房子中的情景生动地再现了我们前面提到的激励怪圈。可以看出：这座房子隐喻的是现代企业。

　　在"第二座房子"里，没有工资和奖金，似乎也没有组织纪律。可里面的人都怀着一种自觉的、虔诚的情感，礼貌地行走，庄重地说话。在这里，不会给人钱财，相反，在没有任何强制的情况下，许多人会自觉拿出钱来。从这所房子里走出来，人们似乎都受到了一次洗礼，每个人都真诚地认为，做好人好事是给自己积德。这所房子中的情景似乎就是激励理论所追求的目标：人们以"房"为家，认真努力、积极奉献。可以看出：这座房子隐喻的是寺庙等宗教场所。

　　从某种程度上说，激励理论所追求的目标在"第二座房子"——宗教场所中得到了实现。

　　企业想尽办法、千方百计也没能实现的激励目标却在宗教场所中得到了实现。其中原因值得管理研究者思考和探索。

## 五、本书研究的问题

　　激励现实问题的存在、激励理论自身的不足以及激励环境的变化，都要求激励理论的发展和完善。

　　因此，本书的研究问题是：针对现实激励中存在的问题，在中国情景下对激励理论进行发展和完善，以更好地指导中国企业解决实践中的激励问题。

# 第二节　重回问题根本——研究对象与研究目标

## 一、研究对象

本书的研究对象是中国文化情景下企业组织的**激励哲学及其实施方式**。

由于其他类型的组织（如学校、政府等）或其他文化背景下的企业组织与中国企业虽有不同，但在多方面具有相似性，因而本研究的结论在某种上程度上也可以适用于非企业类型或其他文化背景下的组织。

## 二、研究目标

本研究的目标是：在已有研究基础上，吸收中国哲学思想精华，结合国内外企业成功实践，提出适用于当前中国情景的**激励理论和做法**。

具体地说，本研究将通过对创建于西方，运用于西方人的传统西方激励理论及其哲学中存在的不足，在中国管理哲学思想和企业成功实践的启发下，用新的哲学思想和管理理论为指导进行学术创新，在提出新的激励主客体关系模式和激励目标定位的基础上，提出新的激励哲学，开发出新的激励整合模型。在完成学术创新的基础上，本研究进一步在新的激励哲学思想指导下开发出可供管理实践直接采用的新的激励操作模式——积分制考核激励模式。本研究还通过现场实验对以道为本激励模式的实施效果进行实证检验。

## 三、研究内容与研究方法

### （一）研究的主要内容

本研究的主要内容针对下列问题而提出，也是对这些问题的解答。

为什么现实中会出现"激励怪圈"和"激励综合症"？现有激励理论为什么不能根本解决"激励怪圈"和"激励综合症"？

如何对现有激励理论进行发展和完善以更好地解决"激励怪圈"和"激励综合症"？

中国哲学思想和企业成功实践可以为激励理论的创新做出什么贡献？为什么要开发基于中国文化背景的激励理论？

新的激励理论效果如何？

具体地说，本研究的主要内容包括：

1. 对现实中激励问题出现的原因进行分析。

2. 对已有研究成果进行回顾和评析。

3. 在中国哲学思想和成功企业实践的启发下，在道本管理理论指导下提出新的激励哲学——以道为本的激励哲学。

4. 在以道为本激励哲学思想指导下开发出以道为本的激励操作模式。

5. 对激励操作模式的实际效果进行检验，从而对理论的效果进行验证。

### （二）本研究采用的研究方法

从研究采用的范式看，本研究在理论创新时采用了思辨研究的方法（属于规范研究的范畴）。如对新人性论的阐释、激励四主体论的提出等；在对理论进行检验时采用了实验的方法（属于实证研究的范畴）。

从研究采用的推理方式讲，本研究采用了演绎的方法。

从研究采用的具体研究方法讲，本研究采用了文献研究法和实验研究法[①][44]。在理论推衍阶段，本研究主要采用了文献研究法。在理论检验阶段，本研究采用了现场实验法。

从研究采用的具体方法技术讲，本研究采用了定性资料分析法和量表法[②]。在文献研究中，本研究采用了定性资料分析法。在实验研

---

① 由于对研究方法的定义和分类还没有公认的统一标准，此处采用了风笑天的分类方法。参见：风笑天. 社会学研究方法[M]. 北京：中国人民大学出版社. 2001. 第8-9页.

② 此处采用了风笑天的分类方法。参见：风笑天. 社会学研究方法[M]. 北京：中国人民大学出版社. 2001. 第8-9页.

究中，采用了量表法。

**（三）研究的技术路线与框架**

根据研究目的和研究内容，本研究按照提出问题、分析问题、解决问题的逻辑顺序而展开，采用的技术路线和框架如图 1.2 所示。

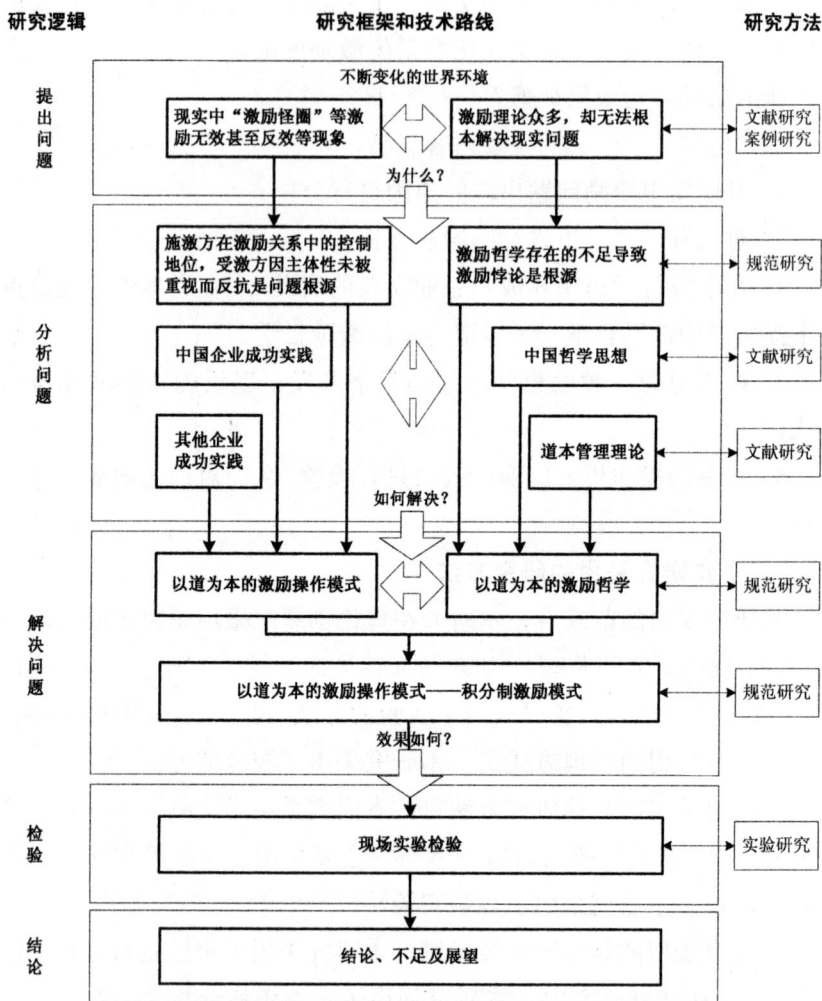

| 研究逻辑 | 研究框架和技术路线 | 研究方法 |
|---|---|---|

不断变化的世界环境

| 提出问题 | 现实中"激励怪圈"等激励无效甚至反效等现象 ⟺ 激励理论众多，却无法根本解决现实问题 | 文献研究 案例研究 |
|---|---|---|

为什么？

| 分析问题 | 施激方在激励关系中的控制地位，受激方因主体性未被重视而反抗是问题根源 / 激励哲学存在的不足导致激励悖论是根源 | 规范研究 |
|---|---|---|
| | 中国企业成功实践 / 中国哲学思想 | 文献研究 |
| | 其他企业成功实践 / 道本管理理论 | 文献研究 |

如何解决？

| 解决问题 | 以道为本的激励操作模式 ⟺ 以道为本的激励哲学 | 规范研究 |
|---|---|---|
| | 以道为本的激励操作模式——积分制激励模式 | 规范研究 |

效果如何？

| 检验 | 现场实验检验 | 实验研究 |
|---|---|---|

| 结论 | 结论、不足及展望 | |
|---|---|---|

**图 1.2　研究框架和技术路线**

资料来源：作者整理。

1. 对管理实践中的激励问题进行收集、整理和分析。通过二手企业案例资料、企业访谈和笔者在企业中的实际体验对现实中激励存在的问题进行全面整理和归纳。

2. 相关激励文献资料的收集和梳理，包括：国内外文献收集，已取得的成果和存在问题的整理。与第一步现实中的问题进行比对和分析，找出现有研究的不足或盲点。

3. 在道本管理理论、中国管理哲学思想和国内外相关学科研究成果的基础上进行理论创新，提出以道为本的激励哲学及其操作模式。

4. 通过实验方法对以道为本的激励模式——积分制考核激励模式的实施进行检验。

5. 根据实践检验的结果形成结论，并对研究成果进行修正和完善。

# 第三节　新的探索——研究意义与可能的创新点

## 一、研究意义

对激励问题进行研究，既具有重要的实践价值又具有重要的理论意义。

斯蒂芬·P. 罗宾斯教授认为激励是组织行为学领域被最常研究的主题之一[45]:209。法国经济学家让-雅克·拉丰（Jean-Jacques Laffont）教授则认为"激励问题是所有关于组织的理论中的一个重要的课题"[46]:1，"经济学在很大程度上已经成为研究激励问题的学科"[46]:导言Ⅲ。莱曼·W. 波特（Lyman W. Porter，2003）教授等学者也认为激励是组织管理领域重要的研究课题，在整个 20 世纪得到了大量关注，并变得越来越流行[5]:2。

在管理学研究领域中，约瑟夫·梅西（Joseph Massie）教授将管理定义为通过其他人来完成工作[47]。斯蒂芬·P. 罗宾斯教授将管理定义为通过与其他人共同努力，既有效率又有效果地把事情做好的过程[48]。意思是说管理要通过具体的管理工作使组织群体的行动结果最大化。激励就是这些具体管理工作中的一种。可见，对激励问题进行研究具有重要的实践价值和理论意义。

## （一）研究的理论意义

目前，有关激励的研究成果从心理学到经济学、管理学，从激励员工到激励管理者，从行为实验到大样本实证检验，从"经济人"假设到公平偏好假设，从计件工资到员工持股计划，从外在激励到内在激励……林林总总，已成"丛林"之势。可是，如开篇所述，已成丛林的理论并没有很好地解决管理实践中的问题。这说明已有的激励理论仍不完善，仍需要进行理论创新。

本研究将在以下三个方面实现理论上的重新探索。

第一，在人性认识和假设上，本研究运用新人性论假设[49-53]取代经济人假设。并以新人性论作为基本假设对激励理论进行新的理论探索。新人性论认为人的本性是人的神圣性。对神圣性的追求是人追求的终极价值和意义。对经济利益的追求只是人在生产力发展水平较低阶段的表现。当然，在目前的条件下，人性还表现出逐利性。但是，激励的作用不应是满足人性的低级表现形态，而是应将人向人性更高层级的发展方向上引导。

第二，运用中国传统哲学的整体论思想和管理四主体论的思想[17]，提出新的激励主客体关系认识——激励四主体论。激励四主体论认为施激者与受激者并不是二元对立的矛盾关系，而应是互惠共利的和谐关系。在这种关系中，施激者和受激者都是现实中追求神圣性的人，对神圣人性的追求成为他们自我激励的根本动力。此时的激励成为施激者和受激者的互助及在此基础上的感恩，激励是人性发展更成熟、能力更强的人对暂时不如自己的人的帮助。激励目的不再是施激者对自己利益最大化的追求，而是促进人在自励基础上的不断成长。

第三，激励的手段和方式不再是基于自利的他励，而是促使人全面成长的积分制体系。此时的激励成为每个人在自我激励基础上的不断成长。

因此，本研究将对激励理论的人性假设、激励主客关系、激励目的、激励方式和手段重新进行思考和分析，提出新的激励哲学和操作模式，具有一定的理论意义。

### （二）研究的实践意义

笔者曾从事企业管理工作十多年。在管理实践中，对激励问题的重要性有切身的体会。激励问题不仅决定着企业的命运，而且决定着员工的幸福感，影响着社会的和谐度。

激励问题处理不好，员工和管理人员满意度低、工作积极性不高、情绪差，人性表现出负面能量多，最终可能导致企业效益差，给社会带来负担和不和谐因素。

相反，激励问题处理地好，员工和管理人员满意度高、工作敬业，生活幸福，人性表现出正面能量多，导致企业效益好，可以吸收更多就业，让更多的人生活改善、心性提升，进而促进社会进步，增进社会和谐。

本研究在理论分析的基础上，提出可供企业使用的激励操作模式，实践性较强，有助于企业以及其他组织在较深层次解决激励综合症等现实问题，具有较强的实践意义。

## 二、可能的创新点

激励是管理学研究领域中成果较多的"老"问题，但本研究希望能够通过新的研究视角提出新的理论和操作模式，旨在解决目前理论仍未能解决的现实问题，实现在激励理论研究这棵老树上开出"新花"的目标。

本研究可能的创新点如下：

1. 用哲学思维对西方主流激励理论及其哲学中存在的不足进行分析，在此基础上提出以道为本的激励哲学。

2. 根据以道为本的激励哲学思想，借鉴中国传统文化中心性和修行的概念，将心智模式这一新要素引入 Locke 的激励整合经验模型中，将以道为本激励哲学的逻辑思路和作用机理在激励整合模型中清晰地体现出来。

3. 在以道为本激励哲学的指导下提出以道为本的激励操作模

式——积分制考核激励模式，提出一整套面向实践的程序和做法。

4. 运用现场实验方法对以道为本的激励操作模式的实施效果进行检验。对以道为本激励哲学及其操作模式的有效性和正确性进行检验。

# 第四节　对本研究两个重要概念的界定

爱德温·A. 洛克（Edwin A. Locke，2004）等学者认为激励的定义在使用中时常定义模糊（issue that needs to be addressed in the field of work motivation is that of definitions；the term motivation is not always used clearly）[54]:400，其中的主要概念根本未被定义（key concepts are not defined at all）[54]:400。

除了激励，像西方等概念一直也没有非常准确的定义。为了更准确地在书中表达观点。特对本研究中的两个重要概念进行界定。

## 1. 西方激励理论

本研究中的西方激励理论是指最初由西方学者提出的，已被中、西方学者普遍接受和认可的，处于主流地位的，已运用于管理学的相关激励理论。

对于中国学者在西方学者理论基础上进行完善、补充以及中国情景下的实证等的相关研究成果，仍属于西方激励理论的范畴。

由于激励理论大多由心理学、经济学和社会学领域的学者提出。这些学科作为管理学的基础学科，目前在发展上一般领先于管理学且成果更加多元化。因此，本书中的西方激励理论只包括目前处于主流地位的已应用于管理学的激励理论，不包括已被其他学科提出，但仍未被管理学采纳或成为主流的其他领域的理论。

## 2. 西方激励哲学

哲学是人们对于整个世界（自然界、人类社会和思维）的根本观点的理论体系。理论的前提假设往往是理论开发和使用者所持有的哲学思想的反映。

　　激励哲学可以看作哲学在激励问题上的应用，或者用哲学思维对激励问题进行思考的成果。

　　激励哲学是激励理论的出发点，是对激励一般性问题（元问题）的回答和反思，是人们对于激励问题的根本看法。

　　本研究将起源于西方，并在西方激励理论的研究中占主流地位的哲学思想称为西方激励哲学。

# 第二章 基于他励的激励：西方激励理论及其哲学述评

本章主要对西方激励理论和研究成果进行文献梳理和评价，为后续研究提供基础。首先按照激励基本问题的维度对主要激励理论进行系统的回顾和梳理，对已有激励理论背后的激励哲学思想及其关系进行广泛深入的文献研究，揭示其渊源和演进逻辑，评述其理论贡献以及存在的不足和缺陷，在此基础上，发现问题，寻找本研究的创新点，为后续研究奠定基础。

## 第一节 哲学视角的西方激励理论文献综述

西方激励理论研究成果内容丰富、数量众多。

按学科分，这些成果有心理学领域的、经济学领域的和管理学领域的；按面向的激励对象分，有面向激励员工的、面向激励管理者的；按把行为视为人内在心理特征的结果还是决策的结果分，有内容型的和过程型的；按理论的哲学基础分，有基于享乐主义的、基于新教伦理的；按激励方式分，有倾向于奖励方式的（或不倾向于使用惩罚方式的）、倾向于机制设计的；按出现的时间先后分，有传统阶段的、人际关系阶段的、人力资源阶段和当代的；按研究对象所在地点分，有北美的、欧洲的、亚洲的、非洲的、澳大利亚的（主要是一些大样本量化实证研究）等。

在众多理论中，目前已被普遍接受和认可度较高的激励理论主要有：亚伯拉罕·H. 马斯洛（Abraham H. Maslow，1943）等学者提出的需求层次理论（Need Hierarchy Theory）、道格拉斯·麦克雷戈（Douglas McGregor，1957）提出的 X 理论和 Y 理论（Theory X and Theory Y）、弗雷德里克·赫茨伯格（Fredrick Herzberg，1959）提出的双因素理论（Two Factors Theory，又称激励保健理论 Motivator-Hygiene Theory）、约翰·斯塔希·亚当斯（John Stacey Adams，1963）提出的公平理论（Equity Theory）、维克托·H. 弗洛姆（Victor H. Vroom，1964）等学者提出的期望理论（Expectancy Theory）、爱德温·A. 洛克（Edwin A. Locke，1967）等学者提出的目标设定理论（Goal-Setting Theory）、阿尔伯特·班杜拉（Albert Bandura，1986）等学者提出的社会认知理论（Social Cognitive Theory）等。

　　上述理论从不同的方面对激励涉及的问题进行了探索。这些理论虽然关注的方面不同，表现的形式各异，但都具有共同的哲学基础，表现为这些理论对哲学基本问题的回答。

　　在哲学层面上，激励理论均需要回答三个基本问题：

　　1. 为什么激励？——激励的目的。

　　2. 谁激励？激励谁？——激励的主体、客体及其关系。

　　3. 如何激励？——激励的方式。

　　第一个问题涉及激励问题的起点（激励的目的）和终点（评价激励效果的标准）；第二个问题涉及激励主客体及其关系；第三个问题涉及激励的方式、方法。其中，第一、第二个问题更具基本性，对其回答直接决定着对第三个问题的回答。

## 一、关于激励目的研究

　　对激励目的（"为什么要激励"）问题，西方哲学、经济学和心理学都给出了回答，但经济学的回答更直接，更被广泛接受。

### （一）经济学研究成果

　　经济学的激励理论认为劳动分工（使委托代理问题出现）和信息不对称导致了激励问题的出现。当代理人和委托人的目标不一致、存在私人信息时，委托人在完全契约不可能达成的情况下，为了避免代理人出现道德风险问题（隐匿行动）和逆向选择问题（隐匿信息），需要通过机制设计实现委托人资源配置的帕累托最优。

新古典经济学从企业的外部来探讨企业如何在既定的约束条件下，对现有的稀缺资源进行有效的整合，以实现预期收益最大化。新古典经济学把企业本身看成一个"黑箱"。没有考虑企业内部如何激发员工的主动性、积极性等问题。

随着企业理论的发展，经济学开始关注黑箱内部的问题，开始从多种角度研究企业激励问题，并形成了交易费用理论、委托代理理论、产权理论、"X-效率"理论等研究成果。

1. 交易费用理论

"交易费用"的概念由罗纳德·哈里·科斯（Ronald H. Coase）于1937年提出[55]，并因此获得了1991年的诺贝尔经济学奖。交易费用理论阐述了经济组织的产生原理，不但为人们理解经济运行方式提供了新的解释，而且指出了激励的最本质原因。根据交易费用的定义，企业可以看成是人力资本和非人力资本的特别合约[56]。由于所有者和经营者之间信息的不对称和他们效用函数的不一致导致人力资本和非人力资本之间的合约是一个不完备的合约。这时，激励就成为必要。为此，经济学给出的解决之道是：降低交易费用，通过设计合适的制度，使所有者和经营者成为利益相关者。

2. 委托代理理论

委托代理理论随着信息经济学的发展而逐步发展完善。理论的核心是如何选择代理人和激励代理人。大卫·E. 萨平顿（David E. Sappington）认为委托代理理论的中心任务是研究在利益相冲突和信息不对称的环境下，委托人如何设计最优契约激励代理人。[57]根据代理人、委托人数量和委托事项数量的不同，委托代理理论已发展出双边委托代理理论（单一委托人、单一代理人、单一事务的委托代理）、多代理人理论（单一委托人、多个代理人、单一事务）、共同代理理论（多委托人、单一代理人、单一事务的委托代理）和多任务代理理论（单一委托人、单一代理人、多项事务的委托代理）。

3．产权理论

对所有者（委托人）来说，消除经营者（代理人）的机会主义行为需要花费监督成本。这种花费在信息不对称时可能很大，而且效果可能不好。为了解决这一问题，产权理论认为最优的制度设计应该是让代理人也拥有一部分剩余索取权，与委托人一起承担相应的经营风险，从而使所有者和经营者之间的关系从"同床异梦"变为"志同道合"。

产权理论认为资源产权的界定是人们相互交易的基础，决定着市场配置资源的效率，当市场中资源的产权被明确的界定到个人时，市场才能充分发挥高效率的优势。[58]

4．"X效率"理论

"X效率"理论由美国经济学家哈维•莱宾斯坦（Harvey Leibenstein）提出。Leibenstein 认为企业中不仅存在配置效率还存在非配置效率的"X效率"。[59]人的努力程度是一个任意的变量而不是常量。人只有受到一定激励力（或压力）的作用，才有可能提高努力程度。

从经济学的角度来看，激励是在一定的组织环境下，根据"经济人"假设，设计出一系列旨在以维护出资人利益为目的的企业制度。只有在完备的制度下，委托人才有可能维护自己的利益，才有可能在与代理人的博弈过程中，通过可置信威胁来消除代理人的"逆向选择"和"道德风险"等机会主义行为，使代理人的效用函数与委托人一致。

经济学研究以更改经济人假设为前提研究激励问题，强调从机制设计上解决问题。由于数学工具的使用，经济学研究成果逻辑推理较严密，因而受到特别的关注和重视。

**（二）心理学研究成果**

1．人的潜力与开发

美国心理学家威廉•詹姆斯（William James）认为一个正常的健康人只运用了其能力的10%。随后，玛格丽特•米德（Margaret Mead）认为不是10%，而是6%。[60]美国心理学家奥托则估计，一个人所发挥出来的才能只占他全部能力的4%。[60, 61]:385众多学者都认为正常人有巨大的潜能。

人本心理学认为，人有高于一般动物的心理潜能，心理潜能高于生理潜能。创造性潜能的发挥是人的最高层次的需要，是人生追求的最高目的，对应于马斯洛需求层次理论中的"自我实现需求"。健康人有自发追求潜能实现的内在倾向。但是，高级需要和创造潜能是一种类似本能的微弱冲动，不如动物本能那样牢固，因此人的潜能有时在培养和激发下才能表现出来。人本心理学理论还认为，人的潜能与社会环境是一种内因和外因的关系。潜能是主导的因素，环境是限制或促进潜能发展的条件因素。环境可能促进或抑制人实现潜能。

关于激励与潜能的关系，美国哈佛大学詹姆斯教授曾通过行为科学实验得出结论：当人们未受到任何激励时，其潜力仅能发挥 20%～30%；当人们受到恰当的激励时，其潜力发挥水平则会上升到 80%～90%[62, 63]。

弗雷德里克·温斯洛·泰勒（Frederick Winslow Taylor）也通过试验证明了普通人的巨大潜力。通过搬运生铁试验，泰勒证明了一个原来每天只能搬运 12.5 吨生铁的工人，通过简单地培训就可以将搬运量提高 3.8 倍，达到每人每天 47.5 吨。[64]

2. 人的惰性及改善

心理学研究认为人的惰性是人的本能，是人的一种自我保护机制。有其生理和心理基础。

X 理论假设"人类本性懒惰，厌恶工作，尽可能逃避；绝大多数人没有雄心壮志，怕负责任，宁可被领导批评"。[65]描述了人的惰性对管理工作的危害。因为人有惰性，所以需要通过激励来调动其积极性。

人的惰性表现在企业组织中有普遍性。但这种普遍性既跟个体有关，也与组织的制度设计有关。

**（三）小结：为己利而励人的激励目标**

在回答"为什么激励？"问题时，西方激励理论的回答均指向同一个目标——施激者经济利益最大化。施激者通过制度设计或其他方式对受激者进行激励，规避其惰性、诱发其潜能，根本目标无不是希望受激者因此而更加努力地工作。因为，只有如此，施激者自身利益的最大化的目标才可能实现。

## 二、关于激励主客体关系的研究

对激励主客体关系问题，本研究没有发现对这一问题进行专门论述的文献。之所以如此，是因为在西方哲学二元认识论条件下，这个问题是不言自明的，因而成为隐含的前提假设。

西方激励理论在二元论认识下自然而然认为，随着委托—代理关系的成立，激励的主客体关系就已相应地确立：委托人（股东、管理者）是激励主体，代理人（受雇的职业经理人、被管理者）是激励的客体。可以简单地表述为：施激者是激励的主体，受激者是激励的客体。

谁在激励？激励谁？由于委托者在委托—代理关系中的强势地位，施激者也自然延续了这种强势地位。可见，西方激励理论对激励主客体关系的认识中明显地突出施激者地位。

## 三、关于激励方式的研究

对激励方式（"如何激励？"）问题，西方激励理论从哲学、心理学、经济学、管理学等不同学科视角进行了研究，形成了内容激励理论、过程激励理论（公平理论、期望理论等）、强化（激励）理论和其他当代激励理论（目标设定理论、工作设计理论等）等众多成果。

### （一）早期的哲学研究成果

莱曼·W. 波特（Lyman W. Porter）等学者认为许多早期和当代的激励理论都在某种程度上起源于哲学上的享乐主义[5]。享乐主义①认为个体倾向于追求快乐或避免痛苦，假设个体至少在某种程度上存在这种意识，并据此做出决策或行为选择。享乐主义由此假设人们在理论上可以理性思考各种可能的行为，从而使自己的决策或行为选择的正面结果最大化，负面结果最小化。

---

① 也译为功利主义。

享乐主义可以追溯到古希腊哲学。18 和 19 世纪的约翰·洛克（John Locke）、杰里米·边沁（Jeremy Bentham）、约翰·斯图尔特·穆勒（John Stuart Mill）和克劳德·阿德里安·爱尔维修（Claude Adrien Helvetius）等学者在其著作中都将享乐主义作为一种流行的行为解释依据。边沁 1789 年提出了"享乐计算"概念，描述了个体计算各种行为的过程。

享乐主义直接回答了"人为什么会被激励"的问题，认为个体追求快乐或避免痛苦的倾向激励人做出某种选择。因此可能通过采用增加个体快乐的方式引导个体的行为。

享乐主义与人的直观感觉和社会现实较接近，很容易被理解和接受。但在理论上，它没有清晰的说明导致愉快或痛苦的事件具体是什么，没有解释特定个体怎样确定这些事件，也没有弄清楚人们如何达到愉快和痛苦，或其经历怎样改变愉快和痛苦的起源。因此，弗洛姆认为享乐主义假设存在不足，它没有实证内容，不可验证。任何形式的行为都可以在事后用特定的愉快或痛苦起源来解释，但是没有一种行为可以事先预测[66]。

这些早期的研究主要根据观察和人的主观感受，加上研究者的哲学思考。总体来说，仍处于现象观察的理论前期阶段。

**（二）心理学研究成果**

为了克服哲学领域研究成果对激励解释没有实证、不可预测的问题，激励理论对激励动因的研究自 19 世纪末开始转向比较实证的心理学。心理学家们试图用实证的方法阐明预测行为变量之间的关系，提出了基于本能论的激励理论。

威廉·詹姆斯（William James）、西格蒙德·弗洛伊德（Sigmund Freud）、威廉·麦克道格（William McDougall）等提出了本能和无意识动机两个变量用以对行为的原因进行解释[5]。他们把行为看作是本能的结果，而不把行为看作是高度理性的。

本能论在 20 世纪前 25 年受到比较广泛的接受。但自 20 世纪 20 年代早期开始，本能理论开始受到希尔加德（E. R. Hilgard）、摩根（C. T. Morgan）为代表的学者在四个方面的质疑[5]:4。

其一，本能内容的不稳定性。随着研究的深入，本能的内容在数量上达到了近 6000 个。这种无法预期终点的增长使动机解释的简化越来越不可能。其二，动机强度在个体间变化很大。增加了本能论解释行为的复杂性。其三，一些研究发现有些激励的强度与后续行为之间没有关系。其四，心理学家开始质疑弗洛伊德定义的无意识动机是本能的还是习得的行为。

沃尔特·布拉德福德·坎农（Walter Bradford Cannon）、克拉克·伦纳德·赫尔（Clark Leonard Hull）等学者在批判本能论的过程中提出了内驱力理论。内驱力理论假设当前行为的决策大部分是基于过去行为的结果。当过去行为导致积极的后果时，个体倾向于重复这种行为；当过去的行为导致负面结果时，个体将倾向于避免重复行为。

1918 年，罗伯特·S. 伍德沃斯（Robert S. Woodworth）在描述生物体运动的能量储存时提出了"驱动"一词，用于说明生物体一般行为的能量供应机制。随后，这个定义被推广为指向或偏离特定目标的具体的情绪兴奋剂（如饥饿、性欲等）。在这样的定义下，内驱力理论不但可以在事前从理论上对个体的目标进行预测，而且可以预测个体朝向这个目标的激励强度。这使内驱力理论在理论预测能力上超越了享乐主义和本能论。

1939 年，坎农提出了动态平衡概念，描述了有机体内的不平衡状态，认为无论内部条件怎样，有机体的不平衡状态都会存在。当不平衡发生时（如感到饥饿时），有机体就会被内驱力激励，减少不平衡，使其回复到常态。由于环境的动态性，不平衡的状态总在发生变化，某种内驱力可能向活跃的方向移动，但一旦满足后就消退，而其他内驱力就会变得更重要。

赫尔在其著作《行为原理》一书中对内驱力理论进行了实验解释，并给出了解释生物体刺激反应的公式：努力=内驱力×习惯[67]。赫尔把"内驱力"定义为决定行为强度的一种激励力量，这种激励力量随着剥夺水平而增加。"习惯"被定义为过去的刺激和反应关系的紧密程度。赫尔假设习惯程度不仅依赖于需要强化的刺激和反应事件关系的紧密程度，而且依赖于这个强化的数量和幅度。赫尔认为产生结果的努力或激励力量，是内驱力和习惯的乘法函数。1952年，赫尔对这一公式进行了修改，加入了一个变量"激励"，即努力=内驱力×习惯×激励。"激励"被定义为对将来目标的预期反应。这说明赫尔认识到了行为不完全是前因条件（如过去经验）的函数。

上述早期的心理学研究的成果为人类认识激励的方式开辟了道路。虽然还很不完善，也得不到实证的支持，但在企业情景中，这些研究成果为组织激励理论回答如何激励问题奠定了最初的基础。

此后，有关激励的研究成果不断涌现。根据学者后期的归纳，这些研究成果可分为三类：内容型激励理论、过程激励理论和行为改造理论。

1. 内容型激励理论

内容型激励理论（Content Theories）是近代最早出现的激励理论，其重点直接聚焦于人的需要与行为动机的对应关系。在回答如何激励这个问题时，内容型激励理论认为激励是通过满足人的需要来激发相应的行为动机。

内容型激励理论认为人之所以会被激励是由于人的行为是内在心理特征（如需要）的结果。人的需要与行为动机有对应关系。可以通过满足个体的需要激发相应的行为动机，使其为组织目标服务。因而这一类理论被称为激励的内容理论或需要理论。内容型激励理论主要包括马斯洛的需要层次理论、奥尔德弗（Clayton P. Alderfer）的存在—关系—成长（Existence, Relatedness, Growth Theory，简称ERG）理论、赫茨伯格（Frederick Herzberg）的双因素理论（Two Factors Theory）和麦克利兰（David Clarence McClelland）的学习需要理论（Theory of Learned Needs 也称三种需要理论 Three-needs Theory）。

马斯洛的需要层次理论和奥尔德弗的 ERG 理论把需要看作是从低到高的一个层级结构，并且是按顺序激活的。马斯洛的研究最初是在心理学领域，并不是专门为企业组织情景开发的。但由于其接近感知，容易理解，可以将有利于需要满足的工作和不利于需要满足的工作区分开，仍然成为近代第一个应用于企业管理的个体激励理论。

奥尔德弗的 ERG 理论常被看作是对需要层次理论的扩充和精细

化，原因是两个理论都承认满足需要是构成个体激励的一个重要因素。ERG 理论在两个方面丰富了需要层次理论。第一，认为在需要满足升级的过程中存在一个挫折——回归序列；第二，提出一个个体在任意时间点上可能存在一个以上的需要。

学习理论与前三个理论最大的区别是把需要（尤其是成就需要）看作是可获得性的而非内在的心理特征。理论强调了环境和本性在影响人的需求中一样重要，环境和本性都解释着什么激励着人的行为。

心理学家认为需求是人类行为的最初驱动力量，因而是激励的起点。内容型激励理论的研究成果为人们了解人类行为的驱动力提供了初步的框架。

2. 过程型激励理论

过程型激励理论（Process Theories）重点关注的是从人的行为动机产生到目标行为选择的（心理）过程。过程型激励理论认为激励是通过对受激者的目标行为选择过程施加影响，使受激者在潜在的满足自身需要的行为中选择那些组织期望的行为。影响较大的过程型激励理论有爱德华·C. 托尔曼（Edward Chace Tolman）等人的早期认知理论、弗洛姆的期望理论（Expectancy Theory，也称 VIE 理论）、莱曼·波特和爱德华·劳勒三世的波特—劳勒模式（The Porter and Lawler Expectancy Model）、约翰·斯塔希·亚当斯（John Stacey Adams）的公平理论（Equity Theory）、福瑞茨·海德（Fritz Heider）等人提出的归因理论（Attribution theory）、洛克的目标设置理论（Goal-Setting Theory）和班杜拉的社会认知理论（Social Cognitive Theory）。

（1）早期认知理论

早期认知理论认为人类行为的主要决定因素是个体对将来事件的信念、期望和预测。因而行为被看作是有目的的、目标导向的和基于意图的。与内驱力理论不同，爱德华·C. 托尔曼（Edward Chace Tolman）、库尔特·勒温（Kurt Lewin）认为生物体都基于环境线索做出将来行为的有意识决策[5]:10。过去事件在一定程度上影响着现在和将来的信念和期望，因而极大地影响着行为。在激励理论发展过程中，这些认识是突破性的，提出了新的激励行为的因素。

（2）弗鲁姆的期望理论

弗鲁姆认为个体为其工作行为做出有意识的理性选择，并提出了一个描述激励效果的公式：激励=效价×工具×期望（Motivation=Valence×Instrumentality×Expectancy，如图 2.1 所示），即激励程度的大小取决于行为结果对个体的吸引力和该行为结果实现的概率，被称为期望（VIE）理论[68]。

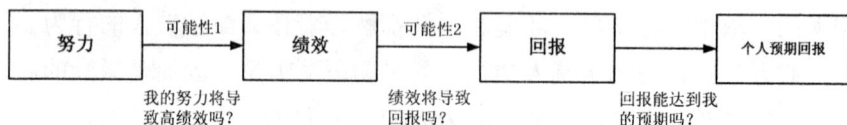

| 努力 | 可能性1 → | 绩效 | 可能性2 → | 回报 | → | 个人预期回报 |

我的努力将导致高绩效吗？    绩效将导致回报吗？    回报能达到我的预期吗？

**图 2.1    弗鲁姆期望理论模型**

资料来源：Samantha E. K. Expectancy Theory Overview [EB/OL]. [2012-01-08]. https://wikispaces.psu.edu/display/PSYCH484/4.+Expectancy+Theory. 有改动。

期望理论让我们认识到人们只有在认为努力会带来良好的绩效评价和预期的组织激励时，才会受到激励，才会付出更大的努力。该理论揭示了个人努力、绩效、奖励、个人目标之间的关系。

由于期望理论采用了规范的数学模型，并以其强大的解释力和预测力引发了大量的相关研究，被认为是当时对激励问题最全面的解释[48]:276。但其提出者弗洛姆本人在 2005 年对期望理论的开发过程进行回顾时，却已有了非常不同的认识。他认为自己"随着科学在生活中作用的变化，已经越来越不愿意深陷在正规的科学陷阱之中，青年时的原理、假设、推导以及数学模型，似乎是对模仿物理科学的一次过早尝试，无助于发展我们的知识，特别是可操作的知识。此外，不再寻求某种视角或理论来解释或统一这一切。多元化和可意会的冲突模式的相互影响，已经取代了其对秩序和规定的需要"[69]:205。弗洛姆在提出期望理论 40 多年后的感悟为本研究提供了有益的启发。

（3）波特—劳勒模型

波特和劳勒对弗鲁姆的期望理论模式进行了扩展和细化。如图 2.2 所示。

波特和劳勒同样认为员工的努力程度取决于努力得到的结果的效

价和努力将导致这种结果的可能性。不同的是，波特和劳勒认为努力
不一定产生绩效。因为个体可能没有完成任务的能力（虽然完成任务
的努力程度可能很高，图 2.2 中的因素 4），或者员工对任务缺乏必要
的了解（角色不明确，图 2.2 中的因素 5）；任务绩效可为员工提供内
在报酬和外在报酬两种报酬（图 2.2 中的因素 7A 和 7B），因而任务的
特点影响员工"绩效→满意"之间的关系，好的绩效一般更容易直接
产生内在报酬；员工的自我评估影响报酬是否公平合理的知觉（图 2.2
中的因素 8），而且这种评估往往是主观而非理性的。

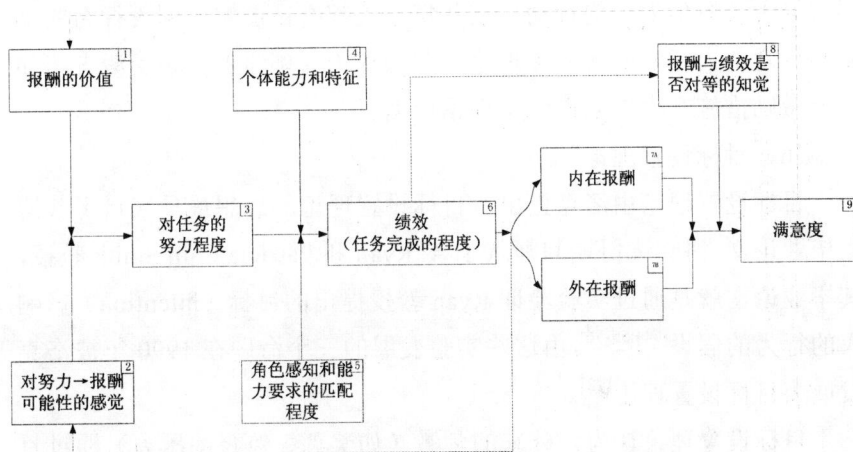

图 2.2 波特—劳勒模型

资料来源：Porter, L. W., & Lawler, E. E.Ⅲ. Managerial attitudes and performance. Homewood,
Ill.: Richard D. Irwin, 1968. 转引自：Mammed Bagher. Organizational Behavior and
Management[EB/OL].[2012-01-08].http://globalonline.napier.ac.uk/videostore/enu/obm/reader-obm/c
ontent/obm/textpages/enu-obm-bk02B0202.html[70].

波特—劳勒模型认为是绩效导致了员工满意度，而不是之前期望
理论认为的满意度导致高绩效。这为人们认识绩效与满意度的关系提
供了新的视角。

（4）公平理论

公平理论认为员工受激励的程度不仅受报酬绝对数量的影响，还
受到工作报酬相对比较的影响。同等的报酬不一定获得同样的激励效
果，个体只有通过对报酬的横向社会比较和纵向历史比较，感到公平，

才能激发工作积极性。

公平理论的意义在于提示了现实中人们受公平感影响的客观现象，因此，坚持公平原则（包括分配公平和程序公平）是激励机制设计中的重要原则。

（5）归因理论

1958 年，福瑞茨·海德提出归因理论。归因理论关注日常生活中人们如何找出事件的原因。海德认为人有两种强烈的需要或动机：对周围环境理解的需要和控制环境的需要。要满足这两个需求，人们需要有能力预测他人如何行动。因此每个人都有试图解释别人行为的动机和针对他人行为的解释性理论。归因理论为施激者理解受激者将如何对激励措施产生反应提供了理论依据。

（6）目标设置理论

目标设置理论由洛克提出。目标设置理论的思想最早来自于其博士毕业论文。洛克读博期间师从 T. A. Ryan 和 Patricia Cain Smith 教授，其毕业论文就是通过实验验证 Ryan 教授提出的目标（intention）影响人的行为的假设[71]:55-56。由这些实验发展的三个命题在 1990 年被洛克发展为目标设置理论[72]。

目标设置理论认为，外来的刺激（如奖惩、监督的压力）通过目标影响动机，目标能引导活动指向与目标有关的行为，并使人们根据目标实现难度的大小来调整努力的程度。目标本身就具有激励作用，目标可以把人的需要转变为动机，使人们的行为朝着一定的方向努力。

米切尔和丹尼斯（2012）认为目标设置理论是激励领域中最重要的理论（the most dominant theory）[71]:194。

（7）社会认知理论

社会认知理论（Social Cognition Theory）由班杜拉（Bandura）于 1977 年提出[73, 74]，最初被称为社会学习理论（Social Learning Theory）。1986 年，为了避免与相同名称的理论混淆（Julian B. Rotter 1966 年用 Social Learning Theory 来描述个体对于控制点的信念[75]），班杜拉将其改称为社会认知理论[76]。社会认知理论认为，人的行为是认知、行为及环境三个变量持续相互作用的结果，行为既决定于环境，又可以影响环境结果，这个结果进一步影响个体的认知意向或目标，反之亦然[77]。社会认知理论强调个体拥有的信念对自身行为和思想的作用，认为信念能使个体对自身的思想、感知和行为进行调控。班杜拉建构了一种具有五种基本能力（符号表征、预测、替代、自我调节和自我反省）的人类自我调节系统，认为这个系统在人类的适应和行为改变过程中发挥着核心作用。

在心理学领域，行为主义将学习行为仅仅看作是刺激、反应以及反应的结果的过程，而将人在这个过程中的工作机制视为"黑箱"，忽略了人这个有机体内部在过程中的反应。社会认知理论则通过行为、主体、环境的三方互惠的因果模型提示了"黑箱"的作用机制[71]:74。

与早期的激励理论相比，社会认知理论强调人的主体能动观，认为人是自我组织的、主动的、自我反省的和自我调节的，而不是仅由外界环境所塑造或由潜在内驱力所推动的反应机体[78]:序8；人类功能是主体因素、行为和环境三者动态相互作用的产物，人不仅受环境影响，同时也改变了环境。社会认知理论为人们正确认识企业环境下的激励行为奠定了新的理论基础，受到了广泛关注和认可，极大地促进了当代激励理论的发展。莱瑟姆（2012）认为社会认知理论控制了21世纪有关工作激励的文献。[71]:237

3. 行为改造理论

行为改造理论认为可以通过激励改造人的行为。行为改造理论将研究重点放在改造、修正受激者行为上。行为改造激励理论主要包括斯金纳的强化理论和挫折理论等。

（1）强化理论

强化理论主要研究人的行为结果对目标行为选择的反作用，通过对行为结果的归因来强化、修正或改造行为人的原有行为，促使其持续反复符合组织目标的行为。

斯金纳认为人的行为是对外部环境刺激所作的反应。只要创造和改变外部的强化条件，人的行为就会随之改变。强化理论的意义在于用改造环境的办法来保持积极行为，修正错误行为。强化理论把所有注意力都放在行为的结果上，只考虑操作行为与结果模式之间的关系，不考虑个体的内部状态。

由于强化理论不关注激励行为或行为激发的因素，因此，严格说来，强化理论并不是激励理论。但强化理论为分析行为的控制因素（行为的方向和保持）提供了一个强有力的方法，因此一般也归入激励理论进行讨论[5]:5。

强化理论受到一些学者（如科恩[15]等）的猛烈抨击。强化理论将动物实验产生的结论用在人身上，其产生的结果应当质疑。强化理论是一种强调控制的激励理论，虽然被广泛应用，但在人类社会已发展到更高文明水平的今天，应该对强化理论进行更多的反思和超越。

（2）挫折理论

挫折理论关注个人目标行为在受到阻碍的情况下如何解决问题并激发积极性。挫折是一种个人主观的感受，同一遭遇，有人可能构成强烈挫折的情境，而另外的人则并不一定构成挫折。

内容型激励理论认为人的行为是其内在心理特征（动机、需要）的结果。因而激励是通过满足或激发人们的某种需求（影响其行为动机）以达到预期效果的管理行为；激励的过程理论把行为看作是决策的结果，认为激励应关注人的动机形成和行为目标的选择[5]:10。行为改造激励理论回避了内容型激励理论和过程型激励理论所关注的员工需求和决策过程，只关注行为与其结果之间的关系，强调通过适当运用及时奖励和惩罚来改变或修正员工的工作行为[79]。

**（三）经济学研究成果**

与哲学、心理学研究以人的内在本性（人性）为基点，通过外界措施影响人的内部需要以实现对员工的激励的视角不同，经济学激励理论关注制度设计，将"经济人"作为初始的基本假设，通过设计出完善的机制，如：管理层收购（Management Buy-Outs，简称 MBO）、员工持股计划（Employee Stock Option Plan，简称 ESOP）等激发人的积极性，遏制人的短期自利性，最终达到个人目标与组织目标相一致，实现个人与组织激励相融的目的。

哲学、心理学研究在经验总结和科学归纳的基础上形成理论。经济学研究则将理论建立在严密的逻辑推理和数学计算的基础上。经济学激励理论应用制度分析的方法把制度看成是资源配置的一个内生变量，从制度设计出发，探索最优资源配置的机制。即在特定的经济环境 E 和既定的社会目标 G 下，通过对微观主体行为准则 a 的设计，寻找最佳配置规则 R，使得最终的配置结果 Z 符合帕累托最优。用数学语言可以表示为：寻找最优的 R，使得

$$R[a(e)]=z\in G\leqq Z，其中：e\in E，a(e)\in M$$

经济学激励理论的研究成果很多。但绝大多数成果都是基于产权私有、"经济人"假设、完全理性和信息充分等假设下的推衍（虽然后来做了有限理性、不完全信息假设的扩展，但立论基础未根本改变）。

管理激励理论研究人类在有限资源下激励活动的社会行为及其规律时，将激励贯穿于管理活动的各个环节，进行多目标、多内容、多形式、多因素、多方法、多阶段的分析。与之不同的是，经济学激励理论将解决路径寄托在补偿机制的设计上，主要考虑设计报酬结构问题，侧重用模型完美地解决理论（逻辑）中的激励问题。

### （四）管理学研究成果

双因素理论被认为是第一个由管理学家在企业情景中开发的激励理论。其最大贡献是更准确刻画了满意和不满意的内涵，提出了准确、清晰的问题将激励因素从非激励因素（保健因素）中区分出来。双因素理论通常被划归内容型激励理论，因为其主要关注点是能够激发人们满意或不满的因素。

### （五）西方激励整合经验模型

随着激励理论的发展，很多学者试图将各种激励理论进行整合，综合考虑各种激励因素，对激励全过程进行系统地描述，以期对人的行为做出更为全面的解释，克服单个激励理论的片面性。

1997 年，洛克提出了一个全面的激励整合经验模型[80]，并受到广泛的认可。如图 2.3 所示。

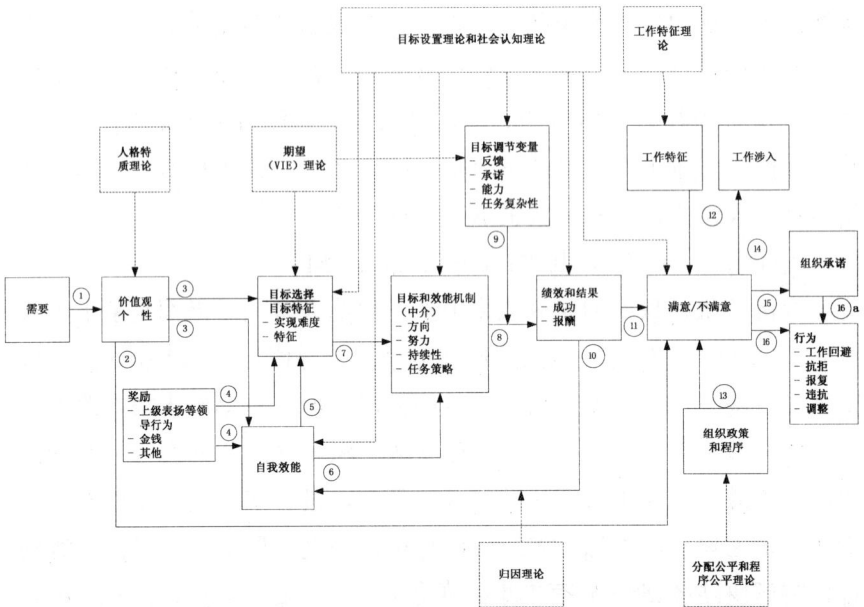

**图 2.3　Locke 的激励整合经验模型**

资料来源：Locke, E. A. The motivation to work: What we know [J]. Advances in motivation and achievement, 1997, 10: 375-412.

洛克的激励整合经验模型整合了几乎所有重要的激励理论，将激励的顺序、核心和要点整合在一个模型中，描述了不同的激励理论如何相互联系和关联。

## （六）中国学者对西方激励理论进行研究的成果

中国学者结合中国情景，对西方激励理论进行了一些补充和完善，其中影响较大的有同步激励理论、全面激励理论、人为激励理论等。

同步激励理论由俞文钊教授提出，主要内容包括物质与精神同步激励理论、三因素理论模式（激励、保健、去激励因素的连续带）、公平差别阈理论[81]。理论的创新点在于提出与物质激励对等的精神激励，强调在激励方式上物质激励与精神激励同步。俞文钊及其团队还通过社会调查、实验等方式对同步激励理论进行了验证。

全面激励理论由熊川武教授在论述教育管理的论文中提出[82]，虽然论文并非针对企业组织的激励，但其提出的一些重要观念，如全员、全程、全要素激励，使激励的实施在逻辑性上更具有系统性。自励和互励概念的提出扩大了对激励的认识视角。

人为激励理论由苏东水教授及其研究团队提出，认为企业激励的本质是"人为为人"，强调自我激励、道德激励、关系激励、动态激励。理论的亮点是考虑了人与人之间的动态激励和自我激励[83]。

刘苹从人力资本管理的角度，综合运用人力资本、激励和权变理论，将激励划分为四类：即时激励、稳定激励、收益激励、权益激励[84]。这种分类的贡献在于使激励理论更便于实际操作。

蒲建勇及其团队将 Rabin 提出的公平偏好假设运用和经济学博弈论用于激励和团队合作问题的研究，取得不少成果。其中张朝孝提出了基于公平偏好观念和博弈观念的隐性激励模型[85]。

曾仕强基于中国文化提出了"最有效的激励艺术"，认为激励的本质是公正未必公平——有本事就来拿，拿不到怪自己[86]:17-19。

中国学者基 于中国文化背景提出的这些激励思想和理念更适合于中国企业的激励实践，对西方激励理论进行了完善和补充，也为本研究提供了有益的借鉴。

**（七）西方激励理论的激励方式："胡萝卜+大棒"**

从数量上看，回答如何激励的理论成果最多。西、中方学者开发出了大量理论对"如何激励"问题进行回答。虽然视角和形式不同，但都基于共同的模式——"胡萝卜+大棒"。

"胡萝卜+大棒"是对运用奖励和惩罚两种手段来诱发受激者出现施激者要求行为的激励方式的比喻。这种激励方式以经济人假设为基础，认为人的行为就是为了追求自身利益最大化，工作的动机只是为了获得经济报酬。而且，人是非理性的，这种非理性会干预人对经济利益的追求，组织必须提出一系列管理控制制度，对违纪者处罚。这种激励方式将受激者视为实现施激者目的的工具，具有明显的工具理性和行为主义特征。

20 世纪 60 年代后，虽然社会人假设和自我实现人假设被相继提出，但并未取代经济人假设而成为主流激励理论的基本假设，最终只是变成了一种形式更加隐蔽的"软性"控制方式。只要经济人假设仍是激励理论的基本假设，以强调施激者地位为主的激励主客体关系的认识不改变，西方激励理论在激励方式上的本质就很难发生根本转变。

近年来，目标设置理论在西方受到主流学者的推崇[71]:194，因为其实际效果非常好。但是，从文献中可以看出，这些目标仍是由施激者设立的，其目的仍是指向经济利益最大化。

对中国企业来说，在学习借鉴西方理论和做法的基础上，由于受封建思想的影响时间较长，程度较深，在激励方式上，"胡萝卜+大棒"表现得更为突出。

## 四、西方激励哲学的基本观点

从上述理论梳理中可以总结出西方激励哲学的基本观点：

在激励目的问题上，西方激励哲学的基本观点是理性经济人假设下的施激者利益最大化。

在激励主客体关系问题上，西方理论秉承了西方哲学二元论思想，认为管理者是激励的主体、被管理者是激励的客体。

在激励方式问题上，为了己利而励人的、行为主义的、工具理性的激励方式是西方激励理论的主流。

综上所述，西方激励理论对第一个问题的回答主要集中在哲学、经济学等研究领域。在市场经济条件下，大规模生产和劳动分工导致了委托代理关系的出现。由于契约的不完全性、信息不对称性和逆向选择风险，委托人需要对代理人进行激励，以保证其自身经济利益最大化目标的实现。激励是委托人为调动代理人的主动性、积极性，以使其为委托人创造更多的利润或实现更高的效率（最终仍指向更多的经济利润）而采取的行动。

西方激励理论对第二个问题的回答隐含在西方现代和当代主流的哲学思潮中。激励关系衍生于委托代理关系，在二元论的哲学体系下，委托代理关系中的主客体关系，自然决定了激励关系中的主客体关系。委托人是施激者，是当然的激励主体。代理人是受激者，是当然的激励客体。

西方激励理论对第三个问题的回答主要集中在哲学和经济管理领

域。在借鉴和运用哲学、心理学研究成果的基础上，经济管理领域的学者从不同的视角对人为什么会被激励，以及如何对受激者进行激励进行了大量研究，并取得了众多的成果。

一种理论经过一段时间的发展后，其哲学基础就会因已经被广泛认可和接受而成为隐含的前提假设，激励理论也是这样。经过近一个世纪的发展，在西方市场经济和社会文化背景下，激励理论对第一、第二个问题的回答已成为隐含假设。

# 第二节　西方激励理论及其哲学的贡献

西方激励理论及其哲学是学者在组织管理实践的需要下和对人类行为规律进行探索的过程中逐渐发展起来的。这些理论对"什么激发着人类行为"、"人行为的方向或路径是什么"、"如何激发会使行为持续"等问题进行了广泛而深入地探索，为组织解释和预测激励行为提供了依据，为组织在激励领域的实践提供了依据和指导，对企业等组织提高工作效率和效果做出了重要的贡献。

西方激励理论在对激励系统中各要素的定义及探索、激励过程中要素间的联系及影响等方面都取得了很多有价值的成果。

## 一、对激励系统要素的探索

### （一）对激励定义的探索

英语中，激励一词源于拉丁文"*Movere*"，意思是"驱动"[5]。

加里·德斯勒（Gary Dessler）认为激励是人们要求满足某种需要的反应[81]。约翰·威廉·阿特金森（John William Atkinson）认为激励是对行动方向、强度和持久性的共同的、直接的影响[87]:1。马歇尔·R. 琼斯（Marshall R. Jones）认为激励关心行为是怎样开始的、被加强的、被持续的、被指引的、被停止的，以及当所有这些进行时，生物体会出现什么主观反应[88]:Ⅷ。弗洛姆（Vroom）认为激励是一个控制人类或低级有机体在备选的自愿活动形式中做出选择的过程[5, 89]:2。

约翰·P. 坎贝尔和罗伯特·D. 普里查德（John P. Campbell & Robert D. Prichard）认为激励在工作态度、工作技巧和任务理解的影响作用保持恒定、操作环境条件不变的情况下，与一系列解释个体行为的方向、幅度、持久性的变量和自变量有关 [81]:转引自[5, 89]。

爱德华·劳勒三世认为 Jones 的定义比 Atkinson 等学者的定义更细致和全面（detailed and inclusive）[90]:4。

莱曼·W. 波特等学者在归纳总结 Atkinson、Jones、Vroom、Campbell 等学者对激励定义的基础上，认为激励的概念有三个共同特征，即激励试图解释：什么激励着人类行为；行为的方向或路径是什么；如何保持或持续行为。提出激励是驱使个体以某种方式行为的内在积极力量和经常激发这些力量的环境力量。对于存在目标导向的个体，激励将他们的行为指向某些目标。激励是将环境力量反馈给个体，强化他们的动力强度和能量方向，或阻止他们的行动过程，重新调整其努力方向的动力[5]:2。

不同的激励定义从不同的侧面或用不同的要素对激励这一组织管理现象或要素进行界定和说明。从更深的层次讲，激励定义的不同主要根源于其对人性的定义等哲学基础上的不同。

到目前为止，激励并没有一个大家共同认可的定义。这说明目前对激励的本质认识仍没有达成共识。但已有的研究对人们认识激励的定义和规律已经做出了重要的贡献。

**（二）对激励因素的研究**

洛克的激励整合模型（图 2.3）比较全面地包含了激励系统的要素。西方激励理论对其中的每个要素都进行了系统和全面的研究，并取得了很多成果，这对我们认识激励做出了重要的贡献。

从激励的发展历程来看，起初受到关注的因素是物质激励、外在激励和显性激励。但随着人们认识的深入，精神激励、内在激励、隐性激励以及情感和文化开始受到越来越多的重视和关注。

1. 物质激励与精神激励

物质激励主要是通过物质刺激来诱导激励对象达到组织、社会和个人预期行为的目的。

精神激励则指社会、组织或个体成员，在一定的社会环境中，借助于精神载体（如思想、观念、情感、信念、荣誉、期望等）来激发、启迪、塑造、诱导激励对象，引起激励对象在思想结构、精神状态、心理体验和行为方式等方面的变化，从而有效地实现社会、组织或个体成员预期目标的过程[91]。精神激励是与物质激励相对应的重要激励方式之一。

2. 外在激励与内在激励

外在激励（Extrinsic Motivation）是指与工作无关的外在报酬如奖金、福利、升职等对人的激励。Edward L. Deci 和 Richard M. Ryan 认为外在激励并非行为本身的利益，而是与之相联系的结果，是金钱或物质奖励等来自于个体外部的动力[92]。

内在激励（Intrinsic Motivation）则是指工作本身或工作取得的结果对人的激励。Teresa M. Amabile 发现人们在从事一项有强烈兴趣的工作时会受到激励，这种强烈的兴趣就是内在激励，是处于某种自身原因如喜欢、满意而工作的动机，这种动机往往基于自我决定、能力、好奇心和兴趣，内在激励是一个必需的激励器（necessary stimulator）[93]，内在激励的过程是对实现活动过程的兴奋和满意，而非活动结果[94]。

也许是受行为主义的影响，西方激励理论最初关注较多的是外在激励。20 世纪 70 年代后，内在激励逐渐受到较多的关注。

目前西方学者研究关注较多的是内在激励与外在激励的关系问题，尤其是外在激励对内在激励的"挤出"效应，如：科恩（Alfie Kohn）在其著作《奖励的惩罚》中对此做出的大量分析和论述[15]。ROLAND B'ENABOU 和 JEAN TIROLE（2003）认为内在激励对于外在激励具有替代作用，内在激励是个体努力的根源，应该成为激励机制的核心，而外在激励则是对内在激励的补充[95]。

3. 显性激励与隐性激励

这一组概念主要出现于经济学的激励理论中。经济学将所有关于交易的承诺都视之为契约。"在经济学看来，组织理论就是组织契约理论；而所谓组织激励问题，其实质就是组织激励契约的设计问题"[96]:15。"在经济学中将契约划分为显性契约和隐性契约。显性契约通常是正式契约，它是指可以写明，并可以由当事人以外的第三方验证，并在法律上可以强制执行的契约。隐性契约通常是非正式契约，它是指由习俗、组织外部文化和内部文化所形成的行为规范。隐性激励一般体现为一些默认和口头上的承诺"[96]:7。在企业中劳动工资是显性激励，而年终红包或升职则是隐性激励。

早期的激励研究只关注显性激励，但无法解释一些现象，对隐性激励的定义和探索则解决了这方面的问题。

4. 情感与文化

Gary P. Latham 认为 20 世纪人力资源管理、工业组织心理学和组织行为学对激励的研究主要局限在雇员认识和行为方面，情感在很大程度上被忽视了，但这种情况在新世纪迅速地得到了改善[71]。

20 世纪 70 年代后，激励问题的研究开始关注行为和认知的相互作用，在价值观、认知（特别是目标）及影响（特别是情绪）方面的研究有了很大的进展。学者将研究的视角由单独的对人的研究扩大到对民族文化、工作特点、人与组织的相互适应性等方面。目前行为学研究者将激励的研究发展到潜意识激励的方面。

## 二、对激励过程的了解

激励的过程型理论将激励理解为一个需要满足的过程，如图 2.4[7]所示。

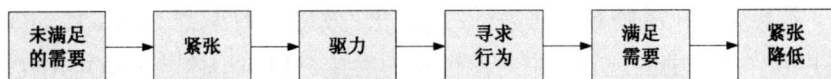

未满足的需要 → 紧张 → 驱力 → 寻求行为 → 满足需要 → 紧张降低

图 2.4　激励过程

资料来源：罗宾斯 S P. 组织行为学[M]. 第 7 版. 孙健敏，李原等译. 北京：中国人民大学出版社，1997.

王明荣从个体及组织的不同视角对激励过程进行了描述，见图 2.5、图 2.6[97]:81-82。

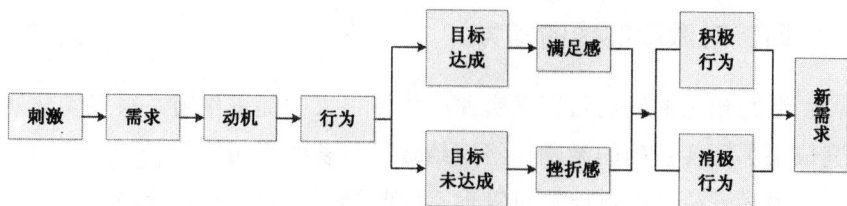

**图 2.5　个体感受的激励过程**

资料来源：王明荣. 基于知识创新的企业激励机制研究[D]. 天津：天津大学管理学院，2011，81 页.

激励是一个个人与环境、个人与群体、个人与个人之间的繁杂的互动过程。已有研究通过对激励过程的了解，为我们认识和应用激励理论所揭示的规律打下了基础。

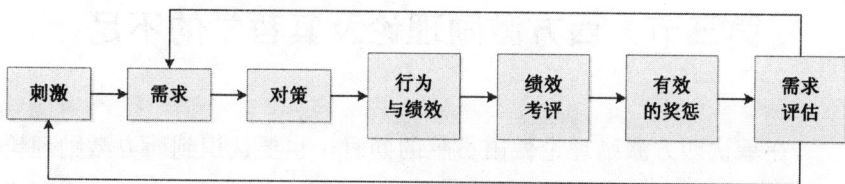

**图 2.6　组织激励过程**

资料来源：王明荣. 基于知识创新的企业激励机制研究[D]. 天津：天津大学管理学院，2011，82 页.

## 三、对激励变量间关系的实证

在以实证范式为主流研究方式的背景下，西方学者对激励理论的相关变量之间的关系进行了很多实证研究。这些实证研究对确立理论的正确性提供了支持，因而对激励理论用于实践做出了贡献。如，波特和劳勒通过实证研究发现对绩效的回报决定人们的满意度，而改变了人们以前通常认为的满意度高的员工绩效更好的错误认识。

### 四、对激励实践的指导

激励理论的发展对管理实践产生了很大的促进作用。很多实证研究成果都证实正确的激励与组织绩效呈显著的正相关。

激励理论之所以能够对管理实践起到促进作用，从经济学的视角看，在产权私有和市场经济条件下，激励实际上是对不同效用的人力资源的收入进行的合理的分配，因而可以更好地发挥人力资源的功能；从心理学的角度看，激励通过人为设计（非自然条件）促使人的心理（从而引发生理）机能更加强大，从而导致某种预期结果的出现。

西方激励理论通过对企业管理实践的促进推动了人类经济的发展，为人类物质生活水平的提高做出了贡献。

## 第三节　西方激励理论及其哲学的不足

在承认西方激励理论做出贡献的同时，也要认识到西方激励理论及其哲学存在的不足。本节仍从对激励三个基本问题的回答对这些不足进行分析。

### 一、激励目的认识上的不足

经济学研究试图用"完美"的机制设计来保证激励目的的实现。可是，从实践结果看，效果并不理想。为什么"好"的机制设计不能引发好的结果？可能有学者认为这是因为经济学的模型过于理想化、简单化。如果经济学激励模型考虑的变量再多一些，讨论的可能性再全面一些，是可以取得预期结果的。本研究认为这种观点没有找到问题的关键。西方激励理论的最大问题在于作为其理论基础的哲学思想存在不足。

#### （一）对人性的片面认识

经济学研究在回答"人为什么会被激励"或"为什么要激励"问题时，无论是从本能，还是从道德风险、逆向选择寻找答案，都是在

"经济人"假设下推导形成的理论体系。虽然后来用"社会人"假设对"经济人"假设进行了一定的修正，但其"经济人"假设的本质并没有根本改变。

近年来，西方实验经济学家通过实验发现的公平偏好（Fairness Preferences）和互惠动机（Reciprocal Motivations）[①]经济人假设已经受到越来越多的质疑。

作为经济学领域的一种分析和思考问题的简化办法，经济人假设这种思路并无对错之分，它只是一种思考工具。而且，从历史角度看，经济人假设曾为人类的进步和发展做出过重大的贡献。文艺复兴之前，中西方均在神权以及代表神权的君权统治之下。一般民众基本没有当代人具有的人权。在物质方面，禁欲主义因宗教而成为主流的社会思潮，导致长期以来人类在解决自身需求和物质供应之间的矛盾时，选择禁欲（控制需求）而不是增加供应。在这种背景下，社会的物质生产能力很难得到发展，人类物质生活水平长期处于较低的水平。文艺复兴运动后，人权才被从神权中解放出来，但人们仍普遍认为占有财富和追求物质享受是与宗教精神不符的。16 世纪 20 年代，马丁·路德在德国发起宗教改革运动。17 世纪中叶，英格兰的清教徒运动要求以加尔文主义改革妥协保守的安立甘国教会，新教对教义的表达和阐述逐渐形成新的体系，形成了所谓的新教伦理。新教伦理将个人通过努力增加自己的资本并以此为目的活动视为一种尽责尽职的"天职"[②]行动，把赚钱本身当作一种目的，当作一种职业责任，被视为一种美德和能力[98]。在这种背景下，人类的生产能力和创造能力才得到了极大的发展，人类的生活水平才得到极大的提高。从历史上看，提倡对物质的追求和财富的占有是有重要的积极意义的，是促进人类发展和进步的重要力量。因此，早期的资产阶级经济学家在这种历史背景下将人性定义"经济人"是有其现实意义和重要价值的。在人类物质生产仍很匮乏的时代，通过每个人对经济利益的追求，使人类的物质生活水平得到极大的提高，人类因此而进入更加文明的时期。因此，早

---

① 相关研究成果将在第三章中详述。
② 在天主教中指上帝安排的任务。

期的激励理论以经济人为假设，通过物质激励激发出人的潜能并促进生产力的提高，有其正面的历史价值和意义。

随着人类物质财富积累到一定程度，人的物质需求强度逐渐下降，人们对社会性等精神需求的要求越来越强，人的主体性要求也越来越强。原先为了经济利益可以忍耐在主体性上的一些损失，此时，则不能再容忍。如果此时施激者再一味强调经济利益而忽视受激者的精神需求，激励就不会达到预期效果。这是人性发展的必然结果。

因此，把人对经济利益的追求绝对化，把人的经济性当作人性的全部，片面强调物质利益的重要性，引导人过分追求经济利益，则犯了没有全面认识人性的错误。

人是肉体和精神的统一体。人所追求的利益不仅包含经济的，还包括精神的。人追求的绝不仅仅是物质或经济利益，因为经济利益只能满足人对物质的需求和很少一部分精神需求。人对物质需求和精神需求是由人的本质——人性所决定的。激励的目的不能仅是单纯的经济利益的最大化。

## （二）目的的控制性与一厢情愿性

绪论中分析过现有理论主要从处于相对强势地位的施激者角度分析和思考问题的原因。由此导致施激者经济效益最大化成为激励的终极目的。这样的激励目的存在两个方面的问题。

### 1. 目的的控制性

在私有制和市场经济条件下，组织经济效益最大化主要的受益者是施激者。这是激励出现的前提。但是，如果激励的目的只是施激者利益的体现，受激者的感受会怎样？受激者当然也明白这个道理，于是有了追求自身利益最大化的消极怠工，有了受激者不可能全心全意地为实现施激者利益最大化目标而全身心投入工作的现实（无论激励机制和手段被设计的多么完美），有了激励怪圈和激励综合症。出现这样的问题，其根源在于施激者和受激者都追求经济利益最大化时，两者的目标不能同时达到。如果施激者要求受激者放弃自己的利益最大化而为实现自己的利益最大化而全力以赴，如果不是出于受激者的自愿，这种要求对受激者来说就具有控制性、强制性。

### 2. 目的的一厢情愿性

由于信息不对称、契约的不完全性以及委托合约的路径依赖性和刚性，委托人无法实现对代理人完全的监督和控制。就给代理人寻求自身利益最大化留下了空间。由于路径依赖和刚性，即使代理人没有认真履约，委托方在一定程度上也无可奈何。因此，西方激励在对激励目的的认识上有一厢情愿性。

综上所述，如果按照理性经济人假设——每个人都是追求自身经济利益最大化。施激者如此，受激者也是这样。于是问题随之产生：当受激者像施激者一样追求自身利益最大化时，施激者在设计激励方案时希望实现自身利益最大化的目标就无法实现，激励悖论由此产生。

一些西方学者已经注意到了这个问题，并通过分析激励在长期的无效性来提醒大家警惕激励悖论。

## 二、激励主客体关系认识上的不足

在委托代理关系中，委托人由于经济上的强势而处于主导地位，并因此可以用激励来要求代理人按照自己的意愿行事。这种带有强制要求的激励对受激者来说具有不平等性。这种不平等性从根源上讲是由西方激励理论隐含的二元对立的主客体关系认识缺陷引起的。从人的本性和主体性上说，每个人都是平等的。虽然由于经济地位的差异受激者会接受施激者的管理，但这种不平等必然导致受激者的不满和对抗心理。

## 三、激励方式认识上的不足

由于在激励目的和激励主客体关系认识上的不足，西方激励哲学在"如何激励？"问题的认识上也存在激励评价标准制定不民主、不公平、过于偏重物质刺激和过于偏重外部激励等的不足。

### （一）评价标准制定不民主、不公正

一般情况下，施激方在激励指标的确定和对受激者的评价过程中具有绝对强势的地位。这使激励评价指标的制定权基本掌握在施激方手中，受激者一般没有参加标准制定的权利，只能被动接受。这很容

易导致评价标准对受激者的不公正。而且即使不公正，施激方仍能利用强势地位使其生效。但我们知道，每个人在人性、人权、人的主体性上是平等的。如果人的这种平等性被强制剥夺，人就会极力反抗，激励怪圈和激励综合症就产生了。

## （二）过分偏重物质刺激

西方工业革命大大提高了人类的生产力，人类生产满足人类欲望的能力越来越强。文艺复兴运动使人权从神权中解放出来，人自身的重要性从被忽视到被无限放大，走向了人类中心主义的极端。人类在生产力大幅增长的同时，欲望膨胀的速度也越来越快。于是物质越来越多，刺激着人的欲望越来越大。在解决欲望的无限性与人类生产能力有限性的矛盾问题时，近代以来西方经济和管理理论更多强调创新和创造，即，立足于增加生产力，而没有从节制欲望的视角来考虑。于是欲望成了人类行为的动力源，成了牵动人类社会的主要力量。在这种背景下发展起来的激励理论必然也受其影响，"有钱能使鬼推磨"的逻辑大行其道。

需求层次理论告诉我们：人不但有物质需求，还有精神需求，在基本的物质需求满足后，精神需求就成了主导需求。从西方激励理论的三个发展阶段可以看出，有些学者已经注意到了这个问题，强调满足受激者精神需求的重要性。可在激励实践中，物质激励仍然占据霸权地位。原因可能如科恩指出的：解决问题需要人们竭尽所能，这需要时间、努力、心思、耐心和才能。但用奖金来引诱雇员却不需要这些。在很多工作场所，刺激方案替代了管理：工资和表现挂钩，其他的就万事大吉了[15]:14。

西方学者也注意到了现实中人不是仅仅受物质刺激驱动的，于是有了"社会人"假设。之后激励理论虽有改善，但其偏重物质刺激的主体并没有改变，只不过给其穿上了一件看起来很美的软外衣。

## （三）过于偏重外部激励

偏重物质刺激必然导致对外部激励方式的偏重。这种偏重导致的问题是工作场所的外部激励会降低工作本身对人的激励（工作内容本身的内在激励），产生外部激励对内在激励的挤出效应。

大多数学者和研究结果认为外部激励对内在激励存在挤出效应。Rummel 和 Feinberg[99]、Wiersma[100]、Tang 和 Hall[101]、Fehr、Gächter 和 Kirchsteiger[102, 103]、Deci、Koestner 和 Ryan[104]等学者都通过实证或实验证实了对于有趣的任务，外在报酬对内在激励的破坏作用是高度显著的，特别是在实验受试者有受到控制的感觉及存在非预期的外在报酬时，这种挤出效应更为强烈。

综上所述，西方激励哲学存在的不足可以归纳为以下几个方面。

1. 在人性认识上的片面

如何认识人性、对人性的假设是人文社会科学的基石，是人文社会科学研究的原始假设。如果对人性的认识是错误的，其后续的相关理论体系就不可能正确[51]:49。

西方激励哲学以经济人为基本假设，将每个人视为理性的自利人。但现实中人性的表现并没有那么糟。在很多行业或企业中，施激者充分信任受激者，双方共享企业发展中的收益，没有用各种所谓的机制和制度"监督和控制"受激者，却取得了非常好的效果。如我国的餐饮企业海底捞，对普通员工充分信任和授权，用心帮助员工用双手改变和创造命运。用黄铁鹰的话说是"把人当人看"[33]，在不考核经济效益的情况下，取得了其他餐饮企业无法超越的经济效益。直销行业中管理人员对下属的支持、帮助力度，销售人员的敬业度都让人惊叹。

西方激励理论的发展经历了三个阶段：传统模式阶段、人际关系模式阶段和人力资源模式阶段。区分每一种模式的核心维度是其对人性的假设。波特在说明为何将第三阶段命名为人力资源模式时说："因其（人际关系模式）对工作中人类行为过于简单和不完整的陈述……麦格雷戈的'Y理论'、利克特的'系统4'、沙因的'复杂人'、迈尔斯的'人力资源模式'被提出。因为最后一个术语对这些新观点固有思想描述的较多，因而使用人力资源模式"[5]:15。这说明西方激励理论在认识人性和对人性的假设上是不断调整和发展变化的。

西方人力资源模式对人性的假设是否正确？齐善鸿教授认为西方管理理论在人性研究中，在取得了很多成果和进展的同时，也犯了低级归纳错误、静态认知错误、现实反推错误、不可知论倾向的错误和过度推论错误[51]:51-52。

西方人力资源模式假设还具有不可知论的错误倾向。在经过了前两个阶段低级归纳错误之后，当研究者看到人的行为复杂多变而无法找到一个统一的标准答案时，就从低级而片面的认识错误走向另外一个极端——"实在太复杂，说不清楚"，于是用"复杂人"进行概括。这种人性假设有不可知论的倾向，是有违科学精神的。

西方激励理论及其哲学在对人性的认识上仍然存在不全面、不系统的不足。

### 2. 激励目的上的片面和偏执

在西方激励哲学中，施激者激励受激者的目的是非常明确的：通过激励提高受激者的工作效率或敬业度，最终使施激者的收益最大化。这表面上是由市场经济规则决定的，深层次则是由享乐主义（功利主义）、实用主义的哲学观决定的。

辩证地看，这种认识既有其合理的一面，也有其片面和偏执的一面。万俊人在《论市场经济的道德维度》一文中对此进行了全面的分析。万俊人认为资本主义制度下的市场经济的"知识（技术）的社会优先性"和"经济中心"性的正当性和合法性是不难证明的，因为作为经济模式，市场经济被实践证明是最先进、有效的。这是因为它对经济行为主体的自由平等要求及其自由竞争提供了优越的经济活动机制，最大限度地开辟和调动了现代社会经济活动的创造性资源和社会潜力，能从宏观上通过市场化的经济机制（价格机制等）实现资源高效合理的配置[105]:10。它不仅通过自由平等竞争的劳动市场机制（劳动分工、工资等）使社会生产中的人力资源得到充分有效的利用，而且也通过诸如市场供应与需求、市场价格体系与平均利润率等有效机制，使社会生产要素或资源得到较佳配置和利用。

但是，资本主义制度和市场经济规则在价值效率、市场分配正义、较充分的行为交往和利益共享的正当合理性从根本上是建立在社会达尔文主义之上的丛林法则，有其非人性的一面。人天生就有差异，有些差异（如先天疾病、突发灾难等）使一些个体根本无法参与到竞争中。这时，丛林法则是弱肉强食，淘汰弱者，这在人类文明社会中显然是无法被接受的，因为每个人都有可能突然间成为这样的弱者。另外，仅用经济指标来要求人有其明显的片面性。人是一个系统，在经济竞争中的能力只是其能力之一。市场经济只对人的经济能力提出要求，而忽视了对人其他能力的要求。这种将对系统中的主要要素的要求扩大化到对整个系统要求的简化思路很难证明其合法性，虽然从目前看其有效性已得到了证明！万俊人在证明了市场经济原则的正当合法性后也论证了这一点。市场经济的"市场分配公正"只是原初的、有局限的。市场调节作为"第一次分配"的作用只限于交易性领域，而不能适用于非交易性领域[105]。市场公正本身虽然具有其客观普遍性，但并不能完全确保市场中的"经济人"具有真正意义上的起点公平。市场经济价值效率、市场分配正义、较充分的行为交往和利益共享等性质是在某种理想化的意义上的，在一些特殊情况下（如市场失灵——经济危机时）不但不能实现，还可能走向其反面（将牛奶倒入大海以维持价格）。"生产高效与生产过剩仅一步之遥"。另外，市场经济本身不能完全脱离人类生活的其他方面而孤立存在和发展，更不可能完全自发进行，它需要有必要的社会政治、文化和道德的条件[105]:15。因此，资本主义制度下的市场经济规则既可以是激活经济效率之源，创造空前丰富的物质财富，也可能成为经济之殇，造成资源和财富的巨大浪费；既有理论上的公正属性，也导致日益扩大的弱肉强食和贫富差距。对效率增长的片面追求，对经济利益的偏执崇拜，在创造了经济和发展奇迹的同时，无法满足全人类的全部追求。

3. 激励主客体关系上的二元分裂和对立

前文已分析了西方激励理论在激励主客体关系上的二元分立的哲学根源。近代以来，一些西方哲学家也开始对西方的二元论提出了质疑和挑战。如艾尔弗雷德·诺思·怀特海（Alfred North Whitehead）就观点鲜明地批评了近代以来在西方哲学中占主导地位的主客二元对立的思维方式。认知者和被知者、知识与对象、观念与事物的二元论，在怀特海看来正是近代哲学乃至整个西方哲学所具有的弊端。怀特海在《过程与实在》中论述到："全部近代哲学都是围绕着如何根据主词和谓词、实体和性质、殊相和共相而描述世界的困难为转移的。其结果永远与我们的直接经验相抵触"[106]:89。怀特海认为这种传统哲学只能把我们引到某种孤立的实体之中，不能使我们更清晰地认识现实世界。

认识论的基本问题是主体与客体的关系问题，认为主体与客体相区分是认识发生的前提。怀特海则认为认识论问题和实在论问题若相互孤立起来，就不可能得到恰当的解决。因此，他试图用摄入概念来消解这种二元对立[107]。

激励主客体关系的二元分裂，加上激励目的的片面和偏执导致了激励主客体关系的对立和冲突。

4. 激励方法上的行为主义倾向和单边性

由于西方激励哲学在激励目的和激励主客体关系认识上的不足，导致了激励理论在方法上的单边性和行为主义倾向。单边性是指在激励方式和内容的选择与确定上，基本上由施激方确定，受激者不能或很少参与其中。行为主义倾向是指其主要用物质刺激作为激励物，以此塑造受激者的行为。对于激励方式的单边性，前文已有论述，此处重点论述激励方式行为主义倾向的不足。

艾尔菲·科恩（Alfie Kohn）在《奖励的惩罚》一书中对斯金纳理论框架下的行为主义进行了猛烈地抨击。科恩认为行为主义已被人们广为接受，达到不能察觉的地步，其影响是如此的根深蒂固以致感觉是简单的常识，反对观点不再得到回应，甚至压根就没有人再提出异议。[15]:5 科恩认为奖品本身无可厚非，奖励在一些情况下也是无害的，在另一些情况下也是不可或缺的。问题在于为了达到控制他人行为，取他们所欲之物，符合条件再予之这种惯常的做法才是问题的症结[15]:6。因此，他力辩此种教条（指行为主义）有着极其错误的方面，认为其假设误导人，产生的做法既在本质上令人反感，又产生事与愿违的效果。

5. 静态的研究方法和视角无法全面反映人的动态发展性

西方激励理论在研究方法上越来越遵循西方科学研究的主流范式——实证研究。实证主义研究范式能够成为主流范式是因为其科学性和学术竞争力。但实证范式也并非完美无缺。在社会科学的研究中，很多学者开始质疑实证研究的"话语霸权"[108]。虽然在与形而上学的竞争中胜出，并取得主流学术范式的地位，但实证范式本身仍有不足，尤其是在社会科学研究领域。如，实证研究遵循定义两个变量（构念），然后假定其他条件不变，通过观察或控制自变量，来发现因变量的变化规律，从而找出两个变量之间关系（主要是因果关系）的规范本身无法解决两个问题。一是在简化假设下的结论如何还原回现实条件，并指导现实实践？对社会研究来说是一个难题和挑战。二是实证研究一般是在静态下进行，可社会生活是时时变化的。作为社会科学研究主体的人或群体，其性质也是时时变化而不确定的。那么如何将静态的结论调整适用于真实的动态场景？

从激励理论的发展历史可以发现，西方激励理论适合传统情景与西方文化，尤其是美国文化。美国文化提倡个人主义和男性主义，因此西方激励理论更适用于倡导个人主义和男性主义的文化背景。正如罗宾斯教授所说：这些美国人研究的（在美国文化下）用于美国人的理论成果如何用于其他国家和地区的人，需要在不同的文化背景下做不同的思考。

人是动态变化与发展的，因此关于人的理论也应该随之不断变化和发展。这是现实给研究者提出的要求。激励理论是研究人、用于人的理论，也应随着人的发展而发展。

# 第四节　西方激励哲学不足的成因

每个理论都有一个不断发展完善的过程，激励理论也是如此。同时，激励理论是在一定的时空条件和社会、经济环境背景下产生和发展起来的，其哲学基础必然受到当时时代哲学思潮的影响，也会随着社会哲学思潮的发展而变化。因而，西方激励哲学的不足主要来源于更深层次的社会哲学思想。

## 一、历史原因

每种理论都有一个不断发展完善的过程。雷蒙德·E. 迈尔斯（Raymond E. Miles）、莱曼·W. 波特（Lyman W. Porter）和詹姆斯·A. 克瑞富特（James A. Craft）认为激励理论经过了三个发展阶段。1966年，迈尔斯等通过第三方对美国 8 个州约 250 名公共卫生组织人员进行问卷调查后发现：存在三种领导态度模式[109]（见表 2-1）。这个研究虽然不是专门为激励而做，但其结果却与激励理论有着直接的联系。因为领导态度往往决定着管理者对激励的看法。波特等学者直接将其结论引申为三种激励模式[5]:14。与这三种领导态度模式对应，西方激励理论的发展也可分为三个阶段。

早期激励理论以简单的"胡萝卜+大棒"的行为主义观点为主要特征：为表现好的工人支付报酬，惩罚或开除其他的人[110]。持这种观点的激励模式被称为传统激励模式。传统激励模式在以弗雷德里克·温斯洛·泰勒（Frederick Winslow Taylor）开创的科学管理学派为典型代表。19 世纪的最后数十年中，美国工业出现前所未有的技术进步，资本积累速度加快。这使工人和资本家之间的冲突激化。资本家过着奢侈的生活，对工人态度蛮横，工人工作辛苦却生活艰辛。工人开始不断用捣毁机器和加入工会组织领导的大罢工等方式争取权利。劳资关系的对立严重影响了企业的劳动生产率。泰勒认为生产率低下是美国企业当时的主要问题。解决这个问题的办法是采用科学管理。管理者的责任就是为工作寻找到合适的员工，用最有效的方法培训他们，然后建立一个工资奖励系统。按照管理者告诉他们的正确办法工作，就可以使自己的收入最大化。这一阶段的激励理论对受激者的假设是他们厌恶工作、懒惰、没有目标、唯利是图，因而需要帮助他们找到最佳的工作方法，并建立外部控制，通过奖励促使其达到最佳绩效。因此，管理者的主要任务就是监督员工完成定额，遵守公司制度。为了报酬，工人们会按照公司和管理者的要求努力工作。

表 2-1 领导态度的三种模式及对应的激励理论发展阶段

| | 传统模式 | 人际关系模式 | 人力资源模式 |
|---|---|---|---|
| 假设 | 1. 对大部分人来说，工作本身是令人厌恶的<br>2. 人们认为所做之事本身的重要性比不上挣钱的重要性<br>3. 很少有人希望或能够有创造性地、能够自我导向和自我控制地处理工作 | 1. 人们希望感受有用和重要<br>2. 人们希望归属组织，被看作是一个成员<br>3. 在激励人们工作时，这些需要比钱更重要 | 1. 工作本身并不令人厌恶，人们希望对组织帮助建立的有意义的目标有贡献<br>2. 许多人能够表现出比工作要求更多的创造性、负责的自我导向和控制 |
| 管理政策 | 1. 管理者的基本任务是严格管理和控制下属<br>2. 管理者必须把工作分解成简单、重复和容易学习的操作<br>3. 管理者必须制定详细的工作标准和程序，并坚决、清晰地加以执行 | 1. 管理者的基本任务是使每个人感到有用和重要<br>2. 管理者应该让下属获得信息，并听取他们的不同意见<br>3. 管理者应该允许下属在日常工作中自我导向和自我控制 | 1. 管理者的基本任务是充分使用其"未被开发"的人力资源<br>2. 管理者必须创造出所有人都能尽其所能的工作环境<br>3. 管理者必须鼓励下属全面参与重大事项，持续扩大下属的自我导向和控制能力 |
| 预期结果 | 1. 如果有合适的报酬和公正的老板，人们能够忍受工作<br>2. 如果任务足够简单，人们能够被严格控制，他们会达到标准 | 1. 与下属分享信息，让他们参与日常决策，这将满足他们基本的归属和被认可的需要<br>2. 满足这些需要将改善士气，减少下属对正常权力的抵触——下属更愿意合作 | 1. 扩大下属的影响、自我导向和控制将直接改善其工作效能<br>2. 作为其人力资源得到充分使用的"副产品"，下属工作满意度提高 |

资料来源：MILES R E, PORTER L W, CRAFT J A. Leadership attitudes among public health officials[J]. American Journal of Public Health and the Nations Health, 1966, 56(12): 1990-2005.

科学管理方法在开始时是很成功的，因而很快就被用于各种组织中。不过人们很快便开始发现这种模式的问题。一是越来越细化的工作使员工越来越不能忍受。二是管理者为了更多的自身利益开始修改基本的奖励系统——增加限制条件以限制员工收入。员工很快就发现自己的利益受到损害，但由于机器的发展使工厂对人的需求减少对工人产生的不安全感，员工开始有意限制产量以寻求公平并保住工作（对抗从显性走向隐性）。

为了解决上述问题，20世纪20年代开始，乔治·埃尔顿·梅奥（George Elton Mayo）等学者通过霍桑试验（the Hawthorne Studies）提出了著名的"社会人"假设：要将员工当作工作中的"整体的人"，关心员工的社会需求。人际关系模式由此开始形成，激励理论也进入到了人际关系模式阶段。在这个阶段，传统的旧假设被反映人的社会化特征的陈述所取代。认为人希望感受到有用和受到尊重，希望成为组织的一员，而且这些需求比对金钱的需求更强烈。因此，激励员工最好的办法是管理者能让员工感到自己的工作有用和重要。为了达到这样的效果，应该开通员工了解组织的渠道，听取员工对组织的意见，尽可能地发挥他们的自主性和创造性，并让他们对自己的工作进行决策。如果这样做了，员工就会更愿意与管理者合作，更好地达到组织目标。

可是，人们很快又发现人际关系模式认为快乐的员工绩效更高的假设过于天真幼稚（naive）[110]。因为 Brayfield 和 Crockett 等学者的实证结论并不支持这个观点[111]。于是学者们继续进行新的探索。这些探索的成果被迈尔斯称为人力资源模式。激励理论在这个时期进入到了第三个阶段。

人力资源模式把人看作复杂的系统，人的激励受到很多复杂因素的影响，不同的员工追求并不一样，每个员工能为组织提供的"资源"也各不相同。这一阶段的理论假设基本继承了人际关系模式的主要看法，但并不像人际关系模式一样强调员工对管理权威的绝对尊重和服从。这时管理者的责任是认识到激励的复杂性，学会开发员工的潜在能力。让员工更多更大范围地参与决策，使其在实现自身目标的同时实现组织目标。

## 二、西方主流社会思潮的影响

不同的激励哲学思想（体现为理论假设）引发不同的管理政策，并得到不同的预期结果。从这三个发展阶段看，激励理论是不断向前发展的。表现在对受激者的重视和尊重程度越来越强。这与管理理论人性假设从经济人到社会人的进步是一致的。

西方激励理论发展三阶段的根本区别在于其前提假设的不同。这些前提假设的变化则反映出其哲学基础的发展和变化。激励理论是在一定的社会环境和经济环境背景下产生和发展起来的，其哲学基础必然会受到当时时代哲学思想（尤其是管理哲学思想）的影响，会随着社会哲学思潮的发展而发展。

作为西方激励哲学基础的社会思潮主要有以下几个：

### （一）理性经济人假设

西方激励理论是在西方工业化进程中建立和发展起来的。在工业革命之前，西方刚刚经历了以树立人文主义精神为核心的文艺复兴运动。人文主义精神的核心是提倡人性，反对神性，主张人生的目的是追求现实生活中的幸福，倡导个性解放，反对愚昧迷信的神学思想。人文主义主张个性解放，反对中世纪的禁欲主义和宗教观。提倡科学文化，反对蒙昧主义，摆脱教会对人们思想的束缚；肯定人权，反对神权，屏弃作为神学和经院哲学基础的一切权威和传统教条。文艺复兴运动促进了人类思想的解放、科学技术的发展和机器大工业的产生。与此同时，劳动分工使机器代替人力成为可能，并迅速以强有力的竞争力击败了作坊式的工厂手工业，成为社会经济生产的主要方式。由此，雇佣关系和代理制成为人们社会关系中的主要方式。

组织激励的出现源于代理制。工场手工业时期，资产所有者就是经营者，几乎没有劳动分工，与现代市场经济相比市场交易很不活跃，人还没有被当作像物一样的生产资料。但机器大生产改变了这一切。机器使劳动生产效率大幅提高，商品成本大幅下降，商品输出为工厂主带来大量利润，全国性的商品市场形成，雇佣工人开始成为像物一样的生产资料。

亚当·斯密（Adam Smith）在《国富论》中的论述系统陈述了这一时期激励理论的主要经济及哲学基础。包括：第一、经济人假设。斯密从人的本性——利己动机出发，论述了利己主义是人的一切经济行为的动机。第二、劳动价值论的提出。认为劳动分工是提高效率的关键，首次明确提出了价值和使用价值的概念。第三、"看不见的手"。斯密用"看不见的手"来说明经济的发展由市场来引导，提倡自由竞争，反对政府干预。这实质是将达尔文的进化论引入到经济领域，认为通过自由竞争实施优胜劣汰——强者胜出，弱者淘汰。在这个过程中，社会资源得到最优配置——通过个人追求经济利益最大化实现社会总体经济利益最大化。

斯密的开创性论述至今仍是西方经济和管理理论（当然也包括激励理论）的哲学基础：经济人假设——经济、管理活动的目的是为了实现经济利益最大化。

### （二）二元论和社会达尔文主义

西方哲学认为认识论的基本问题是主体与客体的关系问题，并认为主体与客体相区分是认识发生的前提[107]。在委托—代理关系确定的情况下，施激与受激的关系自然确定。

西方激励理论在激励主体及主客体关系上的基本假设是二元论的。这种二元论在西方哲学史上有深刻的历史背景和根源。伯特兰·罗素（Bertrand A. W. Russell）曾对这种根源进行过分析。罗素认为笛卡尔的哲学……完成了或者说接近完成了由柏拉图开端而经基督教哲学（主要因为宗教上的理由）发展起来的精神、物质二元论……笛卡尔体系提出精神界和物质界两个平行而彼此独立的世界，研究其中之一能够不牵涉另外一个[112]。这导致西方的思维模式从轴心时代的柏拉图起就是以"主—客"（即"心—物"或"天—人"）二分立论的①。

---

① 在这一问题上，西方哲学在现代有所转变，例如怀德海在《过程与存在》中就对西方原有的二元认识论方式进行了批评。怀特海认为，认识论问题和实在论问题若相互孤立起来，就不可能得到恰当的解决。认知者和被知者、知识与对象、观念与事物的二元论，正是他认为近代哲学乃至整个西方哲学所具有的弊端。他试图用摄入概念来消解这种二元对立。（参见：杨富斌. 怀特海过程哲学思想述评[J]. 国外社会科学，2003，（04）：75-82）。不过，到目前为止还没有看到怀特海思想对管理理论的影响。

因此，在西方激励理论中，委托人（或管理关系中的上级）是施激者，是激励关系中的主体。代理人（或管理关系中的下属）是受激者，是激励关系中的客体。当然，委托人和代理人都不是天生的，在委托人和代理人身份如何确定问题上，西方遵从自由竞争原则，实质仍是社会达尔文主义：在竞争中胜出的，获得财富，成为委托人；在竞争中失败的，失去财富，成为出卖劳动力的代理者。竞争时时发生，一个人的地位也可能不断改变。

### （三）享乐主义、行为主义和实用主义

在对"人为什么会被激励？"问题的回答中，对西方影响最大的是享乐主义(Hedonism，又称伊壁鸠鲁主义 Epicureanism)。19 世纪英国哲学家穆勒与边沁由功利主义的伦理理论出发提出了享乐主义的基本原理，因而享乐主义也被称为功利主义。享乐主义认为享乐是人类最重要的追求，人所有行为都可被一个人产生的享受与痛楚所决定。享乐主义认为个体倾向于追求快乐或避免痛苦，假设个体至少在某种程度上存在这种意识，并据此做出决策或行为选择。享乐主义由此假设人们在理论上可以理性思考各种可能的行为，从而使自己的决策或行为选择的正面结果（享受）最大化，负面结果（痛楚）最小化。

行为主义给"如何激励？"问题提供了最直接和目前最被广为接受的依据。

行为主义是对西方激励理论影响最大的理论之一。激励理论中著名的强化理论就是由新行为主义创始人伯尔赫斯·弗雷德里克·斯金纳（Burrhus Frederic Skinner）提出的。

早期的行为主义由约翰·华生（John B. Watson）20 世纪初创立。华生认为人类的行为是后天习得的，环境决定了一个人的行为模式。行为是经过学习而获得的，也可以通过学习而更改、增加或消除。华生认为明确了环境刺激与行为反应之间的规律性关系，就能根据刺激预知反应，或根据反应推断刺激，达到预测并控制动物和人的行为的目的。行为就是有机体用以适应环境刺激的各种躯体反应的组合，有的表现在外部，有的隐藏在内部。

20 世纪 30 年代，以伯尔赫斯·弗雷德里克·斯金纳为代表的学

者修正了华生的极端观点，提出了新行为主义理论。斯金纳在巴甫洛夫经典条件反射基础上提出了操作性条件反射。他设计了经典的"斯金纳箱"试验，用小白鼠验证了操作性条件反射（或工具性条件作用）。试验中的食物是强化物，用强化物增加某种行为频率的过程称为强化。新行为主义者认为强化训练是解释机体学习过程的主要机制，并发展了一套与早期行为主义不同的行为主义哲学——基本教义派行为主义（Radical Behaviorism）。

除了功利主义和行为主义，实用主义也对激励研究产生了深远的影响。

实用主义（Pragmatism）19 世纪 70 年代产生于美国，是 19 世纪末以来对美国社会思想文化影响最大的哲学流派[113]:175。

冯友兰在《三松堂自序》中对实用主义进行了说明。实用主义的特点在于它的真理论。它的真理论实际是一种不可知论。它认为，认识来源于经验，人们所能认识的，只限于经验。至于经验的背后还有什么东西，那是不可知的，也不必问这个问题。这个问题是没有意义的。因为无论怎么说，人们总是不能走出经验范围之外而有什么认识。要解决这个问题，还得靠经验。所谓真理，无非就是对于经验的一种解释，对于复杂的经验解释得通。如果解释得通，它就是真理，是对于我们有用。有用就是真理。所谓客观的真理是没有的[114]:179。

实用主义的特点在于把实证主义功利化，强调立足于现实生活，主张把确定信念作为出发点，把采取行动当作主要手段，把获取效果当作最高目标[113]:176。实用主义方法论的根本原则，是一切以效果、功用为标准。

实用主义曾被看作是资产阶级个人主义和利己主义世界观的典型。因为实用主义作为一种强调立足于现实生活的哲学与以追逐私利为目标的资本主义市场经济制度有着极为密切的联系。它关于生活、实践、信念、真理、效果等方面的理论很容易被用来论证个人主义和利己主义[113]:176。西方激励理论大多出现于美国，因此实用主义对激励理论的影响很大。

# 本章小结

虽然委托—代理理论认为，人是理性人，是否努力工作受到自身利益的激励，代理人会根据外部情况控制自己工作的努力程度[115]。Weiner 的研究成果也表明努力是由一个人的参与意愿决定的可控行为，是可以增加的个人因素[116]。但是，当施激者和受激者都是理性经济人时，施激者希望通过激励受激者更卖力工作，而使自己收益更多的想法很难实现。因为"经济人"是以一种合乎理性、精打细算的方式进行工作的人，他们总是力图以最少的投入取得最多的报酬。[117]施激者是这样，受激者也是这样。于是，一般情况下，当人们发现干与不干一样时，就会选择不干，干多干少一样时，就会选择少干。[118]因此，建立在理性经济人假设基础上的西方激励理论存在自身无法解决的悖论，这种为己利而励人的激励必然面临困境。

此外，随着全球人类物质生活水平的普遍提高，人类对物质需求的强度普遍降低而对精神需求，尤其是主体性的需求越来越强烈。在这样的背景下，建立在理性经济人假设基础上的西方激励哲学已不再适应时代发展的需要，其在激励目的、对激励主客体关系的认识及激励方式上存在自身无法解决的问题，在管理实践中必然面临困境。

需要注意的是，社会人假设的提出和人本主义的兴起给人以经济人假设已被取代的印象。企业文化的盛行更是使关心员工等方式得到推广。但是，诸多表面的做法并未改变西方激励哲学以经济人假设为主的本质。正如著名的管理思想史研究者丹尼尔·A. 雷恩教授所说："社会人是对经济人的补充，而不是取代"[119]:342。西方激励理论的哲学基础并未因这些改良性提法和做法而发生根本性的变化。只是在方式上增加了很多软性的外衣。

# 第三章 基于自励的激励：以道为本激励哲学的提出

本章在对激励基本问题给出新解答的基础上进行理论建构，提出以道为本的激励哲学，并对其理论基础和创新进行论述。

## 第一节 对激励基本问题的新解答

### 一、新激励目的：促使每个人成长

为什么需要激励？对这个问题的回答涉及激励的目的和本质。

前文已经分析了委托代理是激励产生的根源。既然如此，能不能不委托呢？在市场经济条件下，答案显然是否定的。因为劳动分工和专业化可以提高生产力。从个人的角度讲，委托代理人取得的收益比委托人自己干要大得多；从社会的角度讲，使用代理人可以使同样的资源产生更大的效益，不使用是一种变相的资源浪费。因此，问题的解决应在委托代理的前提下进行。

从对委托代理关系的分析可以看出，委托人（施激者）与代理人（受激者）的关系并不完全是经济人假设下的利益对立的零和博弈关系。如果换一种思维，他们实际上也可以是一种委托人和代理人优势互补、互相帮助、相辅相成的互惠共利关系。其中一方离开另一方，其自身利益都会直接或间接受损。西方激励理论只看到了委托代理关系的对立面，而没有看到统一面；只看到了双方相互提防甚至算计，而没有看到双方应有的互惠关系。之所以这样，主要是因为西方激励理论以人是自利的经济人为起点进行推理和制度设计。如果从互惠感恩的假设为起点进行推演，对激励的理解将会更加全面和正确。

如果激励关系的双方都从感恩的立场出发，那么，施激方会因为受激者为了自己的利益努力工作而充满感恩，并因此从善意的角度出发，根据受激者的贡献和取得的收益给予受激者尽可能多的回报；受激者则会因施激方为自己提供的施展才华的机会和对自己努力工作的回报也充满感恩。这时的受激者一定不会去损害施激者利益而使自己受益更多，或采取偷懒等不道德行为，更有可能尽己所能为施激者，也为自己创造更多的效益。这样的激励，是不是每个企业、每个人都向往的？可见，拓宽或改变我们对为什么激励问题的固有看法，可能为我们解决现有激励问题提供新的途径。

有人可能会说，这种以互惠感恩为基础的激励是一种"乌托邦"式的理想，现实中根本不可能出现。可事实是，已有很多企业家正在这样做。如李嘉诚在与客户合作中主动让利（因感谢对方给自己生意做）[32]，让合作方可以得到高于行业平均利润率的利润。自己虽然因此在单次合作中获利少了，但因所有企业都愿意同他合作，最后他仍成为了最大的赢家，成为华人首富。天津天狮集团的李金元在与自己的经销商合作时，利润分配方案由全体经销商来制订（因感恩经销商愿意推广自己的产品），最终形成了自己只能得到远低于行业平均利润率水平的方案。但正因为如此，所有的经销商都愿意与他合作，最后帮助他在国内成为行业第一，在较短的时间内就进入中国企业 500 强的行列①。这样的例子还有很多。这说明，以互惠感恩为基础的激励并非仅仅是美好的愿望，而是切切实实存在于企业组织之中的。这种在经济人假设看来不理性的激励，反而达到了以经济人假设为前提的激励希望达到而没有达到的目的。

在学术上，很多学者也不认同自私自利是人的唯一天性的观点。

---

① 天津天狮集团 2007 年进入中国企业 500 强，2011 年中国企业 500 强中名列 267 位。资料来源：2007 中国企业 500 强名单[M]. 企业管理出版社，2008 和 2011 中国企业 500 强名单[J]. 企业管理，2011，（09）：7+102-105.

经济人假设的提出者亚当·斯密本人也通过《道德情操论》表达了同情心对于人的重要性。新古典经济学创始人阿尔弗雷德·马歇尔不但没有排斥人类天性中的利他主义成分，而且认为对人类天性中的利他主义进行分析和利用是经济学家的最高目标[120]。他在《经济学原理》的导言中写道："毫无疑问，即使现在，人们也能做出利他的贡献比他们通常所做的大得多；经济学家的最高目标就是要发现，这种潜在的社会资源如何才能更快地得到发展，如何才能最明智地加以利用"[121]:30。当代西方学者则通过试验证实了人具有关心他人的公平偏好（Fairness Preferences）和互惠动机（Reciprocal motivations）。大量的研究成果都向人们昭示：人并非完全自利的，在关注个人利益的同时，也常常会关心他人的利益。也就是说，人既有自利偏好，也有公平偏好和互惠动机。

Werner Güth[122]、Alvin E. Roth 等学者通过最后通牒博弈（Ultimatum Game）实验①最早用经济学方法证实了人并非完全自利而具有公平动机[124]。之后，Sally Blount[125]、Colin Camerer 和 Richard H. Thaler、Elizabeth Hoffman 等学者[126]、Lisa A. Cameron[127]、Joseph Henrich[128]、Armin Falk、Ernst Fehr 和 Urs Fischbacher[129]及很多国家的研究者通过上千次地最后通牒博弈实验（或改进的最后通牒博弈实验）证实了世界各地的人都在自利偏好之外还具有公平偏好和互惠动机，从而用科学方法否定了人是纯粹自利的经济人假设。

Daniel Kahneman、Jack L. Knetsch 和 Richard Thaler 对最后通牒

---

① 实验设计为：两个陌生人甲和乙决定如何分配一定数量的钱。规则是甲首先提议一个分配方案，如果乙同意就按照该方案分配，否则双方都得不到钱。如果根据人追求物质利益最大化的经济人假设预测，乙不会反对任何给自己的份额大于 0 的提议方案，甲当然也知道这一点。因而甲为了最大化自己的利益，只会给乙非常少（接近 0）的钱。但是，不同的经济学家在不同国家、不同时间针对不同人群的上百次实验一致表明，甲给乙的份额低于 20%的提议方案被拒绝的概率为 40%~60%，并且给乙的份额越大被拒绝的概率越低，此外，这一结果几乎不受钱的数额影响。这与纯粹自利的经济人假设的预测结果显著不同。因此，经济学家给出了另一种合理解释：人们在纯粹自利偏好之外还具有公平偏好。人们也许会接受收益少但是相对公平的分配，而不接受收益多但是对自己不公平的分配。人们在关注自己的物质利益之外，还会关注别人行为背后的动机。人们会报答别人的善意，而报复别人的恶意，人们同时存在追求动机公平和结果公平的倾向。（资料来源：[123] 魏光兴. 公平偏好的博弈实验及理论模型研究综述[J]. 数量经济技术经济研究，2006，（08）：152-161. 有改动）

博弈实验进行修改后设计了独裁者博弈（Dictator Games）实验[130]，进一步证实了人有公平偏好。在独裁博弈实验中，提议者首先提出一个分配方案后，回应者无权拒绝，只能接受（这个规则与最后通牒博弈实验不同）。如果按照经济人假设对实验结果进行预测，完全自利的提议者应该不会给回应者一分钱。但是，实际的实验结果与这一预测结论完全不同。在 Daniel Kahneman 等人的独裁博弈实验中，面对两种选择方案：平分奖金（\$10/\$10）和不平分奖金（\$18/\$2），有 75% 的实验参与人选择了平分奖金（\$10/\$10）[130]。James Andreoni 和 John H. Miller 的实验证实有 40%的提议者没有分配给回应者一分钱，有 20%的提议者分配给回应者的份额在 0 到 50%之间，有 40%的提议者分配给回应者的份额为 50%[131]。Robert Forsythe、Joel L. Horowitz、N.E. Savin 和 Martin Sefton 的实验也证实只有接近 20%的提议者没有给回应者分钱。60%的提议者分配给回应者的份额在 0 到 50%之间，20%的提议者分配给回应者的份额为 50%[132]。经济学家在不同地方、不同时间、针对不同人群做了上千次独裁博弈实验后发现：大部分提议者给回应者的金钱远远大于 0。证实了人具有公平偏好的假设。

ERNST FEHR、GEORG KIRCHSTEIGER 和 ARNO RIEDL 在 1993 年开发了基于企业背景的礼物交换博弈实验（Gift Exchange Game）[133]。实验由提议者（代表老板）和响应者（代表员工）共同完成。提议者首先提供固定工资 $w \in (w, \bar{w})$。如果响应者拒绝，则双方收益都为 0。如果响应者接受，则响应者再决定付出多少努力 $e \in (e, \bar{e})$。提议者的收益为 $u_p = ve - w$，其中 v 是努力的边际生产率；响应者的收益为 $u_s = w - c(e)$，其中 c(e)为努力成本。如果人是纯粹自利的经济人，则博弈的子博弈精炼纳什均衡是：响应者面对任何固定工资 $w \in (w, \bar{w})$ 都只会付出最低努力 $\underline{e}$，提议者也只会提供最低工资 $\underline{w}$，并且工资和努力之间没有相关关系。但是，实验结果表明：提议者提供的工资高于 $\underline{w}$，响应者付出的努力也高于 $\underline{e}$，并且工资和努力之间有显著的正相关关系。这与纯粹自利的经济人假设的预测结果显著不同。礼物交换博弈实验进一步证实了人们具有公平偏好，为了追求收益分配公平，响应者会付出高努力来报答高工资，而提议者知道这一点，因而一开始就提供高工资。之后，Elizabeth Hoffman、Kevin A. McCabe 和 Vernon L. Smith[126]、Armin Falk、Ernst Fehr 和 Urs Fischbacher[129] 等学者也通过自己的实验对礼物交换博弈进行了验证。

1995 年，Joyce Berg，John Dickhaut 和 Kevin McCabe[134]设计了信任博弈（Trust Games）实验①，进一步验证了经济领域互惠偏好的存在。René Fahr 和 Bernd Irlenbusch[135]、James C. Cox[136]通过重复信任博弈实验对结论进行了进一步的证实。

Ernst Fehr 和 Simon Gächter 也通过两阶段公共品博弈实验②进一步证实了人具有公平偏好和互惠动机[137]。Ernst Fehr 和 Simon Gächter 在标准公共品博弈实验的基础上增加了第二个阶段。当在标准公共品博弈实验中所有参与人都选择好对公共品的贡献后，每位参与人都能够看到每个人的实际贡献水平。然后，每位参与人决定是否对其他参与人进行惩罚。被惩罚者的收益会降低，但惩罚者也要为惩罚付出一

---

① 实验设计为：主持人给实验参与者一笔钱 s，接受这笔钱的这个实验者被称为投资者。投资者可以把这笔钱交给另一个实验参与者进行投资。接受投资的这个实验参与者被称为投资代理人。投资者可以一点也不投资也可以投资全部金钱 s。然后，实验主持人设定投资回报率 r = 2，即如果投资代理人从投资者手里获得 y（0 ≤ y ≤ s），那么投资代理人经过投资后获得 y(1 + r) = 3y 的收益。最后，投资代理人决定回报给投资者多少钱，可以是 0 到 3y 的任何数。投资者对于代理人的任何回报方案，都没有拒绝的权利。如果假设投资代理人是纯粹自利的经济人，他的选择将会是不会回报投资者。而投资者知道这一点，所以他也不会向投资代理人投资。因此博弈的子博弈精炼纳什均衡是投资者不做任何投资，代理人对投资者的任何投资不会做任何回报。但实验结果完全不是这样。实验证明，投资者一般会以 s 的 50%进行投资（32 个投资者中有 5 个人投资了全部资产），只有 2 个人没做任何投资。平均的回报率为投资额的 95%。并且，投资额和回报的金额之间存在显著的正相关关系。经济人假设无法解释这样的结果，因而研究者提出人们有互惠动机的假设。当投资者向代理人投资时，就表达了投资者对代理人的信任与善意。投资越多，信任和善意就越多。互惠的代理人因此会以善意回报，积极地用投资收益回报投资人。（上述资料参考了：魏光兴. 公平偏好的博弈实验及理论模型研究综述[J]. 数量经济技术经济研究，2006，（08）：152-161 和 http://wiki.mbalib.com/zh-tw/%E4%BF%A1%E4%BB%BB%E5%8D%9A%E5%BC%88 的相关内容，有改动）

② 经典的（一阶段）公共品博弈的实验设计是：每人持有的初始货币为 20 元，实验主持人向受试者承诺，向公共账户投入自己的钱，每个人都将获得奖励。与任何一个公共品的生产一样，这个博弈的关键在于，即便你没有投入一分钱，也可以通过搭便车提高自己的福利。根据理性假设，该博弈的纳什均衡是所有博弈者都不向公共账户捐赠。但实际上，只有少数受试者符合这一推断。相关实验显示，最初几轮博弈中，捐赠的平均水平在 40% 到 60%。随着博弈的进行，捐赠有所降低，最后一轮有 73%（总数是 1042）的个体拒绝捐赠。（资料来源：叶航，汪丁丁，罗卫东. 作为内生偏好的利他行为及其经济学意义[J]. 经济研究，2005，（08）：84-94. 略有改动）

定的成本。如果假设参与人是纯粹自利的经济人，那么第二阶段的每个参与人都不会实施惩罚，因为实施惩罚会降低自己的收益。自利的参与人预见到其他参与人在第二阶段不会对自己实施惩罚，那么参与人在第一阶段就不会对公共品做任何贡献。因此，两阶段与单阶段公共品博弈实验的结果应是一样的。但是，Ernst Fehr 和 Simon Gächter 的实验结果却表明：如果没有惩罚条件，大约有 50% 的参与人不做任何贡献，其他大多数参与人的贡献比例在 30% 以下；如果有惩罚条件，约有 80% 的参与人贡献了全部的资金，并且贡献多的参与人对贡献少的参与人进行了惩罚。贡献越少的参与人受到的惩罚越多。这个实验再次证明了人具有公平偏好和互惠动机。否则无法对实验结果以合理解释。因为参与人具有公平偏好和互惠动机，当某个参与人对公共品的贡献较少，甚至不做任何贡献时（没有互惠表现），会被其他参与人认为太自私。这时，就会对这种搭便车的"恶意"行为进行惩罚，即使这样会降低自己的收益也"在所不惜"。正因为每一位参与人都清楚地意识到这一点，才会在第一阶段对公共品进行较多的贡献。

　　人为什么会有利他偏好？Samuel Bowles 和 Herbert Gintis 提出了一个猜想：人类行为具有的利他特征（强互惠或利他惩罚[①]），可能是人类在进化过程中因基因突变形成的[138]。在面临严酷的生存竞争时，人类才有可能将合作规模扩展到血缘关系以外，这时虽然人的自私偏好无法为互惠行为提供条件使其在自然选择中胜出，但由基因突变产生的强互惠（或利他惩罚）可以使利他特征进入完全自私的人类群体。在严酷的生存环境下，利他特征因为可以更有效维护族群内部的合作规范，提高了族群的生存竞争能力而被遗传延续下来。为了证实这个猜想，Samuel Bowles 和 Herbert Gintis 利用计算机仿真技术，模拟了

---

　　① 强互惠的特征是：在团体中与别人合作，不惜花费个人成本去惩罚那些破坏合作规范的人（哪怕这些破坏不是针对自己），甚至在预期这些成本得不到补偿的情况下也这样做（不符合自利偏好假设）。强互惠能抑制团体中的背叛、逃避责任和搭便车行为，从而有效提高团体成员的福利水平。但实施这种行为需要个人承担成本，并且不能从团体收益中得到补偿。因此，强互惠是一种明显具有正外部性的利他行为。也被称为利他惩罚。（资料来源：BOWLES S, GINTIS H. The evolution of strong reciprocity: cooperation in heterogeneous populations[J]. Theoretical population biology, 2004, 65(1): 17-28. 转引自：叶航，汪丁丁，罗卫东. 作为内生偏好的利他行为及其经济学意义[J]. 经济研究，2005，（08）：84-94.）

距今 10 万—20 万年以前人类游猎、采集社会的人类生活，实验的模拟结果证实了猜想[138]。

在得不到物质补偿的情况下，人们为什么表现出强互惠（或利他惩罚）这种利他行为——不惜牺牲个人经济利益去惩罚那些违反合作规范的人？Enst Fehr 提出了强互惠者可能从利他惩罚行为本身获得预期的满足的假设。为了证实这个假设，Enst Fehr 和 Dominique J.-F. de Quervain、Urs Fischbacher、Valerie Treyer、 Melanie Schellhammer、Ulrich Schnyder、Alfred Buck 一起设计并完成了一个独特的试验，通过使用正电子发射 X 射线扫描参与实验人位于中脑系统的纹体（包括尾核与壳核，是人类整合激励信息与行为信息的关键部位）的神经回路，如果利他惩罚的发生是由于惩罚者预期从惩罚行为本身得到满足，应该可以观察到这一脑区被激活的程度，并且惩罚行为的强弱与其激活程度正相关。结果，实验证实了这个假设[139]，从而用科学的方法，证明了人具有利他偏好的生理基础。

管理学理论为何会以经济人为基本假设？可能与管理学脱胎于经济学有关。经济学曾经是管理学主要的学科基础。既然经济学以经济人作为其基本假设，管理学自然而然地继承了这种假设，使得企业从一开始就以经济绩效和为股东赚取最大利润作为企业的主要目标。如现代管理学之父泰勒的科学管理理论就是典型的关于选择最合适的人以最好的方法去完成某项任务的理论。梅奥的理论虽然导致了后来的人际关系学说的创立，但很多学者都认为梅奥研究的一个初衷仍然是要想尽一切办法以提高生产效率，这与经济学的利润最大化理论也是相吻合的[140]:151。

叶航、汪丁丁和罗卫东在《作为内生偏好的利他行为及其经济学意义》一文中对桑塔费学派经济学家有关利他行为的研究进行了介绍，并提出了现代主流生物学和现代主流经济学都把自利作为人类行为的基本前提，从本质上排斥利他行为的结论存在着明显的疏漏和错误的观点[120]。文章认为主流生物学的个体选择理论虽然得到了现代基因技术和遗传学的支持，但主流生物学家据此得出生物和人类天性自私的理论仍有明显的疏漏和错误。主流经济学的偏好模型虽然不排斥利他行为，但主流经济学家长期以来对利他行为的偏见与忽视应该得到纠正。文章对桑塔费学派经济学家有关利他行为的研究进行了详细介绍后认为其不仅对主流经济学理论体系的完善有重大意义，而且有益于我们更深刻地理解现实的经济活动。文章最后得出"自私并不是人类唯一的天性！"，"超越囚徒困境中个体理性的局限，谋求合作和合作剩余，可能是我们人类行为、人类心智与人类社会包括人类文化与人类制度共生演化的最终原因"的结论。

需要说明的是，理性经济人作为学者提出的一种简化分析的假设，其本身并无对错可言，因为其仅仅是一种简化思路、一种工具选择和思考问题的方法之一。并且，西方进入资本主义社会后开始强调个人的权利，强调私有财产的不可侵犯，强调对利润最大化的追求并非偶然，有着其深刻的历史背景和原因，并具有历史上的重要进步意义。在神权时代，少数人利用神权对大多数人进行控制和剥削，这时大多数人是没有自己的权力和财产的，自己的努力成果不属于自己而属于代表神的特权阶层；在封建时代，拥有土地的地主利用特权对大多数没有土地的农民进行控制和剥削，这时的农民也没有自己的权力和财产，自己的劳动成果不属于自己而属于特权阶层的地主。到了资本主义时期，强调每个人生而平等和私有产权的不可侵犯，鼓励人们追求自身经济利益的最大化，这从历史的角度看是一个巨大的进步，是对历史错误的一个纠正，历史也证明这种纠正在技术革命的帮助下大大提高了人类的生产能力，是正确的。因此，经济人假设本身无所谓对错，错的是有些学者因其历史正确性而将其绝对化和神化，片面强调人性中的自利面，而忽视人性中的利他面。

追求经济利益本身并无所谓对错，但单纯地只追求经济利益，将经济利益作为人生的终极目的，则偏离了人性的根性，是不完整的。如果再在追求经济利益的过程中采用弱肉强食的丛林法则，则犯了将人类降格为野兽的错误，偏离了人类文明的发展方向。其实，快乐和幸福才是人生的终极目的。货币因其一般等价物的地位，成为人们换回满足自己物质需求的媒介，但对经济利益的追求只是人的中介目标而非终极目的。要实现人的终极目标，仅仅追求经济利益是无法实现的，还需要考虑物质所不能取代的精神因素。实际上，同时追求物质和精神目标的人因更符合人性，更接近人生的规律，可能更能吸引物质财富，最终也不影响其经济目标的实现。如松下幸之助、李嘉诚、稻盛和夫等企业家把经营企业的目的定位在助人、互利上，而不是直接定位于获取利润上。可能有人会说他们最终还是为了赚钱，但是许多人忽略了一个基本的事实：他们赚到钱后用赚的钱干了什么？尽管他们没有把经营企业的第一动力定位为赚钱，但是他们仍然赚到了钱，不过，这种赚钱的方式与那些以获取利润为直接目的的企业相比在本质上是截然不同的，他们以利他为出发点，以满足市场需求为媒介，以赚钱为工具，最终实现的是利人利己的有机统一。[141]因此，作为主要是为人服务的企业，其目标也不能单纯、直接地定位于经济上的成功。齐善鸿教授认为每个人的生命都是由肉体和心灵两个部分组成。其中一个出现状况，人的生命和生活都会受到影响。尤其是当心灵出现问题时，我们的身体、生活和事业都会出现问题。因此做管理要从管理心灵入手，管理的终极目标是管理好心灵[142]:8-9。按照这一新的假设，齐善鸿教授提出了道本管理理论，对管理的核心命题进行了重新的界定[141, 142]。道本管理将企业界定为具有经济属性的社会组织，其经济性的活动最终是要服务于社会的发展和所有人的进步。其承担的社会责任和使命是其存在的根本的前提。因为人类发明企业这样的组织不就是为了让人类拥有更好的生存发展条件，为了让人类的生活更加美好幸福吗？道本管理将管理重新界定为"服务于人类的发展……服务于人性中潜在神圣性的激励与实现。"从而将激励重新界定为心性更成熟、能力更强的人帮助其他人奔向自己神圣人性的过程。这才是激励应该具有的本质。

道本管理理论为激励目的指出了新的方向和可能。为我们重新认识人性、认识管理、认识激励开拓了新的视野和途径。

## 二、新激励主客体关系：激励四主体论

在西方激励理论看来，随着委托代理关系的确定，激励的主客体关系就随之确定——委托人（施激者：股东、管理者）是激励的主体，

代理人是激励的客体（受激者：雇员、被管理者）。

委托人相对于代理人在激励关系中处于相对强势的主导地位，这一点并没有问题，而且在促进资源效率最大化方面有其合理性。因为虽然每个人在精神上是平等的，但实际由于先天基因或后天际遇的不同，每个人的能力和人性成熟度并不相同。委托人在竞争中由于能力更强或人性成熟度更高而胜出，成为稀缺资源的占用者。虽然理论上代理人也有选择委托人的自由，但由于委托人所具有资源（资金或管理能力）的相对稀缺性，实际上委托人相对于代理人来说具有相对强势的地位，从而在委托代理关系中处于相对主导的地位。这种关系本身并没有问题，甚至有其无可厚非的合理性。可是，委托人也要清醒地认识到自己也离不开甚至依赖于代理人，自己只有与代理人合作形成委托代理关系才能取得更大的成功。因此，委托人对代理人只具有相对强势的主导地位而并非具有完全的主导性。更不能自认为是代理人的主人，将代理人看作是达成自己经济目标的工具。如果委托人不考虑自己对代理人的依赖性，而只认为自己对代理人有控制权，这时的激励主客体关系就走向了反动。遗憾的是，也许由于长期受到封建不平等关系的影响，委托人不断放大自己在激励主客体关系中的强势主导地位，将自己完全凌驾于代理人之上，既依赖代理人做出的贡献，又对其进行控制和异化。这种做法虽然遭到代理人的反对和反抗，可由于代理人所处的弱势地位，这种反抗的作用很微弱。于是互惠共赢的、平等交换的合作关系变成了施激者（委托人）对受激者（代理人）的控制和利用的不平等的主客体关系。

每个正常人都是自己的主人，都有追求发展和进步的欲望。表现为每个人都愿意不断完善自己、超越自我，取得自己和他人的认同和赞赏。每个人都会激励自己不断超越自己，这是个体满足内心成就需求的本能。在企业中，工作对于人并不仅仅是谋生的手段，它还是每个人自我实现的具体途径。因此，每个人在工作中取得的每一个进步和成就都会形成对自己的激励，都会使人产生某种程度的满足感和成就感。真正激励每个人的是自己的追求。管理者只有激发出每个人内心的追求，才能让每个人焕发活力与激情。[142]:249 因此，每个人都既是激励自己的主体，也是激励自己的客体。

在每个人自我激励的基础上，由于施激者群体与受激者群体相比能力上一般更强、心性上更加成熟，为了激发能力上暂不如自己或心智上仍不成熟的受激者，施激者通过激励善意帮助受激者更好地发挥出自己的潜能、更快地成长。从这个意义上讲，心性更成熟、能力更强的施激者群体是仍有进步潜力的受激者群体的主体，心性相对仍不成熟、能力相对较弱的受激者群体是施激者群体的客体。

换一个角度，施激者群体虽然相对能力强，心性更加成熟，但其也有进步成长的空间或可能出现错误,也需要自我激励和外界的激励。从这个意义上讲，受激者群体也可以通过某种形式激励施激者群体。如受激者的努力激励了施激者更加努力。或者当施激者不努力时，受激者可以通过用脚投票的方式对施激者实施负激励。因此，辩证地看，受激者群体也是施激者群体的激励主体。相应地，施激者群体就是受激者群体的激励客体。

从更大的范围看，企业的外部利益相关者（如：政府、社区、市场竞争者、学者等）是企业整体的施激者。当一个企业表现好时，企业的外部利益相关者会给其提供正激励（更好的市场效益或优秀的人力资源向其流动）；相反，企业的外部利益相关者将给其负激励（失去市场或人才流向竞争者）。从这个意义上讲,企业的外部利益相关者是一个企业中所有施激者和受激者整体的激励主体，而这个企业中的施激者和受激者整体成为激励的客体。

因此，企业中真实的激励主客体关系并不是西方激励理论隐含的单一、静态的关系，而是上面分析的系统、动态的体系。在系统的激励主客体关系认识中，每个人都是激励自己的主体，还可能是通过激励帮助别人成长的主体，同时也是受企业内外部其他人帮助的激励的客体。只有这样认识激励中的主客体关系，才能破解西方激励主客体关系的困局，实现激励应有之目的。

综上所述，在激励关系中，每个人首先是激励自己不断向更成熟人性发展的第一主体，也是受自己激励的客体。在这个基础上，能力更强、人性更成熟完善的施激者是受激者的第二激励主体；同时，受激者的成长和成熟对施激者来说也是一种强大的激励，因此从这个角度上说，受激者群体也是施激者群体激励的主体，形成激励的第三主体。另外，企业的利益相关者会以赞赏或批语的方式对企业的整体表现进行激励，形成了激励的第四主体。

## 三、新激励方式：促人自励

西方激励理论及其哲学以追求自身利益最大化为分析的出发点。由于委托人和代理人都追求自身的经济利益最大化，两者之间不得不合作的关系在既定利益总额下成了你多我少的零和博弈。由于契约的不完全和信息的不对称，委托方无法完全监督代理方的行为，因此，委托方希望通过激励机制的设计通过监督或惩罚的方式威慑代理方不敢采取不道德行为，或者通过奖励促使代理人将利益总额做得更大，从而双方都得到更多，实现双赢。形成激励的"大棒+胡萝卜"机制。现实中，不考虑违约或违法行为，由于委托人在委托代理关系中的强势地位，对代理人监督控制（用大棒）多，兑现激励（用胡萝卜）少。这种选择性的机制使用迫使代理人在不平等的收益分配关系中通过降低投入来实现心理的平衡。由于契约的刚性和路径依赖性，委托人对代理人的软性不道德行为也无可奈何。

如果我们在承认自利合理性的基础上再考虑公平偏好和互惠动机，结果会怎样呢？前文已经分析过，在市场经济条件下，委托人和代理人是谁也离不开谁的互惠共利关系。那么为什么双方不能互信共赢呢？海底捞公司感恩员工的付出，与其他餐饮企业相比，更"把员工当人看"，结果员工更感恩老板，将敬业奉献落实在行动上，散发在笑容里。[39]聚成集团将"军队+学校+家庭"作为企业的核心文化[143]，将企业办成一个共同学习进步的学校；一个互相关心充满亲情的家庭；一个来之能战，战之能胜的军队。老板和管理者将每个员工看作亲人。员工感受在心，感恩于行，成就了聚成在中国培训市场上的神话：经过9年的发展，聚成股份在全国设立了70余家分支机构（截至2011年底，下面数据同），逾300位专业实战讲师，4000多名员工，近80000家会员企业。并在2010年4月成功引入联想的风险投资，成为行业内首家引进风险投资的企业培训机构[143]，年营业收入超过 10 亿元。这样的例子还有很多。这些企业为什么能够达到这样一种美好的状态？首先是委托代理双方彼此非常信任，彼此对对方都有非常好的信心。心理学原理告诉我们：你把别人看作什么样的人，你就会怎么对待他，最终这个人真的会"变"成你认为的那种人，而不管他过去是什么样的人。你如果对别人是积极正面的看法，并这样去对待他，不管他怎么做，坚持你的判断不改，最终，你一定会看到你认为的那种美好景象。[142]:109 我国"失斧疑邻"的典故①就是这个原理的生动案例。

企业中的人基本上都把一生中最美好的时光花在了企业中，选择了在单位中与同事一起度过，把人生最美好的时光和体力消耗在了单位中。在非睡眠状态下，与同事相处的时间比与亲人相伴的时间还要长。从这个角度讲，同事与企业人的距离实际上可能比亲人还近。因此，把同事定位为亲人之外的亲人一点也不为过。如果委托人和代理人把对方都看作亲人之外的亲人，我们就可能看到一种新的激励方式。因为，正常人不会担心为了一点私得损害自己的亲人，也很少担心亲人为了私利偷懒。在"亲人"关系下，相互信任、相互配合、共同进步、一起成长可能会取代"大棒+胡萝卜"，成为更好的激励方式。

西方激励理论及其哲学在理性经济人假设下，委托人首先对代理人采取一种不信任的态度选择，假定他们不可信赖，会因自己的利益损害别人的利益，所以一定要有一些规则来对其可能的不道德行为进行控制。把代理人假想成对立面，然后天天通过制度强制地规范、管理他们。在这种情况下，代理人会怎么想？那些制度又真的能管住代理人吗？

当然，把委托代理关系看作亲人关系也不是说不要规章制度。规

---

① 后来演化成成语"疑邻盗斧"，典故出自《列子·说符》："人有亡斧者，意其邻之子，视其行步，窃斧也；颜色，窃斧也；言语，窃斧也；动作态度，无为而不窃斧也。俄而抇其谷而得其斧，他日复见其邻人之子，动作态度，无似窃斧者。"大意是：从前有个人丢了一把斧子。他怀疑是邻居家的儿子偷去了，观察那人走路的样子，像是偷斧子的；看那人的脸色表情，也像是偷斧子的；听他的言谈话语，更像是偷斧子的，他的一言一行，一举一动，无不像偷斧子的。……后来，丢斧子的人在山谷里挖地时，掘出了那把斧子，再留心察看邻居家的儿子，就觉得他走路的样子，不像是偷斧子的；他的脸色表情，也不像是偷斧子的；他的言谈话语，更不像是偷斧子的了，那人的一言一行，一举一动，都不像偷斧子的了。

章制度是底线，是为了威慑个别想通过不正当手段或不道德行为谋私利的人。但不能因为个别人可能采取的不道德行为就把所有人的注意力都引向这个引发负面情绪的方向。人心如水[142]:110，激励制度是引导的力量，可以引向正面，也可以引向负面。因而聪明的管理者会利用制度的力量将企业的人性引向积极向上的方向。

因此，好的激励方式应该是通过激励机制的设计（他励）激发出每个受激者心中的正面能量，促其自励，然后通过进一步的适时的鼓励和引导，维持其正确方向，放大其正面能量。如此，在施激者和受激者之间就能够建立起一种良性互动的共励关系。这才是更好的激励方式选择。

西方激励理论在委托代理关系的框架下进行演绎，在激励方法上关注的是施激者对他人（受激者）的激励。因而，自我激励并未得到西方激励理论的关注。这与西方管理理论将自我管理排除在管理理论的研究范围之外①是一脉相承的。翻开管理学教科书，大部分是说如何去管理别人。可是，如果每个人不管理自己，对于这样放弃了自我管理的人，外部管理者的管理会取得效果吗？事实证明，一个成功的人首先是一个自律，能够管理好自己的人。如果一个人自己不管理自己，外部管理所能起到的作用是非常有限的。作为管理者，更应该首先管好自己，因为一个连自己都管不好的人，他在管理别人时别人一定不会服气，因而不可能取得好的效果，造成"其身不正，虽令不从"[144]:189、"上梁不正下梁歪"的情形。因此，无论从哪个角度讲，自我管理都是管理的基础。对于激励而言也一样。

成中英认为中国人的人性中相信人有一种追求自我发展、整体发展的共同要求[145]:257。反映了中国传统哲学对人性的主流看法。因此，以自我激励为基础的激励在中国具有很好的文化传统基础。

西方对自我激励较早进行系统研究的学者是阿尔波特·班杜拉（Albert Bandura），之后 Alexander D.Stajkovic 和 Fred Luthams 提出了

---

① 约瑟夫·梅西（Joseph Massie）教授将管理定义为通过其他人来完成工作（do the things well by the other people），资料来源：MASSIE J L. Essentials of management[M]. Englewood Cliffs, NJ: Prentice Hall, 1987.

激励研究的自我效能（感）（Self-efficacy）。班杜拉认为自我效能是人们对自身完成某项任务或工作行为的信念，它涉及的不是技能本身，而是自己能否利用所拥有的技能去完成工作行为的自信程度。除非人们相信通过他们的行为能够产生期望的影响或防止不期望的影响，他们才有行动激励。无论其他因素怎样用于激励，它们都基于这个基本信念，信念使一个人有力量产生期望的结果[78]。因此，自我效能直接影响人们的思维、动机与行为[146]。可见，西方学者也已开始注意到自我激励在激励方式中的重要性。

以道为本的激励哲学强调以推动受激者自励为基础的激励，本质上是将激励由外部主体性的推动转变为自我主体性为了自我完善的自主要求，实现激励源动力由"他"到"己"的转变，激励主体性由"外主体性"到"自主体性"的转变。

## 四、以道为本激励哲学的提出

上文用新的思路对激励基本问题"为什么激励"、"谁激励—激励谁"、"如何激励"进行了新的回答。这些回答的哲学基础明显不同于西方激励哲学，本研究称之为以道为本的激励哲学。之所以这样称呼，是由于这些哲学思想是在道本管理哲学思想的基础上产生的。

道本管理，是以道为本的管理的简称。道本是与"神本"、"资本"、"人本"等相对应的概念。道是中国传统文化的核心概念，意指规律。道本管理以中华道文化为基础，提倡通过尊道爱人，破除封建管理枷锁，激活人性神圣力量，使管理从外部制约转化为以内律为基础、以服务为核心的服务型活动。以道为本的管理支持企业中每一个人的成长和完善，实现人人健康发展，从而实现管理者自身的解放，实现真正的管理文明，推动人类文明事业前进。[147]道本管理强调对人心规律的把握和尊重，因为管理面对的第一对象是人。与西方传统管理理论不同，道本管理追求解放人而不是控制人，通过缔造先进的企业管理文明促进人的发展而不是为了经济发展而牺牲人的发展，从而激活企业发展的动力系统以实现企业的可持续发展。[148]道本管理超越了西方管理理论管理技术与文化关系的割裂，指出了人本主义的局限，不争执东西方文化的优劣，而是站在人类文明的高度，吸收中、西方文明中的优秀因子形成新的理论，追求破除文化的时限性和国别差异，促使管理向人类文明的新高度发展。[149]

道本管理哲学思想运用于激励问题，形成以道为本的激励哲学。

在回答为什么激励的问题时，以道为本的激励哲学认为激励是能力更强、人性发展更成熟完善的施激者（委托人），通过激励激发能力暂时不如自己、人性发展还不成熟完善的受激者（代理人），促使其能力增强、人性更加完善成熟的过程。在这个过程中，施激者自身的能力也得到增强，人性趋向更加完善、成熟。激励的目的是通过施激者和受激者双方的互助、感恩实现双方能力的增长和人性的成长，从而促使企业和人类社会向着更加文明、美好的方向前进。

在回答谁激励、激励谁问题时，以道为本的激励哲学提出了激励四主体论。即每个人首先是激励自己不断向更成熟人性发展的主体，也是受自己激励的客体。在这个基础上，能力更强、人性更成熟完善的施激者是受激者的第二激励主体；同时，受激者的成长和成熟对施激者来说也是一种强大的激励，因此从这个角度上说，受激者群体也是施激者群体激励的主体。另外，企业的相关利益人及社会公众会以赞赏或批语的方式对由施激者和受激者组成的企业的整体表现进行激励，形成了激励的第四主体。

在回答如何激励问题时，以道为为本的激励哲学认为施激者所采用的一切激励方式的目的都是为了促使受激者有更强的自我激励意愿，而自我激励的目标是通过个人心性的成熟实现生活幸福。"心性"是中国传统文化中反映一个人智慧和修养水平的一个概念。心性对一个人的价值观、人格特征和需求均有直接而重要的影响。目前，心性还不是一个被科学定义的构念。但是，已被西方普遍认可的"心智模式"与中国传统文化中"心性"概念的内涵和外延都很接近。因此，本研究用心智模式概念来指代心性的概念。

以道为本的激励是施激者通过对人心理规律的正确运用，通过正向和负向激励机制的设计，来促使受激者的心智模式更加成熟、更加完善、更加和谐的过程。在这个方面，中国优秀文化和企业的成功实践将形成对西方现有激励理论的有益补充。例如，在如何解决个人或人类面临的供需矛盾的问题上，西方在资本主义启蒙运动后主要强调从供给的角度进行解决，强调通过不断地创新、创造来满足更多的需求，不再提倡对人的需求（欲望）进行节制。这种思想是对西方中世纪残酷的禁欲主义的反对，是将人性从神性中解放出来的革命，具有历史的进步意义。但这种在当初具有进步意义的思想由于不断被放大而走上了另一个极端。由于人的欲望的无限性，这种解决思路的结果一方面使人类的生产能力不断增加，另一方面造成对大自然的无度索取使人与自然的矛盾越来越尖锐，人类最终可能因此而自我毁灭。与此不同，中国对这个问题的解决则始终主要从需求角度考虑解决之道。因为人的欲壑难填，所以中国文化一直强调和倡导节制不合理的欲望。人的生存需求其实并不多，追求对生命没有意义的欲望满足只能促使更大的不合理欲望的产生。因此，儒家将修身做为一切的起点，道家提倡无我，佛家则明确地提出禁欲，并将很多欲望列入禁条加以强制限制。中、西不同的文化取向都曾取得过成功，很难简单地评价孰是孰非，但从人类目前面临的困境看，中国文化更具有合理性，中西的结合和各取所长才是正确的解决之道。因此，以道为本的激励哲学在激励方式上反对西方激励单纯进行物质刺激和"野蛮"的丛林机制，提倡通过对激励考核项目和标准的修正帮助受激者在心智模式上向中国文化的取向调整，实现激励由双方为了己利的相互利用和争斗到互惠感恩和共同成长的转变。

# 第二节　以道为本激励哲学的理论基础

以道为本的激励哲学以中西方管理哲学的融合为基础，汲取了人类文明中的诸多营养。其主要理论基础包括新人性论、主体性及主体间性理论、心理契约论、心智模式理论和道本管理理论。

## 一、新人性论

大卫·休谟（David Hume）认为一切科学总与人性有着或多或少的联系，任何学科都会通过这样或那样的途径回归到人性。他还举例说，即使像数学、自然哲学这样似乎与人性离得很远的学科，也是在某种程度上依靠于人的科学。因为这些科学是在人类的认识范围之内，并且是根据人的能力和官能而被判断的[150]:6-7。对管理学来说，对人性的假设更是其最基础的理论假设。因为在管理中，管理者所采取的行动背后都由其对人性的认知和自身的人性所决定[52]:72。正如埃德加·沙因所说：人性假设在很大程度上决定了组织对于激励、报酬和其他人事问题的政策[151]:50。因此，齐善鸿教授指出，要改进管理，就要从人性的源头上进行思考[52]:72。

### （一）中、西方对人性的探索——贡献与不足

古今中外的很多学者都提出了自己对人性的看法，并以这些看法为基础演绎出了自己的理论体系。在西方管理理论中，典型的人性假设有：经济人假设（亚当·斯密）及理性人假设（保罗·萨缪尔森）、社会人假设（乔治·埃尔顿·梅奥）、自我实现人假设（亚伯拉罕·马斯洛）和复杂人假设（艾德佳·沙因）。中国早期的哲学家也提出了性恶论（荀子）、性善论（孟子）、性无善恶论（告子）、性有善有恶论（世硕）的人性假设。①

这些认识都展现了人性的一个或多个侧面，为我们认识人性做出了重要的贡献。但是，上述每一种人性假设都因没能取得对人性全面合理的解释而受到普遍接受。说明这些人性假设还不能反映人性的本质或全貌。在这种情况下，沙因提出了复杂人假设并给出证据[151]:96-101。

齐善鸿教授将已有的人性假设放回到其产生的历史背景之中，通过对人性与人性表现的区分，指出了已有人性假设存在的三个误区和

---

① 这些人性假设的具体内容在《新管理哲学——道本管理》第三章人性与管理中有详细的论述。参见齐善鸿等. 新管理哲学：道本管理[M]. 大连：东北财经大学出版社，2011.

五个不足。三个误区是：将生物之人形动物等同于人①、将各种状态的人形之动物的表现概括为人性②、将人在低级发展阶段的较为普遍的表现视为人性，忽视了人的发展性③。五个不足是：简单归纳④、静态认知⑤、现实反推⑥、不可知论⑦、过度推论⑧[52]。

在希腊神话寓言"斯芬克斯之谜"⑨中，俄狄浦斯透过不同的"表象"而看到表象后的共性，答对了斯芬克斯的谜语。如果他看到孩子用手和脚爬行，就认为人用四条腿走路；看到中青年人只用两脚，就认为人用两条腿走路；看到老年人都拄着拐杖走路，就认为人用三条"腿"走路，那就不可能得出正确答案。正是因为看到了孩子、中青年人和老人走路的表现形式虽然不同，但都有人的共性，俄狄浦斯得出了正确的答案。管理学目前对人性的不同"假设"类似对"斯芬克斯

① 从人的结构和进化视角来说，一个人可由生物之人、社会之人与精神之人构成。生物之人只是成为人的物质条件，若是停留在这个阶段，则只能是人口统计学意义上的人，而不是真正意义上的完整的人。

② 人性的很多表现只能说是一种低级的动物性，有时甚至是兽性。如此演绎下去，人性就可能包括了动物性和兽性，这是对人性的误解。

③ 因为人的进化还处在较低级的阶段，把这种低级阶段的表现视为人性，忽视了人的发展性。

④ 已有人性假设的主要不足。归纳是人类认识事物的基本方法之一。但归纳的质量，将取决于归纳所依据的现象的代表性、典型性或体现本质的程度。"经济人"、"社会人"假设、"性善论"、"性恶论"、"无善无恶论"等命题，都犯了不完全归纳的错误。这种错误是由于提出者根据自己所观察到的有限事实简单归纳后得出一般性结论。在人性认识上的表现为，人穷时，主要追求金钱，就是"经济人"；生活好些了，就会寻求交往和尊重，就变成"社会人"了；再进一步发展，人的需求多了，并且不断地产生更多需求，就成为"复杂人"了。看到一些人做善事，人性就是善的；看到一些人做恶事，人性就是恶的；如果一个人既做善事也做恶事，就有点说不清楚了。

⑤ 静态认知错误把人性发展历程中的一种状态、某一片段静态化处理。

⑥ 现实中的人性表现方式常常因为一些条件的制约而会表现出一些假象。简单地通过现实去反推人性，就可能因为用假象作为判断依据而犯错。如，在日常话语中，经常听到这样的话："人性使然！"这是对人性的滥用。人性是人的本质规定性，一个强奸犯的所作所为并不是人性使然，而是兽性。因此，兽性不是人性的组成部分，而是非人性。

⑦ 当研究者看到人的行为复杂多变而无法找到一个标准答案时，就可能会认为实在太复杂，实在说不清，干脆不说也罢，于是很多人文社会科学的研究都忽视了这个根本性的问题，有"不可知论"的嫌疑。

⑧ 以个别现象作为推导人性的依据，就犯了"过度推论错误"。

⑨ 寓言说的是狮身人面的斯芬克斯坐在忒拜城外通向城内的山路口，用谜语向过路的人发问："什么东西早晨四条腿走路，中午两条腿走路，傍晚三条腿走路？"没有猜中的，斯芬克斯就会立即把他吃掉。当一个叫俄狄浦斯的青年人回答谜底是"人"之后，斯芬克斯便跳崖而亡。

之谜"的不正确回答，看到人性在不同时期、不同条件下的不同表现，就提出了不同的假设。这些假设因为都只看到特定阶段的表象而得出的不全面的认识，因而也是不准确的。复杂人假设则好比有人在回答"人用几条腿走路"时发出感慨："哎呀，太复杂了，不同年龄的人走路用的腿数不一样，很难说清楚。人用几条腿走路要根据你看到的是什么年龄的人才能具体确定"。这显然也没有正确地表达出人性的真实面貌。因而，我们对人性的认识只有像俄狄浦斯一样透过不同的"表象"看本质才能得出正确的答案。

## （二）对人性的系统、动态认识

要全面正确地认识人性的本质，既要用哲学的思维方式又要用系统的分析方法。

周建远从哲学视角对人性及其发展进行了系统的分析。他认为人性是人的基本性质，人性是在和社会的相互作用中发展着的[152]:335。人性是人的内在性质，行为则是人的外部表现。人性通过行为表现出来，人性对人的行为起着决定作用。人性一部分来自于遗传，一部分来自于人类与环境的相互作用。因此，人性在社会历史进程中可以产生新的性质。人性可以是多层次、多方面的。

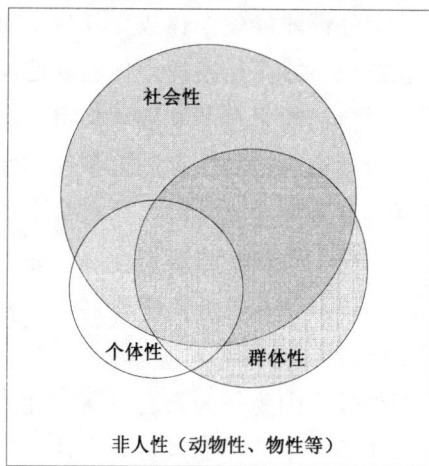

图 3.1　人性系统集合构成示意图

资料来源：作者整理。

周建远认为每个人都有个体性、集体性和社会性。或者说，人性由个体性、集体性和社会性三个部分（子系统）组成，这与现实中人的存在状态是一致的。

每个人依存于一个群体，群体发展为社会；相应地，社会由个体组成。与此对应，个体性、集体性和社会性形成了人性的不同层面，如图 3.1 所示。

1. 人性的个体性属性

每个人都具有个体性，因为每个人都是相对独立的有生命的个体。每个人既是自身行为的主体，也是行为的目的和动机的主体。有生命的个体的基本要求是维持生存或继续生存下去。个体由于需要维持生存而产生一些基本的需求，满足这些需求是个体生存的条件。个体基本行为都要围绕满足个体生存的基本需要，满足人的这些需求形成个体行为的基本目的。从这一点上来说，人的行为是为己或为私的。这种为己或为私是合理的，与道德无关。因为个体必须为自己的生存和发展创造条件。承认人的个体性，尊重人基于个体性的为己或为私行为，对这种"自私"行为给予认可，实质上是认可人的主体性和相对独立性，是承认人的生存与发展的基本权利。

确立和认可人的个体性才能使个体成为其自身的主体，才能产生个体的存在感和自我意识，才可能发挥个体的创造性。确立和认可人的个体性才能使个体对自己的生存和发展承担责任，从而为自己的行为负责，通过自己的劳动为自己的生存创造条件。尊重人的个体性和自主权对于人的发展具有重要意义，因为只有每个个体自己担负起自己的责任，自求发展、自主决策、自我奋斗，才能最大程度地发展人的能动性，使个体从而使群体和社会不断发展。

2. 人性的群体性属性

每个人都具有群体性。因为作为具有群居特性的人类，每个人不仅是一个个体，而且还是一个群体的成员。个体的生存和发展必须依赖于环境，单个个体无法面对环境的威胁和挑战。从这个角度讲，个体的独立是相对的，每个人在具有个体性的同时，还具有群体性。

每个人的出现都源于父母的交合，而且在出生后的一段时间，还需要父母的抚育和呵护才能有独立的生存能力。相应的，人到老年后又需要子女的照顾和帮助。这样，父母和子女就自然形成互相关怀、互相爱护的群体关系。因此，每个人的生命都是在群体中形成、成长和发展的，个体的生存、成长和发展对他人有很大的依赖性。同时，群体的延续和发展需要个体通过繁衍后代来实现。繁衍后代是群体生存的必备条件，是群体的基本性质。对个体来说，自发或自愿地养育子女就形成个体的群体性。养育子女或照顾老人需要为他人付出，这形成了个体为他或为公的行为。可见，人的群体性表现为个体的为他或为公意识和在此意识下表现出的为他或为公行为。人的群体性还由于适应或战胜外部恶劣环境而产生。由于个体无法抵御恶劣环境的挑战和威胁，个体需要协作起来，形成有组织的活动才能应对。人的群体生活使人产生与他人协作或互相帮助的意识，使人具有助人和为他人的群体意识。由于群体环境对于个体生存的重要性，个体还可能产生改善群体状况，为群体做贡献的意识。认识人的群体性，是对人与人的相关性或相依性的认识和肯定，是对人性具有为他或为公意识的认识和肯定。

3．人性的社会性属性

每个人都具有社会性。社会由群体组成，但又不是群体的简单集合。社会有与群体不同的特有的规范和发展规律。社会在生产方式上与群体最大的不同是其在组织生产过程中的广泛分工和专业化。分工和专业化（导致产品交易）使社会生产的规模扩大，社会组织化程度和社会结构复杂程度提高。社会的形成和发展使身处其中的人产生了社会性。人不但要适应新的社会环境，通过从社会环境中吸收各种能量实现自我更新，还通过自己的创造改变社会环境。人的社会性使人产生了合作意识、交换意识、角色意识、阶级意识和文明意识[152]。

社会分工引发合作和交换，在这个过程中，个人成为生产组织（或某种社会结构）系统中的一个部分，使个体的劳动产品不能满足自己的全部需求。为了生存和发展，还需要通过交换获得他人的产品。因而，每个个体对他人的依赖程度增加了。这种依赖加强了为自己和为他人的相互性和对等性。因此，由合作和交换引起的社会性促进了人的个体性和群体性的相互融合和平衡。由于合作与交换所具有的互利性质的稳定性，合作和交换的愿望、倾向与能力成为人的社会性的重要内容，表现为合作意识和交换意识。人的合作与交换意识既源于又高于人的个体性和群体性，其中包括了人由于思维产生的理性因素。分工与合作并不排斥人的个体性和群体性，他们协同地发挥作用，既保证了合作与交换的顺利完成，又保存了人的自主性和相对独立性。

人口的增加、生产力的提高、社会的组织化程度日益增大使个人的生存与发展更加依赖于组织，组织对个人的约束越来越大。每个人在组织中都有一个相对确定的角色（往往以工作岗位或职位体现），个体需要按照组织对这个角色的要求规范自己的行为。在长期的组织化过程中，组织中的个体逐渐形成了角色意识。角色意识的核心是责任意识。作为角色的某个个体的行为必须是社会功能所要求的，个体必须完成角色所规定的工作才能受到组织的认可，否则，就会影响组织整体社会功能的形成，从而损害整个群体及群体中其他人的利益，进而最终也会使自己受到损失。因此，角色意识促使个体形成社会责任意识。角色意识还使个体产生服从意识。因为组织会要求个体按制度规范或上级要求规范自己的行为。

社会中人与人之间除了存在合作与交换关系，还存在着矛盾甚至斗争的关系。这种矛盾和斗争一方面有可能促进社会的进步和发展，另一方面也可能导致暴力冲突。暴力冲突导致掠夺、对抗和奴役，形成阶级和阶级社会。人长期生存于阶级社会中，因而具有了阶级性（阶层性）。在阶级社会中，统治阶级用暴力或愚化等方法对被统治阶级进行控制，把自己当主人，而将被统治者视作为自己生产物质财富、满足自己欲望的工具，形成了把被统治者当工具的权力意识和特权意识。被统治者则会采用各种手段反抗这种控制和支配，形成逆反意识。在统治者的长期强权威吓和愚民政策的影响下，有部分被统治者被异化而形成顺民意识或奴才意识。由于人类社会长期处于阶级社会中，每个人或多或少都受到阶级社会生存环境的影响。阶级性使被统治者和统治者的人性都发生了异化，增加了人性的复杂性。人的阶级性表现为一部分人对另一部分人的控制、压迫和剥削，造成被统治阶级对统治阶级不间断的反抗和斗争。

近代以来，尊重每个人的平等、人权、民主、法制等观念受到越来越多人的接受和认可，成为现代社会人的主流意识，这种意识形成了人的文明意识。

与人的个体性和群体性相比，人的社会性复杂而多元，包含因互相依赖而形成的合作性质，由分工而形成的交换性质，由组织化而形成的角色性质，由阶级社会的影响而形成的阶级性质，以及由于人类的文明进步而形成的文明性质。人的社会性还随着社会的变化而变化。人的社会性增加了现实人性的复杂性。

综上所述，用系统论的观点分析，人性是由个体性、群体性与社会性构成的一个系统。其中，人的个体性和群体性是在人类社会形成和发展的早期形成的，构成了人性的内层。人的社会性是在人类发展到一定阶段后形成的，是在个体性和群体性基础上发展形成的新的属性，处于人性结构中的外围。如图 3.2 所示。

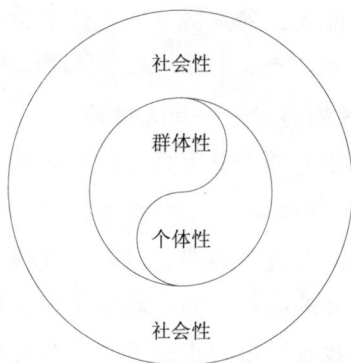

**图 3.2 人性系统构成结构示意图**

资料来源：作者整理。

人性是人（抽象意义上的群体概念）普遍具有的性质，每个人（具体意义上的个体概念）的人性都具有相似的构成维度。可是，由于人类社会的复杂性和多元性，处于不同社会环境中的具体的个体在人性的内容上又可能有分化和区别，形成了人性的差别性。因此，在认识人性普遍性的基础上，同时要认可人性在个体上的差别性。当然，也不能因为强调个体的差别性而否定人性普遍性。因为差别性仍是在共同性上再现出来的更低层级上的差异。

人性的个体性属性与西方的经济人假设是基本一致的，与中国的性恶论假设也是一致的，揭示出了人性中的自利或自私的一面。人的群体性属性与西方的社会人假设、中国的性善论假设是一致的，揭示出人性中利他或为公的一面。人的社会性属性与西方的复杂人假设，中国的性无善恶论、性有善有恶论假设是一致的，反映了人性的复杂性和多元性。

人兼具个体性、群体性和社会性。这三种性质既是人性相对独立的要素，又相互影响、相互制约和相互促进。由于社会总是处于不断地发展和演化之中，人的社会性属性也会不断的发展和变化。因而，只强调人性中的个别属性，或因人性的复杂和多元而否定人性构成的规律性，认为人性说不清楚的认识都没有从系统的角度正确认识人性。只反映出某一社会阶段人性静态特点的人性认识，都会因历史发展而失去其原有的正确性。

### （三）对神圣人性的追求——新人性论

前文站在当前历史的节点上用系统论的观点从动态的视角对人性进行了系统地分析和了解。我们了解到人性的构成是有规律的，同时也是复杂的、多元的、不断发展的。可是，仅仅了解这些是不够的，这并非是我们了解人性的终极目的。我们了解人性，是希望通过对人性规律的把握为自己找到发展的正确方向，为我们人性的更加完善提供参照和坐标。这个方向指向的应是人类发展的前景和未来。也就是说，我们不仅要了解有关人性的"是然"问题，更应了解人性的"因然"问题。如果管理学只关注人性的"是然"问题，假设人性有一个唯一的本质，希望通过对现实人性的实证来发现这个本质，回避对人性"应然"问题的思索。这样的研究，将使管理学对人性问题的探索失去了灵魂。

从历史发展的角度看，人类在经历了美好的原始文明后因进入阶级社会而异化，随后几千年的人类发展史，成为一部人类不断向文明方向进步的文明史。人类的进化史证明，人正在不断地创造着新的自己，而这个创造的方向就是代表了人类神圣性的文明。

齐善鸿教授从历史发展的视角，在提炼中、西方文明因子的基础上提出了新人性论。[49]新人性论认为人是物质存在与精神存在的统一体，但从人性的根本内涵来讲，人区别于物和其他动物的根本属性是人的精神性。[52]:86人的精神性是人所特有的超越其物质（生理）存在、心理存在而获得的完全属于人的特殊属性。表现为对意义的追求，主体性的积极发挥，对本能自我、物种界限及私欲的超越，运用理性思维又超越理性的有限性，以及对神圣性的不懈追求[52]:87。人，是"成为人"的动态过程，而不是一种静止的状态[52]:91。人的初始状态，只是一个生物个体，一个具备发展成为人的可能性的生物个体。此时的"人"还不具备人的本质。人的本质只有在其后天的社会实践中才能不断获得和发展。人自出生开始，就开始了通过对现象的观察和反观自身的社会化过程，并由此具有了社会性的属性。人的本质——精神性，是在社会化过程中随着主体意识的萌发和不断发展形成的。

新人性论提出了"现实人性"和"理想人性"的概念。理想人性指人的个性心理达到了完全成熟水平时所表现出来的人的性质。这时的人性将是自由的、自然的。在企业组织中将表现为人们自觉的劳动，劳动将是劳动者自我价值实现和享受的过程。理想人性在现阶段还是一种理想的假设，只有当社会和个人都达到高度文明的状态（发展成熟）时才可能出现。可以用中国传统文化中"圣人"或宗教中"神"所表现出的性质来比喻。因而，也可将理想人性表述为神圣的人性。现实人性指社会和个人的人性成熟水平未达到理想人性时所呈现的状态。人成为人的过程就表现为现实人性朝着理想人性不断接近的过程①。对神圣人性的追求才是人性所内含的本质。

恩斯特·卡西尔（Ernst Cassirer）在《人论》中指出："人的本质不依赖于外部的环境，而只依赖于人给予他的价值。财富、地位、社会差别、甚至健康和智慧的天资——所有这些都成了无关紧要的。唯

---

① 相关论述详见齐善鸿.新人力资源管理原理[M]，深圳：海天出版社.1999年.第77-96页。人性与激励战略[M].天津：天津人民出版社，1996年版，70-72页.

一要紧的就是灵魂的意向、灵魂的内在态度；这种内在本性是不容扰乱的" [153]:10。"如果'人性'这个词意味着任何什么东西的话，那么它就意味着：尽管在它的各种形式中存在着一切的差别与对立，然而这些形式都是在向着一个共同目标而努力。从长远的观点看，一定能发现一个突出的特征，一个普遍的特性——在这种特征和特性之中所有的形式全都互相一致而和谐起来。如果我们能规定这个特性的话，发散开的射线就可以被集合到一个思想的焦点之中" [153]:90。如果卡西尔并没有明确表达这个焦点的含义，那么，阿尔贝特·施韦泽则对其进行了更清晰地表述："我日益明白，我没有内在的权利，把我幸运的青少年时代、我的健康和我的才能当作理所当然的东西接受下来。出于最深刻的幸福感，我日益理解了耶稣的话：我们不可以把生命留给自己。获得了生活中许多美好东西的人，必须为此做出相应的奉献。幸运的人被召唤来感受、帮助和缓解别人的痛苦，我们大家都必须承担起世界上痛苦的重负" [154]:26。可见，人的神圣性是人性的"应然"表现是中外学者的共识。

在区分了理想人性和现实人性之后，齐善鸿教授进一步提出了人性成长的三阶段理论。将现实人性向理想人性的发展过程分为初级阶段、中级阶段和高级阶段。从总体上讲，人性的成长具有阶段性特征，呈逐级演进的趋势，但对某个具体的个体来讲，其人性发展过程可能不一定完全按典型的成长阶段进化，而出现越级成长或倒退的情况。孟子说"人皆可以为尧舜" [155]:265，是想说明人在一定的条件下，通过教育、引导和自我管理等方法，是可以逐渐向理想人性的境界靠近的。马斯洛需求层次理论中指出的"自我实现"需求也表达了这种愿望。因此，提出人性的发展阶段论，是给现实中的人们指出一种人性成长的方向和实现条件的具体阐述，是为了给人性成长指明具体的道路。三个不同的阶段反映了人性成熟的不同程度，当然，这种程度只能是相对的，而不是绝对的。

中外哲学家也曾提出过对人生分层或分阶段的理论。孔子在两千多年前就描述了人不同成长阶段的特点："吾十有五而志于学，三十而立，四十而不惑，五十而知天命，六十而耳顺，七十而随心所欲，不逾矩"[144]:13。冯友兰将人生境界分为四个：自然境界、功利境界、道德境界和天地境界[156]:179-183。朱鲁子则将人区分为自发性形态、自觉性形态和自然性形态。他认为自然性阶段是"自我实现"的阶段，是自由和幸福的阶段。认为当前社会中的大多数人都在"自觉性形态"的早期就不再发展了。索伦·克尔凯郭尔（Soren Aabye Kierkegaard）则提出人生三阶段理论[157]，即：审美阶段、伦理阶段和宗教阶段。

　　新人性论的提出为新的管理哲学及其指导下的管理理论和方法提供了基础。

### （四）对以道为本激励哲学的启示

　　对人性的认识决定了人们对激励目的的认识。新人性论启示企业管理者和研究者,企业和管理的目的是激发每个人对神圣人性的追求,也就是通常所说的"造就人"。激励的目标应是通过激励造就人性更加成熟的人，并通过造就人而实现施激者和受激者双方综合利益最大化的共赢。因此，在以道为本的激励哲学中，激励目标首先指向造就人，有了优秀的，更接近理想人性的人，企业的经济目标更容易达到。这相当于在西方激励哲学所确定的激励目标中增加一个"造就人"的中介变量（如图 3.3 所示），这个变量的增加使以道为本的激励哲学更符合人性的发展方向。

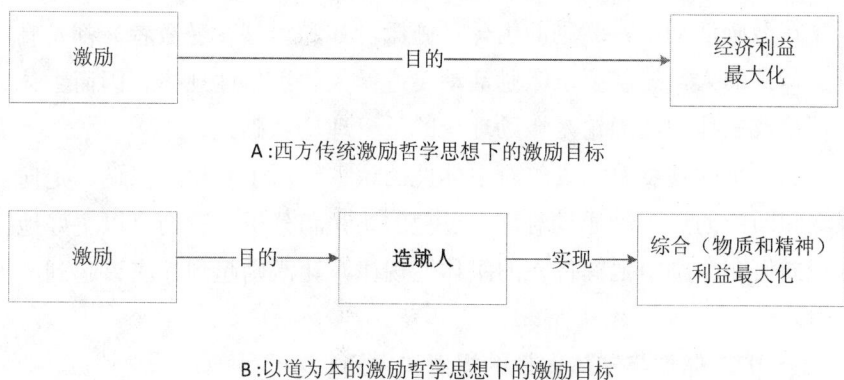

A:西方传统激励哲学思想下的激励目标

B:以道为本的激励哲学思想下的激励目标

**图 3.3　新人性论对以道为本激励哲学的启示**

资料来源：作者整理。

　　新人性论启发人们，个体对私利的追求是合理的。以道为本的激励哲学不否定个体对私利的追求，因为这是由人性的个体性属性所决定的。但以道为本的激励哲学在认可个体性的同时也不忽视人的群体性和社会性，即为他或为公性。因为为他性和为公性最终也指向个体性所追求的目标，而且能够更好促使个体性目标的实现。因此，以道为本的激励哲学在激励方式上不否定激励中受激者对私利的追求，只是增加了为他或为公性的激励项目，由此引导受激者向更成熟人性的方向发展，从而避免西方激励哲学单纯引导受激者追求经济私利的弊端。

## 二、主体性、主体间性理论

　　自从人类意识到"自我"的存在，并为了满足自我的需要而对外部世界进行改造以来，人始终是作为具有主体性的主体存在的。在人类社会中，人是天生的主体，没有人可以拒绝作为主体。因为为了生存和发展，人必须认识、改造世界。一个人拒绝成为主体，就意味着他放弃了作为人存在的权利及义务。在现实社会中，这是不可能的。因此，人注定成为各项认识和实践活动的发起者、参与者和评价者，从而不可避免的成为主体。人在生存中会面临很多问题，人的主体性存在是人解决自身所面临的所有问题的基础和核心。

　　在激励活动中，激励的主体（施激者）和客体（受激者）都是具有主体性的人，这就要求激励活动要遵循人的主体性规律。因而主体性理论及主体间性理论是激励理论的重要理论基础。

　　从历史的角度看，人类对主体性的认识经历了异化、强调、走向极端和回归的过程。通过对这个过程的认识和分析，我们可以更好地认识如何在激励中把握住人的主体性规律，让激励起到其应该起到的作用。

### （一）主体性与主体间性的提出和内涵

　　1. 主体性与主体间性的提出

　　主体性和主体间性是西方近、现代哲学中的重要概念，它们的提出代表了时代发展的需要，对解决当代的问题具有重要意义。主体性与主体间性概念的提出，分别代表着西方哲学两种新范式的出现。西方哲学在发展过程中经历过三种哲学范式，习惯上按时间维度将他们划分为古代、近代和现代哲学。主体性概念的提出象征着西方古代哲学向近代哲学的转变，主体间性的提出则代表着西方哲学由近代向现代的转变。

西方古代哲学（以古希腊哲学为代表）把"存在"作为研究对象。这个时期的哲学家从直观的印象出发，认为世界是独立于人的实体（或本体）。实体（或本体）与现象相对，是隐藏在现象后面的本质，是决定一切、产生一切的本原。实体的表现是属性，古代哲学认为人只能感知实体的属性。古代哲学是在主体与客体分离的前提下讨论"存在"的，"存在"被看作是客观的实体，而主体（人）被排除在实体之外。因而，西方古代哲学是实体本体论哲学，具有客体性的特点。正是因为这个特点，到了中世纪，西方古代哲学逐渐神学化，各种神（最终统一为上帝）被认为是世界的缔造者，成为终极实体（本体）。这为本体论哲学被统治阶级利用奠定了基础。统治阶级将自己的统治用代表神意的方式合法化和神圣化。西方古代本体论哲学在主体与客体分离的前提下分析存在，因而存在被当作客体性的实体，这种主、客二分的哲学体系因为错误地将人与自然、人与人的融合、同一的关系割裂开来，使一部分人利用不能证明其存在的作为万事万物本原的、决定一切的本体来统治和剥削另一部分人，使这部分人异化为"物"，因而必然遭到被异化者的反抗。

西方古代哲学最终在文艺复兴运动中走向末路。由于中世纪的宗教神学用外在的神秘力量扼杀人的主体性和个性，人成了无主体地位的神的"奴仆"。因而成为西方历史上"最黑暗"的时期，并最终导致文艺复兴运动的兴起。文艺复兴运动强调重视人的价值，要求发挥人的聪明才智及创造性，反对消极的无所作为的人生态度；重视现世生活，藐视关于来世或天堂的虚无飘渺的神话，追求物质幸福的满足，反对宗教禁欲主义；重视科学实验，反对先验论。提倡运用人的理智，反对盲从。提倡个性，反对禁锢人性；提倡乐观主义的人生态度。随着文艺复兴运动的开展，科学技术和生产力快速发展，"人性"逐渐从

"神性"中解放出来，人类的理性逐渐超越神性成为主导人类历史发展的主要力量。人类越来越相信自己能够认识自然、改造自然。被异化的人性开始向人性解放的、具有自觉能动的原始人性回归。可以看出，西方近代哲学把研究的重心从古代哲学的本体论转向了认识论，形成了一种新的主体性哲学。主体性哲学高扬理性和人性的旗帜，对古代的实体本体论提出质疑。认为在主体与客体的关系中，客体被主体所构造和征服，主体（而非本体）才是存在的依据。近代哲学通过对科学的掌握和应用，对外部世界和人本身进行改造和重塑，强调理性的重要作用。理性决定了人的主体性在西方近代哲学中的地位和作用。

从本体论到认识论，从客体性到主体性，西方哲学从古代到近代的转化从各个方面促进了人类的发展，具有重要的历史进步意义。但是，随着人对自然的征服越来越多，人在人与自然的关系中越来越占据主动，人类中心主义开始盛行，人的主体性开始走向另一个极端。在对抗神性的强权，促使人性的觉醒过程中，一些哲学家提出了"人是万物的尺度"、人"为万物立法"的呐喊。这在当时的环境下是正确的，具有进步意义。但是，一些人将这些唤醒人类主体性的哲学呼喊变成了现实原则，结果造成人类生存环境的破坏、资源的枯竭、道德的沦丧。这些人开始在人与自然、人与人的关系中将自己塑造成新的"神"。之所以会如此，是因为西方认识论的主体性哲学仍存在局限与不足。近代哲学虽然通过确立人的主体性将古代哲学中错误的主、客体的关系颠倒了过来，不再让客体支配主体，但它仍然是在主、客对立的前提下谈论主体性，仍然没有消除主、客二元对立的哲学立场。在这种主客对立前提下确定的主体性仍有局限。因而才有对世界无限制的构造和征服，才固执地认为只有通过对客体的改造和征服，才可以实现人类的自由。实践证明，这种观念是没有依据的，是不能带领人类走向更高的文明，并最终走向自由的。因为在主客对立的情况下，人类（主体）既不能真正达到对世界的把握，也不能真正"征服"世界。于是，一些哲学家开始认识到，只有突破主客关系，把世界由客体变为主体，让人与世界的关系变为主体与主体的关系（主体间性），人才能真正把握世界、获得自由[158]。主体间性于是在这种背景下被提出。

主体间性哲学不再把人所面对的外部世界看作实体或客体，而是将其看作另一个主体。这时，人就可以从主体与主体间的关系来考察世界的存在。此时，人的存在成为主体之间的交往、对话和体验。人与人、人与自然通过交往达到相互理解与和谐一致。主体间性超越了主体性，克服了主体性的片面性，将主、客体二元对立的关系转化为交互主体的整体和谐关系，从而使人（主体）能够成为真正的主体，也使世界成为真正的人的世界。

2. 主体性和主体间性的内涵

（1）主体性

主体性（Subjectivity）的概念虽然很早就被提出，但由于主体性问题的复杂性，主体性目前仍没有一个公认的定义。不过多数学者都对主体性的性质有以下共识：主体性是指相对客体的被动性、消极性而表现出来的能动性、创造性和自主性。主体的根本特性是人在和客体的关系中显示出来的主动、主导、积极能动的性质。这一性质不仅把人和动物区别开来，而且能说明主体在主客体关系中起支配作用的内在原因[159]。

除了上述共识，不同的学者从不同的角度对主体性进行了诠释。

刘福森从主客体关系的总体出发，认为人的主体性就是实践性，包括主观性、自主性和自为性三个特性。[160]主观性是人在认识活动中表现出来的主体性，如意识、自我意识等。自主性是人在实践活动中表现出来的自我决定性，如能动性、选择性、创造性等。自为性包括自我需要、自我选择、自我创造、自我实现、自我组织等属性。自为性以主观性和自主性为基础，同时又超越了主观性和自主性，是主体性的更高层次的特性。这种定义把实践性作为主体性的基本规定性，强调主体性的能动和自主，把客观性、物质性、受动性看作主体性在实践中存在的客观基础和前提，不将其作为主体性的性质。

李林昆认为主体性概念的主要规定性有三个：由需要激发的进行对象性活动的能动性、在为我目的推动下的创造性和主体的自主性。[161]主体从"为我"目的性、倾向性中产生的能动性、创造性和自主性，使主体在主客体关系中居于主导地位，在对象性活动中起着发动者的作用。无论在认识上还是在实践上，作为主体的人把自己和客体的关系当成"为我而存在"的关系。陈志良也提到这种为我性，并从主体的自身需要出发，解释了这种"为我性"的根源。"从自己出发"、以自己为主，从自己的利益、愿望、爱好出发，都是为了占有和把握"物的形式"以满足人的主体需要。[162]

袁贵仁认为，人的主体性不是与生俱来的，只有通过实践，才能形成主体性。[163]

我们肯定人的主体性，但不能排斥和否定外部世界的优先地位和客观性。因为作为主体的人只有在外部世界客观存在这一个绝对前提下，才能按照自己的主体地位，在对象性活动中决定对客体的选择，决定运用何种中介手段和怎样运用中介手段的选择，决定对客体的掌握方式和使用方式的选择。因此，人的主体性只有在外部世界优先存在的前提下，才有其存在与表现的现实意义和对象性根据。[159]

（2）主体间性

主体间性（intersubjectivity）的概念最早由埃德蒙德·胡塞尔（E. Edmund Husserl）提出和使用。胡塞尔提出的主体间性是对主体性的超越和扬弃。

《简明哲学百科词典》对主体间性的解释是"主体间关系体"，"表征自我与他我关系的现象学概念"[164]:589-590。

《西方哲学英汉对照词典》中对主体间性涵义的解释是："如果某物的存在既非独立于人类心灵（纯客观的），也非取决于单个心灵主体（纯主观的），而是有赖于不同心灵的共同特征，那么它就是主体间的。主体间的东西意味着某种源自不同心灵或主体之间的互动作用和传播沟通，这便是他们的主体间性"[165]:518-519。

《哲学大辞典》（修订本）对主体间性的定义是："法国哲学家萨特用语。指作为自为存在的人与另一作为自为存在的人的相互联系与和平共存。萨特在《存在与虚无》中曾提出与主体间性意义相反的"为他存在"的观点，认为人与人之间的联系就是冲突。在《存在主义是一种人道主义》中提出主体间性代替为他存在，以克服人与人之间只有冲突的观点，认为主体间性不仅是个人的，因而人在我思中不仅发现了自己，也发现了他人，他人和我自己的自我一样真实，而且我自己就要与别人接触，通过他人来了解自己的自我，通过我影响他人来了解我自己，因而把这种人与人相联系的关系称为主体间性的世界"[27]:2037。

康伟参考王晓东对主体间性的认识，认为 inter-subjectivity 一词的本义是"不同主体之间的诸种关联方式和作用方式[166]:22，是人作为主体在对象化活动中与他者的相关性和统一性[167]:44。

3. 从主体性到主体间性

因为对人主体性的突出，产生了"人类中心主义"，在思考问题产生的原因和解决办法时，人们认识到了只强调人的主体性的局限性，开始关注其他与人相关的主体的主体性，主体间性（inter-subjectivity）由此被人们认识和提出。

主体间性理论突破了认识论的局限，不再把激励活动看作主体对客体的认识和征服，而是看作主体间的共在，是自我主体与世界主体间的对话和交往，是对自我与他人的认同，因而更可能是自由的生存方式和对生存意义更全面的体验。从主体性到主体间性，是人对自身和外部世界认识的不断深化。

## （二）对以道为本激励哲学的启示

人的主体性决定了其他人不能强制，而只能引导。引导中，不是为了别人或者集体而是为每一个人自己[51]:65。这启示我们，人的主体性决定了管理首先是自我管理。管理的任务应是帮助人们实现自我自主自为自觉基础上的自我管理。对激励来说，施激者要认识到实施激励是为了促使受激者更好地进行自我激励。

在认识和尊重人的主体性的基础上，还要重视主体间性。主体间性理论启示我们，施激者和受激者都是具有主体性的个体，作为处于强势地位的施激者来说，要有尊重受激者主体性的意识。在对激励主客体关系的认识中，施激者和受激者、企业内部人和企业外部人都可能成为激励的主体或与之对应的客体。

主体性和主体间性理论启示我们在激励方式上施激者要把受激者

看作平等的主体，在规则制定和实施中更多地发挥受激者的主动性和能动性。

## 三、心理契约理论

契约的不完全性是激励产生的前提条件之一。这里的契约既可以是法定契约，也可以是心理契约。法定契约是以书面化形式明确雇佣双方责任和义务的具有法律约束力的契约，是约束委托人和代理人权利和义务的强制性的法律文书。正是由于法定契约不可能全面地规定委托——代理双方的的责任和义务，才促使委托方通过激励制度对其进行弥补和补充。在企业管理实践中，法定契约和心理契约都对员工的态度和行为产生重要的影响。心理契约由员工认知加工形成[168]，强有力地影响员工对组织的态度和行为[151]。心理契约存在于员工的认知中，具有主观性、个体差异性和不稳定性。心理契约理论对企业激励具有重要的影响，是以道为本激励哲学的一个重要理论基础。

### （一）心理契约的定义

1962 年，哈里·莱文森（Harry Levinson）等学者最早明确提出了心理契约的定义。Levinson、Price、Munden、Mandl 和 Solley 在一项研究时发现：员工在工作中对公司抱有各种期望。对于公司来说，似乎有责任帮助员工实现这些期望。[169]:20 在 1962 年出版的《人、管理和心理健康》（Men, Management, and Mental Health）一书中，Levinson 等学者将这些期望用心理契约来进行表述，并将心理契约定义为：组织和员工之间的相互期望，这些期望可能是没有公开说明的，是内隐的[169]:21。这些相互期望有两个基本特征：一是未公开说明（内隐性）；二是先于组织和个体关系而存在。由于这些期望比雇佣关系先形成，因而，当个体或组织需求出现变化时，心理契约也会随之改变。

在 Levinson 等提出心理契约概念之前，克里斯·阿吉里斯（Chris Argyris）1960 年在其专著《理解组织行为》（Understanding Organizational Behavior）中曾提出过心理工作契约（psychological work contract）的概念，用来描述工人和工头之间的关系。Argyris 认为，如果工头维护、尊重工人非正式的文化规范（不对工人过多干涉、保证其工作收入、为其提供稳定的工作保障等），则工人会维持很高的生产率并且抱怨较少，因为这些是工人所需要的[170]。这种影响工头领导风格的关系被 Argyris 称为心理工作契约。心理工作契约已有心理契约的影子，但 Argyris 只提出了一个新概念，并没有进一步对其进行明确的界定。

沙因充分肯定了 Argyris 和 Levinson 等人的研究，认为心理契约的概念隐含着员工和组织双方对彼此持有的各种期望，这些期望不仅包含做多少工作、付多少工资，也涉及员工和组织双方的权利、义务和责任。这些期望虽然并未被明确写入双方的正式协议（法定契约），但却是（员工）行为的决定因素。[151]沙因强调心理契约对于理解和管理组织行为的重要意义，以及由于员工和组织需求变化而导致心理契约的变化性。

奥利弗·吉布森（R. Oliver Gibson）认为员工与组织之间的工作契约包括正式契约和准契约（quasi-contract）两部分。与书面化的正式契约不同，准契约包含了双方对未写明的权利和义务的理解[171]。Gibson 认为心理契约类似于个体对准契约部分的理解。

约翰·保罗·科特（John Paul Kotter）认为心理契约是个体和组织间的一份内隐协议。在这份协议中明确了一方希望另一方付出的内容和自己可以获得的内容。Kotter 用匹配（matching）这个概念表示员工和组织间期望的一致性。在此基础上，Kotter 还进行了心理契约领域较早的定量研究。通过研究，kotter 发现工人和组织间的期望匹配程度越高，工作满意度和生产率就越高，员工流动率也越低。[172]

丹尼斯·M. 卢梭（Denise M. Rousseau）认为心理契约是个体在雇佣关系背景下对雇佣双方相互义务的一种理解和信念。[173]桑德拉·L. 罗宾逊（Sandra L. Robinson）、马修·L. 克拉茨（Matthew S. Kraatz）和 Rousseau 在 Rousseau 心理契约概念的基础上进一步明确了这种信念是雇员对外显或内在的雇员贡献（努力、能力、忠诚等）与组织诱因（报酬、晋升、工作保障等）之间交换关系的承诺的理解和感知[174]。

彼特·赫里欧（Peter Herriot）等学者认为心理契约是雇佣关系双

方——组织和个人，在雇佣关系中彼此对对方应提供的各种责任的知觉。这种知觉或者来自对法定契约的感知，或隐藏于自己的各种期望之中[175]。目前，这个观点得到相对广泛的认同[176]。

虽然由于"Rousseau 学派"和"古典学派"之间的争论，心理契约到目前为止还没有一个公认的定义[177]，但心理契约对员工工作态度、行为和组织绩效的影响已被越来越多的研究成果所证实。虽然这些研究成果不一定是从组织激励的角度进行的，但为我们理解组织激励作用的机理具有重要的启发意义。

## （二）心理契约的结构维度和主要内容

### 1. 心理契约的结构维度

在对心理契约的概念进行争论的同时，学者们对心理契约的内容和结构也进行了大量的研究。

学者们的早期研究认为：虽然心理契约存在很大的个体差异性，但基本上可以分为两大类：交易型心理契约（Transactional Psychological Contract）和关系型心理契约（Relational Psychological Contract）。Ian R. McNeil 最早提出契约可以分为交易型（Transactional）和关系型（Relational）两类。[178]交易型契约是指契约双方明确约定的、货币性质的短期交换关系。关系型契约则是较少明确规定的长期交换关系，这种契约关系除了货币或经济交换之外，还涉及社会情感的投入和交换。Rousseau 和 Parks 认为 MacNeil 对契约的分类法也适用于心理契约，并据此将心理契约划分为"交易型契约"和"关系型契约"两类，并对两种类型心理契约的差异进行了分析（见表 3-1）。

表 3-1　Rousseau 和 Parks 交易型和关系型心理契约的差异

|  | 交易型心理契约 | 关系型心理契约 |
|---|---|---|
| 关注焦点 | 经济的、外在需求的满足 | 经济的或非经济的、社会情感的、内在的满足 |
| 时间范围 | 封闭的、有具体的终止期限 | 开放的、无确定期限 |
| 稳定性 | 稳定的、无弹性的 | 动态的、灵活的 |
| 涉及范围 | 很少涉及员工的个人生活 | 较多涉及员工的个人生活 |
| 明确程度 | 员工责任的界限分明 | 员工责任的界限不清晰 |

资料来源: Rousseau, D. M., & McLean Parks, J. M. the contract of individual and organizations. Research in Organizational Behavior. 15:1-43.

心理契约"交易——关系"这种基于二分法的二元结构得到了很多实证研究的证实，受到很多学者的认可。

不过，有些学者通过实证研究提出了心理契约的三维结构。如Rousseau 和 Tijoriwala 在一项研究中提出心理契约由交易维度（Transactional Dimension）、关系维度（Relational Dimension）和团队成员维度（Team-player Dimension）三个维度构成。其中：交易维度指的是组织为员工提供经济和物质利益，员工承担相应的组织要求的工作任务。关系维度是指员工与组织关注于双方未来的、长期的、稳定的联系，以促进双方共同发展的因素。团队成员维度指员工与组织注重相互支持和良好的人际关系的因素。

还有些学者提出了心理契约的四维结构理论。如 Rousseau 用心理契约存续期限（Duration）的长短和绩效要求（Performance Terms）的明确与否两个维度将不同员工和组织的心理契约划分为交易型（Transactional）、平衡型（Balanced）、关系型（Relational）、过渡型（Transitional）四种[179]；Lynn M. Shore 和 Kevin Barksdale 提出应该对心理契约中员工责任和组织责任的相互关系（特别是雇佣双方责任的平衡或不平衡程度）进行分析，他们根据双方责任关系的具体状况，将心理契约划分为：高—高型、高—低型、低—高型、低—低型四种类型[180]。

2. 心理契约的主要内容

从心理契约的定义可以看出，心理契约的内容主要是法定契约中没有正式约定的、员工与组织双方相互期望的其他责任。这种责任可能因为各种原因而不能在法定契约中明确界定，往往是嵌入到社会交换情境中的。因此，心理契约的内容要远比法定契约丰富。Kotter 甚至认为心理契约包含的具体内容难以穷尽，将其全部罗列是不可能的。[172]同时，由于心理契约是基于个体的主观认知，所以不同员工个体之间的心理契约存在差异，因而，心理契约的内容往往具有个体性。这为心理契约内容的研究提供了难度。不过，由于心理契约在分析组织与员工之间雇佣关系中所能起到的重要作用，很多学者仍借助于实证研究方法对具有相对普遍性的员工心理契约内容进行探索，并取得了很多成果。

　　这些成果根据心理契约研究的两个主要学派被划分成两类。一类基于组织责任和个人责任双向视角，第二类只基于组织责任单一视角。白艳莉在其博士论文中对这些成果进行了很好的梳理[181]:19-20，见表3-2和表3-3。

表 3-2　基于组织责任和个人责任双向视角的心理契约内容要素研究成果

| 研究者 | 研究对象 | 组织责任 | 员工责任 |
|---|---|---|---|
| Rousseau (1990) | 组织中的人力资源招募者；刚参加工作的MBA学生 | 快速晋升；高工资；以绩效为基础的工资；培训；长期的工作保障；职业生涯发展；个人问题支持 | 加班工作；忠诚；自愿完成份外的工作；离职时预先通知；接受调任；拒绝为竞争对手工作；保护机密信息；至少为组织工作两年 |
| Herriot, Manning 和 Kidd (1997) | 管理者和员工 | 考评的公正性；关怀员工和家庭；对重要事件提供咨询；工作自主；人性化；对贡献认可和奖励；安全友好的工作环境；公正；公平的薪酬福利；尽可能提供工作保障 | 工作时间履行工作要求；按时保质地完成工作；诚实正直；忠诚；爱护公共财物；仪表举止得体；工作灵活性——可以做工作说明书以外的事情 |
| De Vos, Buyens 和 Schalk (2003) | 新员工 | 职业发展机会；工作内容（自主、挑战性、承担责任、发挥才能）；良好的社会氛围；合理的经济回报；工作—生活平衡 | 职责内和职责外行为；弹性行为；伦理行为（保守秘密、节约资源、遵守规章等）；忠诚；可雇佣性（参与培训） |
| Colye-Shapiro 和 Neuman (2004) | 公共部门雇员 | 长期的工作稳定性；良好的职业前景；新技能培训；支持学习新技能；有趣的工作；工作自主；决策参与；提供个人发展信息；与职责相匹配的公平薪酬 | 加班；自愿完成工作职责外的任务；寻求更佳的工作方式；接受工作轮换；寻求提升工作效率的方法；接受工作方式的变化；努力与组织的发展保持步调一致 |

资料来源：白艳莉. 心理契约破裂对员工行为的影响机制研究[D]. 上海：复旦大学，2010.第19页.

表 3-3　基于组织责任的心理契约内容要素研究成果

| 研究者 | 研究对象 | 组织责任 |
|---|---|---|
| Guzzon, Noonan 和 Elron (1994) | 外派的管理人员 | 改善住房；提供家装；全面资金；国外服务津贴；应急请假；语言培训；社会活动；职业开发；归国计划；国内支持团队；子女当地就读服务 |
| Frees 和 Schalk (1996) | 员工 | 工作内容（如挑战性工作）；个人发展机会（如晋升机会）；社会交往（如属于团队成员）；人力资源政策；工作报酬（如奖金） |
| Turnldy 和 Feldman (1999,2000) | 管理者和 MBA 学生 | 工资；工资增长；奖金红利；培训；发展机会；职业发展；总体福利；退休福利；健康福利；决策参与；工作职责；工作挑战性；绩效反馈；主管理支持；组织支持；工作保障 |
| Coyle-Shaprio 和 Kessler (2000) | 管理者的员工 | 长期的工作保障；良好职业发展前景；最新的技能培训和开发；可维持生活水平的工资增长量；同工同酬；必要的工作培训；支持获得新技能；与工作相匹配的公平的工资和福利 |
| Kicker 和 Lester (2001，2002) | MBA 学生 | 灵活的工作时间；有竞争力的工作；安全的工作环境；奖金；自由决策；工作自主性；有控制权；参与决策；挑战性工作；发展机会；组织支持 |

资料来源：白艳莉. 心理契约破裂对员工行为的影响机制研究[D]. 上海：复旦大学，2010. 第 20 页.

## （三）心理契约的建构与演化

心理契约是一种个体的主观认知。既然是主观认知，就不可避免地具有个体差异性和动态性。但这并不是说心理契约没有规律可循，组织或个人无法认识心理契约，而是要对心理契约的建构规律和演化特点进行探索。由于心理契约在分析员工与组织关系中的有效性，很多学者从不同的视角对心理契约的建构和演化规律提出了自己的看法。

1. Shore 和 Tetrick 的心理契约建构与演化模型

较早对心理契约的建构和演化进行研究并提出模型的学者是 Lynn M. Shore 和 Lois E. Tetrick。Shore 和 Tetrick 认为心理契约的形成和演化过程的实质是组织中的员工在雇佣双方的互动过程中的认知加工和形成的过程。心理契约存在的主要功能是减少员工认知的不确定性，提高员工认知的可控性和可预测性。Shore 和 Tetrick 使用认知心理学领域的"图式"（Schema）和"脚本"（Script）的概念来说明心理契约的建构和演化。Shore 和 Tetrick 引用了 Lord 等学者和 Fiske 等学者关于图式的观点并提出自己的理论。Lord 等学者认为在组织情境中的图式或脚本是一个高度结构化且预先存在的知识体系，用于解释组织环境并指导人们产生合适的行为。Fiske 等学者提出图式的形成起源于过去的重复经历，图式一旦形成，会具有抽象、复杂、结构化而且不易变更的特点。已经形成的图式对人的行为有强有力的影响，当现实与图式不符时，微小的差异将会被忽视。Shore 和 Tetrick 认为：心理契约类似于图式和脚本的形成和演化，其内容就是个体对自身和组织间相互责任的理解。初入组织，员工的心理契约图式可能非常简单，随着工作经历的增加，它会变得相对复杂。将心理契约看作一种图式，为员工提供了在复杂的雇佣关系中对组织环境的可预测性和可控性。

Shore 和 Tetrick 从员工个人认知的形成和发展视角提出了心理契约的建模和演化模型[182]（如图 3.4 所示）。

Shore 和 Tetrick 认为心理契约在雇佣关系产生以前就已形成了，并受个体与组织环境互动过程中多个因素的影响。从个体角度看，心理契约的形成是一个以目标为导向的过程。在雇佣关系建立时，个体会围绕自己的工作目标搜寻和心理契约有关的信息。信息收集的方式有询问、观测和协商等。其中协商最可能直接影响正式契约。从组织的角度看，组织的代理人由多个个体组成，由于每个个体的角色和立场不同。在招募过程中向员工传递的信息也不同。这些信息都会对新员工的心理契约产生影响。新员工实际进入组织工作后，通过社会化或其他组织实践活动，组织会给员工持续地传递同质的信息。组织的战略会对雇佣契约类型产生直接影响。组织目标则会影响员工心理契约的演化。

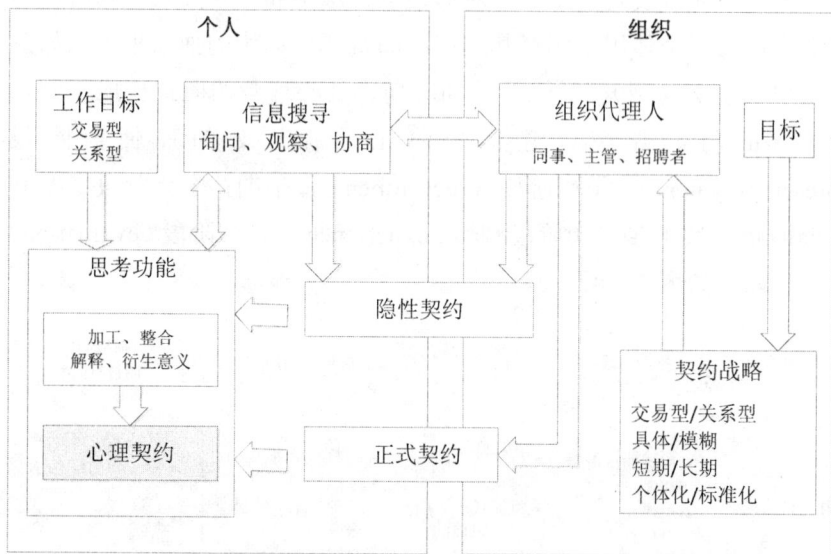

图 3.4 Shore 和 Tetrick 心理契约建构与演化模型

资料来源：SHORE L M, TETRICK L E. The psychological contract as an explanatory framework in the employment relationship[M]. // COOPER C L, ROUSSEAU D M. Trends in organizational behavior. New York: Wiley, 1994: 91-109.

从 Shore 和 Tetrick 的模型可以看出，员工个体都会形成自己的心理契约，因为正式的法定契约不可能穷尽雇佣关系的所有方面。心理契约可以帮助员工减少因此产生的不确定性，使员工更好地理解与组织间的协议，提升员工的安全感。另外，员工会根据他们从工作中可能获得的短期或长期回报来调控自身行为，从而提高自己为组织目标服务的责任感，因此，心理契约可以有效引导员工的行为，减少组织对员工的监管。

2. Rousseau 的心理契约建构与演化模型

Rousseau 从图式（Schema）、承诺和交互的视角提出一个心理契约的建构和演化过程模型[183]（如图 3.5 所示）。

Rousseau 认为心理契约是员工对雇佣双方交换关系中彼此责任

的主观理解和认知，她借鉴图式理论，提出心理契约是员工对雇佣关系认知而形成的一种图式，存在着一般图式的横向——纵向的二维结构。其中横向维度是员工个体对雇佣双方承诺和责任的具体理解，纵向维度是员工个体用于解释基础层次的责任所运用的抽象种类（如：关系型或非交易型）。员工在不同时期，其心理契约图式构成不同。Rousseau 将心理契约建构与演化过程划分为雇佣前阶段（pre-employment）、招聘阶段（recruitment）、早期社会化阶段（early socialization）、后期经历阶段（later experience）、评估阶段（evaluation）五个阶段（如图 3.5 所示）。

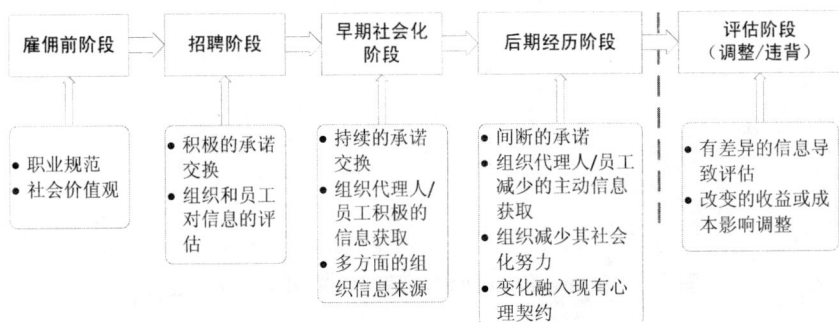

**图 3.5　Rousseau 心理契约建构与演化模型**

资料来源：ROUSSEAU D M. Schema, promise and mutuality: The building blocks of the psychological contract [J]. Journal of Occupational & Organizational Psychology, 2001, 74(4): 511.

在雇佣关系发生之前，求职者已经具有了某种图式，这个图式是员工心理契约的雏形，是后期心理契约形成的起点。这个起初的图式与个体先前的社会化经历(如社会文化及规范、职业理念以及原来的雇佣过程)有关，对后期心理契约的形成和演化有重要的影响。

在招聘阶段，求职者与组织（实际是其代理人）的相互了解都不多。只能通过双方相互的承诺进行信息交换。求职者和组织代理人将根据已有的图式对这些信息进行评估。

在早期社会化阶段，在信息不完全的情况下，图式可以帮助新员工处理关于自己的工作角色和与组织间关系中的信息缺失问题。在无法通过正式渠道获得评估所需的确切的直接信息时，新员工往往会通过与组织相关（组织内或组织外）的社会环境获取所需的信息。新员工会利用所有可得信息对其最初的心理契约进行调整和补充。

随着员工进入组织时间的增加，员工的心理契约就进入后期经历阶段。这时员工个体的图式经过不断地调适后越来越趋于完备，员工的实际工作经历和感受将和图式逐渐趋于一致，这时，图式具备了一定的稳定性，一般不易被变更。

当员工或组织代理人所获得的信息与其已形成的图式不一致时，心理契约就进入评估（调整）阶段。心理契约将会根据新的信息进行调整或违背。变化的收益或成本将影响心理契约的调整。

Rousseau 认为心理契约是以承诺为基础的，组织对员工做出的承诺是员工构建心理契约图式的基础，是影响员工心理契约形成和演化的重要因素。组织应该向员工提供高质量（可信、清楚、明确）和具有一致性的信息，以使员工对雇佣双方的责任及未来行为形成正确的预期，希望其持有的图式能得以有效、持续地强化。组织承诺可以有言语承诺（promises in words）和行动承诺（promises through action）两种形式。言语承诺（包括口头的和书面的）是组织中最常发生的承诺行为，它让另外一方可以了解承诺方的意图。除此之外，组织的管理活动和情境会形成行动承诺。行动承诺经过员工认知的加工对其心理契约的建构和演化产生影响。

3. Herriot 和 Pemberton 的心理契约建构与演化模型

Herriot 和 Pemberton 提出心理契约的形成和演化过程是一个社会过程。契约中的每一方都会形成对于另外一方契约的认知。尽管契约的具体内容可能存在差异，但是契约化的过程是一致的，这个过程包括告知（inform）、协商（negotiate）、观测（monitor）、重新谈判或终止（renegotiate or exit）四个阶段[184]（见图 3.6）。Herriot 和 Pemberton 强调社会沟通在契约形成和演化中的作用，认为雇佣双方的互动和社会沟通贯穿心理契约建构和演化的整个过程。

在 Herriot 和 Pemberton 的模型中，心理契约的形成和演化过程是一个循环。当由于商业环境和社会环境发生变化而导致双方的需求和付出发生相应改变时，如果双方都不选择退出合作，则双方的心理契约构建过程将重新进入下一个阶段的循环。

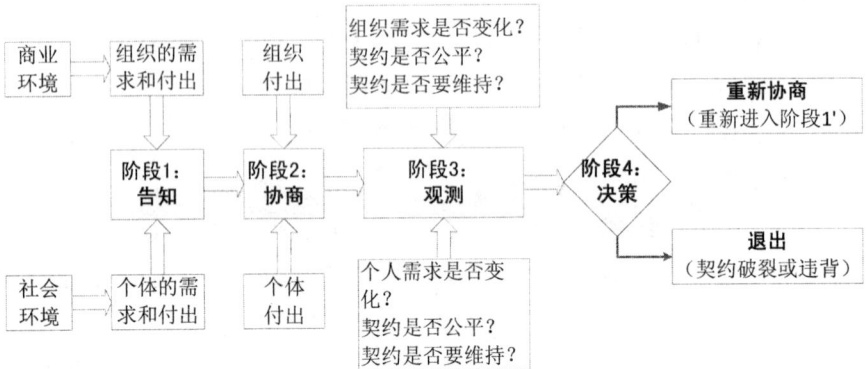

**图 3.6　Herriot 和 Pemberton 心理契约建构与演化模型**

资料来源：HERRIOT P, PEMBERTON C. Facilitating new deals [J]. Human Resource Management Journal, 1997, 7（1）：45-56.有改动.

4. Sehalk 和 Robert 基于自我调节理论的心理契约动态演化模型

René Schalk 和 Robert E. Roe 提出了基于自我调节的心理契约动态演化模型[185]（如图 3.7 所示）。

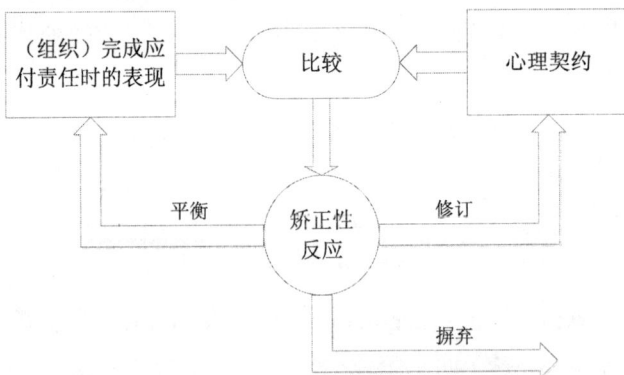

**图 3.7　Sehalk 和 Robert 心理契约动态演化模型**

资料来源：SCHALK R, ROE R E. Towards a dynamic model of the psychological contract [J]. Journal for the theory of social behaviour, 2007, 37(2): 167-182.

　　Schalk 和 Robert 认为，心理契约是动态的，处于不断地调整和变化之中。心理契约的形成会有某个时点，随后心理契约将会随着时间不断变化。引起心理契约变化的原因可能来自组织方面，如组织变革等；也可能来自个体的变化，如随着年龄变化，人的需求和期望产生变化等。

　　Schalk 和 Robert 运用自我调节理论的分析框架对心理契约的这种动态变化进行了分析。员工在组织中会不断观察组织实际行为和自身行为，并会将观察的组织的实际行为同其当时心理契约中的组织责任期望进行比较。

　　当比较的结果差异较小时，此时的组织行为与心理契约中的预期是平衡的。这时组织中的员工个体会使用既有的心理契约（图式）作为认知框架来对组织中的事件进行解释。这时的组织和员工行为仍会在一定范围内变化，但这种变化处于心理契约决定的可接受限度内，员工会接受这种变化。不过，虽然员工可以接受这种差异，但并不代表这种差异不对员工产生影响。组织和员工实际行为和员工认知的双方责任存在的差异有正面和负面之分，负面差异对员工认知影响更大。另外，组织正面的行为差异（如实际责任比员工认知到的组织责任更多、更好等）会引发员工的积极行为，而负面的行为差异（如员工认知到的组织责任多而实际责任少或没有时）则会引发员工的消极行为。

　　当比较的结果存在较大差异时，员工将会采取矫正性行为。根据自我调节理论，在差异不大的情况下，员工采取矫正性行为时一般不会改变已有的心理契约。但当差异较大时，员工在采取矫正性行为的同时往往会对已有的心理契约进行重建。区分差异大小的标准是员工心理契约中隐含着的"可接受（行为）区间"（Zone of acceptance/acceptable behaviors）。Schalk 和 Robert 认为这是因为心理契约作为一种认知模式是员工监测、分析和解释组织事件的重要参考坐标，是其态度和行为的重要基础。心理契约中隐含着员工用于判断组织内事件是否可以接受的潜在标准。这个标准与员工个体的价值观有关。个体处理差异的倾向总是首先将其置于现有心理契约中去解释、调适，只有超过一定的限度（Schalk 和 Robert 将限度区分为可接受的限度和容忍限度）时，现有心理契约才会失去解释能力。因此，面对差异时，员工首先会倾向于调适而非直接对心理契约进行改变或摒弃。

## （四）心理契约破裂与违背

当员工心理契约中认知到的组织责任无法得到履行和实现时，就会发生心理契约破裂（psychological contract breach）和心理契约违背（psychological contract violation）的情况。

心理契约破裂后，员工心理契约中的交易型成份加强，而关系型成份减弱。表现为员工满意度下降、离职倾向增加，对组织承诺和组织公民行为产生严重的负面影响[186, 187]。可见，心理契约破裂是员工认知到组织没有充分履行其应承担的组织责任时出现的状况，心理契约破裂会导致员工出现负面态度和行为倾向不良等后果。

二十一世纪以来，全球化进程不断加快，组织间竞争日趋激烈，裁员、重组、流程再造、外包成为组织经常面对的选择，这些组织变革对员工——组织间雇佣关系及其心理契约产生了重大的影响。表现为过去员工通过努力工作和对组织的忠诚就能换取稳定工作保障的模式已经受到巨大的挑战而逐渐瓦解[187-191]。与此同时，外部环境的不确定性也使组织经常难以履行或不愿意履行对员工应负责任的承诺[188, 189]。在这样的背景下，员工和组织开始重新审视双方的相互责任，使当代组织中心理契约破裂和违背发生的现象大大增加。因此，企业在这种情况下更应加强对员工心理契约的管理和影响，以保证员工对企业的忠诚和在企业工作的满意度。

## （五）对以道为本激励哲学的启示

制度的本质是众人的契约。激励是一种企业制度，应是企业中所有人的契约。因此，激励制度应由企业所有人员参与共同制定。只有如此，企业员工才可能信服制度，并愿意主动遵守。

契约由法定契约和心理契约组成，激励制度也是如此。可以以书面形式公布的法定契约重要，没有或无法公开约定的心理契约同样重要，因为心理契约可能影响员工对组织应负责任的预期，从而影响员工的行为。因而企业在激励中不仅要注重法定契约的制定、实施和完善，更要注重看不到的心理契约的管理和完善。重视企业文化建设和企业良好工作氛围的培养。

心理契约理论还启示我们，在激励中除了要重视交易型心理契约的建立，更要关注关系型心理契约的建立。

## 四、心智模式理论

激励理论的研究是从需求开始的（参见图 2.3）。激励与需求直接相关，并通过需求与受激者的个性、价值观、人格特质等因素有关。因此，能够影响需求、个性、价值观、人格特质的变量就会对激励理论具有重要的影响，心智模式（Mental Model）就是这样一个变量。

彼得·圣吉（Peter Senge）认为心智模式是我们对世界的基本假设或信念，它深植于一个人内心，决定着其对外部世界的看法[192]:203，并影响其如何采取行动。阿吉瑞斯（Chris Argyris）认为"虽然人们的行为未必总是与他们所拥护的理论（他们所说的）一致，但他们的行为必定与其所使用的理论（他们的心智模式）一致"[192]:202。弗洛伊德认为人的心理活动由潜意识、前意识和意识组成。潜意识层的心理活动通常处于被压抑状态，自己可能都不易察觉，但却对人的行为和思想起着决定性的作用。心智模式就是这种处于人内心深处的基本假设或信念。这些基本假设或信念就影响或改变人的需求，并进一步影响一个人的个性、价值观和人格特质。因而，心智模式理论与激励有十分密切的关系。

一个人的心智模式既具有稳定性，也具有可塑性。在中国传统文化中，有"心性"和"修行"的概念。其中心性的概念与心智模式十分类似。而修行就是要通过某种方式对心性进行调整，以使心性达到更高的层次和境界，从而获得完满的人生。

### （一）心智模式的概念

个体如何理解外部环境（世界）一直是学者不断探索的课题。在探索的过程中，学者们提出了心智地图（Mental Map）、图式（Schema）、脚本（Script）等概念或模型用以描述个体理解环境的方式、过程和规律。心智模式是一个较新的用于描述、解释和预测个体如何理解外部世界的学术构念。

20 世纪 30 年代，心理学已经开始了对心智模式的研究。1943 年，心理学家肯尼思·克雷克（Kenneth Craik）首次提出"心智模式"概念。认为人类对生存于其中的系统有一套心智模式。1983 年，菲利浦·N. 约翰逊·莱尔德（Philip N. Johnson-Laird）和迪瑞·特纳（Dedre Gentner）同时出版了专著《心智模式》，使心智模式受到广泛关注。随后，马文·明斯基（Marvin Minsky）、威廉·B. 洛兹（William B. Rouse）、南希·M. 莫里斯（Nancy M. Morris）等学者也对心智模式进行了研究，这些研究成果使心智模式成为经济管理领域的高频词。一般认为，使心智模式得到企业的极大关注并广泛使用（尤其是在中国）的学者是彼得·圣吉（Peter Senge）。随着他的专著《第五项修炼》的畅销，心智模式和学习型组织等概念开始成为管理人员耳熟能详的概念。

心智模式最早被心理学领域关注，随后受到系统动力学领域学者的重视，接着又被引入到经济和管理领域。不同领域的学者从不同的角度对心智模式进行了定义，这也使心智模式到目前为止还没有一个被广泛接受的统一定义。曹振杰在博士论文中对不同学科领域的学者对心智模式的定义进行了系统地归类整理[193]:38-40（见表 3-4）。

表 3-4　心智模式的定义

| 学科 | 学者 | 定义内容或主要观点 | 关键词 |
|---|---|---|---|
| 心理学 | Norman（1983） | 心智模式是有限的内在的图式、信息加工过程和装置。 | 图式，信息加工过程，装置 |
| | Johnson-Laird（1983,1989） | 心智表征有命题、心智模式和图像三种形式。日常生活事件在我们心中留下痕迹，形成我们对事物的观点和想法。这些想法在我们心中，影响我们的行动，所以称为心智；我们通过过去的经验来形成看待事情的角度，不易察觉，也不易改变，故称为模式。 | 心智表征，影响行动，不易改变 |
| | Holyoak（1984） | 心智模式是指环境与所期望的行为在心理的反映，是一种专业化的认知结构，这个认知结构介于概念与行为之间。 | 认知结构 |

续表

| 学科 | 学者 | 定义内容或主要观点 | 关键词 |
|---|---|---|---|
| 心理学 | Wilson John 和 Rutherford Matthew（1989） | 心智模型与图式以及内部表征关系密切。心智模型和图式的细微区别在于心智模型是图式的总和，它产生于图式，并能够激发图式发生作用。心智模型和内部表征的关系也很密切，甚至可以互换，但是心智模型更为具体一些。 | 心智模式和图式、内部表征的区别 |
| | Joseph O'Connor 和 Ian McDermott（1997） | 隐藏在人类思维背后对特定的人、事、物的基本假设。 | 对特定人、事的基本假设 |
| | Jacob 和 Shaw（1998） | 是个人建构的内在认知结构，清晰或不清晰的代表特定目标区域，包括一个事件、活动、物体、主题区。也就是说心智模式是个人基于经验和正式知识而获得并形成的概念框架，以此使他们不仅预测行动的结果而且说明和理解他们周围的环境。 | 内在认知结构，概念框架 |
| | Carrol 和 Olsen（1998） | 是我们从经验中获取的储存在大脑中"陈述性和程序性知识"丰富而精致的结构，这种结构反映了个体如何理解、运行、加工外部信息。 | 知识，结构 |
| | 林振春（2000） | 心智模式是一种根深蒂固于个体心中的思维方式，它决定我们如何观察世界、认识世界和了解世界，并且影响我们采取何种行动来面对世界。 | 思维方式，习惯思路 |
| | Lynn（2006） | 心智模式是源于人们的经验对感知进行加工并经相互作用而形成的一种理论的信息系统。心智模式包括关键成分及其相互关系、信息系统和加工过程中相互作用的技术。 | 信息系统，加工过程中相互作用 |
| 系统动力学 | Veldhuyzen 和 Stassen（1976） | 心智模式包括有关被控制的系统的知识，有关作用于系统的干扰性的知识，有关规模和策略的知识等。 | 知识 |
| | Wickens（1984） | 心智模式是一种"理论的结构"，用来解释采样、搜索、计划等人类的行为。 | 理论的结构 |
| | Rouse 和 Morris（1986） | 心智模式是一种心理机制，人们利用这个心理机制可以描述系统目标和形式，解释系统功能，观察系统状态以及预测系统的未来状态。这里的描述、解释和预测三个词表达了心智模式的功能。 | 心理机制，描述、解释和预测 |
| | Doyle（2006） | 心智模式是一种比较持久和可测量的，对外部系统的内在概念化表征。 | 内在概念化表征 |

| 学科 | 学者 | 定义内容或主要观点 | 关键词 |
|---|---|---|---|
| | 何自力（2008） | 心智模式为包含智力因素（表现为众多的知识子系统）和非智力因素在内的、以分层的知识网络子系统为主要结构的自组织的大系统。其形成受到来自遗传、经历、教育等方面因素的深刻影响，主要执行描述外界环境、解释周围现象、预测未来可能性、选择行动策略的功能。 | 知识网络子系统，知识要素，描述、解释、预测、选择 |
| 经济学 | Denzau 和 North（1994） | 个人决策时的心理认知过程即为心智模式，这一概念用于解释环境的内部表征，它由人的认知系统为应对环境的不确定性而创立。 | 心理认知过程 |
| | 青木昌彦（2001） | 心智模式也可称为心智程序，指个人程序化的决策或认知过程，它包含了一系列规则，并构成了人力资产。这一类心智模式包括认知与决策两种类型的规则。心智模式可分为个人型和背景导向型。 | 决策或认知过程，规则 |
| | 卿志琼 陈国富（2003） | 心智模式主要是指人的"认知、思维和决策模式"。从有限理性假设出发，认知过程背后的内在机制即心智成本最小化原理。 | 认知、思维和决策模式 |
| 管理学 | Fiske 和 Linville（1980） | 心智模式是由某些特定场合的经验中提炼出来的先行知识，经过组织后形成的认知结构。 | 认知结构 |
| | Peter Senge（1995） | 心智模式是人们头脑中"简化了的假设"。人们脑子里装的并不是活生生完整事物的图像、景影，而是概念化了的假设、成见、印象，人们正是通过自己特定的心智模式去观察事物，采取行动的。 | 假设，成见，印象 |
| | 许德祥（1998） | 人们了解外部世界及采取行动时头脑中一些习以为常，认为理所当然的想法、假定、定义或图式就是"心智模式"。 | 想法，假定，定义，图式 |
| | 芮明杰（1998） | 心智模式指由过去的经历、习惯、知识素养、价值观等形成的基本固定的思维认识方式和行为习惯。 | 思维认识方式，行为习惯 |
| | 王庆宁（1999） | 心智模式是由于个人经历、工作经验、知识素养、价值观念等形成的较为固定的思维认识方式和行为习惯。 | 思维认识方式，行为习惯。 |
| | Mathieu Heffner Goodwin 等（2000） | 心智模式是成员所拥有的一种有组织的知识结构，能够帮助成员去描述、解释及预测所处情境的各种事件，并指引成员在所需情境中与其他成员进行互动。 | 知识结构 |

续表

| 学科 | 学者 | 定义内容或主要观点 | 关键词 |
|---|---|---|---|
| | 张声雄（2001） | 心智模式是指人们的思想方法、思维习惯、思维风格和心理素质的反映。 | 思维，心理素质 |
| | 李东（2002） | 心智模式作为主体长期实践所形成的对外部世界及自身的认识框架或认识图式，可包括概念、范式、信念、观点等。 | 图式，概念，范式，信念，观点 |
| | 徐桂红（2002） | 心智模式是根深蒂固于每个人或每个组织中的基本固定的思维认识方式和行为习惯，它可以通过后天的教育、知识的"内化"、特定的生活与工作环境而形成。 | 思维认识方式，行为习惯 |
| | 吕俊晓（2002） | 心智模式是一个相对持久的动力系统，在对社会事件进行描述、归因和预测活动中体现出的有关社会事件的知识和信念，以此作为启发行为的决策基础。 | 知识，信念 |
| | 艾昌瑞李澄益（2003） | 人们对这个世界的基本假设和信念。是个体对世界的诠释，不一定是事实，但对于当事人却非常真实。假设可以从非常简单到非常复杂。这些假设影响人们对世界的诠释和采取的行动。 | 基本假设和信念 |
| | 陈菲琼（2003） | 心智模式作为主体长期实践所形成的对外部世界及自身的认识框架或认识图式，可包括概念、范式、立场、信念、观点等，心智模式是人们理解和认识世界的基本工具，在知识体系中是非常重要的。 | 认识框架，认识图式，概念、范式、立场、信念 |
| | 丹尼尔赫伯特（2003） | 认知指人们用来交流、整理、简化、感知复杂问题的心智模式或信念系统。专家们把这些心智模式表示为认知图式、认知文本、认知框架、认知模式。 | 信念，图式，认知，框架，文本 |
| | 王凤彬（2006） | 所谓的心智模式，也叫精神模式或认知模式、认知图式，是指根深蒂固于人们的心目中，影响人们了解这个世界以及如何采取行动的许多假设、成见，甚至图像、印象等。 | 认知图式，假设，成见，图像，印象 |
| | 俞文钊吕晓俊（2008） | 心智模式是指那些深深固结于人们心中，影响人们如何认识周围世界，以及如何采取行动的许多假设、成见、思维方式和印象。 | 假设，成见，思维方式，印象 |
| | 王鉴忠（2009） | 在特定环境下居于人的心理层面，处于稳定状态的人的一种动态的机能性认知模式，包含静态的"认知结构"和动态的"心理加工程序"，人们借此进行认知推理。 | 认知结构，心理加工程序 |

资料来源：曹振杰. 员工和谐型心智模式及其对工作绩效的影响研究：以酒店餐饮企业为例 [D]. 天津：南开大学，2011. 第38-40页.有增加和改动。

　　在众多定义中，认知中的假设、成见、图像、印象、观念、概念、决定人们如何理解外部环境（世界）、决定人们如何采取行动（思维方式）是心智模式定义中的共性成份。也就是说，心智模式决定人们如何认识环境，如何加工环境传递出的信息，并据此采取相应的行动。可以看出，心智模式的内涵和外延与中国传统文化中的心性概念非常一致。

### （二）心智模式的功能

　　人之所以会形成某种心智模式，是因为它具有人所需要的功能。对于心智模式的功能，很多学者提出过自己的看法。

　　Craik 从心理学角度尝试用心智模式解释刺激反应理论的内在机制，由此提出了心智模式的概念。他认为生物会根据过去的经验在大脑中建构出一个对外部实体的微观模型（Small-Scale Models），从而可以利用这个模型来预测各种可能情形下的未来状况，这样，就可以根据遭遇到的情况做出适当的、安全的反应[194]。

　　Rouse 和 Morris 认为心智模式是人们如何选择、规划与执行工作的模式。[195]

　　Williams 等学者认为心智模式的目的在于预测和解释系统的行为。心智模式用于储存和记录"关系和事件"。[196]

　　Norman 提出心智模式是人与自然世界互动时，通过互动形成的一种个人化的内在经验模式，这些模式成为人们对互动关系加以清楚了解的基础[197]。

　　威廉•B. 洛兹（William B. Rouse）、南希•M. 莫里斯（Nancy M. Morris）认为心智模式能够让人们以一种概括地观点来描述系统的存在目的、存在形式，解决系统的功能和观察系统的状态，以及预测系统未来的状态。[195]:351（如图 3.8 所示）

　　约瑟夫•奥康纳（Joseph O'Connor）和伊恩•麦克德摩（Ian McDermott）提出了具有广泛影响的心智模式的四效应理论。这四种效应分别是：删减效应、建构效应、曲解效应、一般化效应。[198]

　　第一、删减效应。人体在接收到感官传递来的各种信息时，会因喜好、情绪或已有心智模式对外部信息进行有选择性的取舍、筛选，整理后才建构出对某件事的看法。某种看法习惯化后，不会成为心智模式的组成部分。第二、建构效应。建构效应与删减效应相反，是个体对外部信息进行加工时，凭借已有的兴趣、世界观和价值观等主动选择性地汲取所期望信息的现象，建构效应帮助个体进一步巩固已有的（或形成）心智模式。第三、曲解效应。不正确的心智模式因自身的认知缺陷在认识外部事物时会根据偏见删减某些信息、图像等，从而曲解外界事物。第四、一般化（泛化）效应。指用一项经验来代替大量不同的经验的现象。

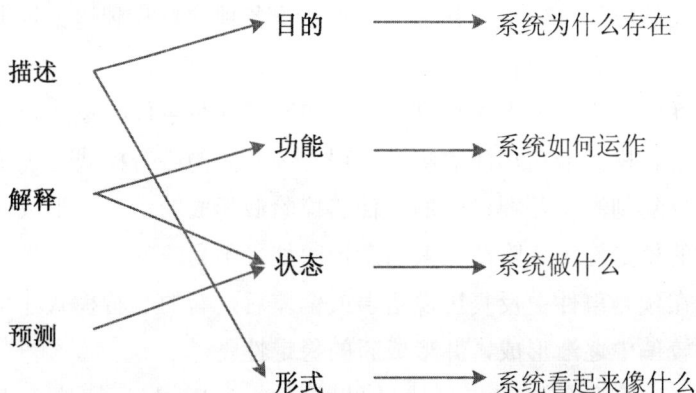

**图 3.8　William B. Rouse 和 Nancy M. Morris 心智模式功能模型**

资料来源：ROUSE W B, MORRIS N M. On looking into the black box: Prospects and limits in the search for mental models [J]. Psychological Bulletin, 1986, 100(3): 349-363.

Senge 认为心智模式能提供关于自己、别人、组织以及世界各个层面的现象、现象背后的假设，以及对世界进行理解的基本结构。[199]

综上所述，心智模式的功能主要有：影响人们的思想和对周围世界的认识，影响人们的决策，影响人们对工作、学习和生活的态度，影响人们的行为。当某种观点或习惯被人接受并内化为心智模式的组成部分之后，人们将会不断的选择能支持这个模式的信息和行为，从而使原有的心智模式变得根深蒂固。因此，心智模式通过影响人们看待问题的视角成为一个实际的信息过滤器，影响人们对外界信息的获取。人处于社会组织当中，需要不断与外界进行信息交流，这种交流是通过与周围人群、组织来进行。不同个体和组织间心智模式的差异会导致双方信息交流障碍。因此，对企业组织来讲，通过合理的途径和方式对员工的心智模式进行影响和改善具有重要意义。在激励中，每个员工都会以自己的心智模式对激励规则、过程和结果公平及对自己的影响进行描述、解释和预测，因而以道为本的激励重视对员工心智模式的认知和管理。

### （三）心智模式的形成及改善

如果不考虑遗传因素，一个人出生后的心智模式可以比喻为一张白纸。在人的成长过程中，外部环境不断将各种信息写到这张纸上。从心理学的角度看，生活中的事件将在一个人的心里留下烙印（刻痕）。这些烙印逐渐形成一个人对事物的观点和应对各种事件的模式。这就是一个人心智模式最初形成的基本过程。一个人的心智模式是经过多次事件的反复刺激，并经过后期事件的检验后形成的，一旦形成，就具有一定的稳定性，并隐藏在人的意识深处，不易改变。只有当一种心智模式在预测事件中反复出现错误或偏差后，新的心智模式才可能在纠错或较偏中逐渐形成，并形成新的稳定性。

Norman 认为个体在与自然世界（Natural World）和概念世界（Conceptual World）互动时，会通过互动而形成一个个体化的内在经验模式。这个模式帮助个体对互动关系加以了解，并在了解的基础上对这个经验模式进行概念化，形成推论的心智模式（Inferred Mental Models）。因此，自然世界和已有的概念模式是一个个体心智模式形成的基础。Heyworth 分析了心智模式、概念模式与推论的心智模式的关系，并用图 3.9 进行了描述。[200]

凯里·帕特森（Kerry Patterson）等学者认为有三种信息影响一个人的心智地图（Mental Map）的形成。这三种信息是：个人经验、替代经验和口头说服。[202]其中个人经验对个体心智模式形成的影响力最大。人们通过与自然世界的接触来了解外部世界，这些个体通过感觉器官接收到的外部信息形成的经验直接进入人的思维，并被个体深信不疑。除了自己的经验，个体还会从其他个体获取信息。相对于个体自身的经验，个体对替代经验的接受程度会降低，一般来说，首先会对这些经验产生质疑。质疑的结果会影响替代经验对个体心智模式的影响程度。通常的质疑包括："我是否也能做到？我做的话会得到相同的结果吗？如果我能做到，也能取得相同的结果，但这个结果对我有价值吗？"其他人的口头说服也能影响一个人心智模式的形成或改变。不过与替代经验一样，第三方的主动说服更会引起被说服者的质疑，如说服者的动机和能力等。这些质疑使口头说服对心智模式形成的影响效果更小。心智地图与心智模式的概念类似，也可以说明心智模式的形成。

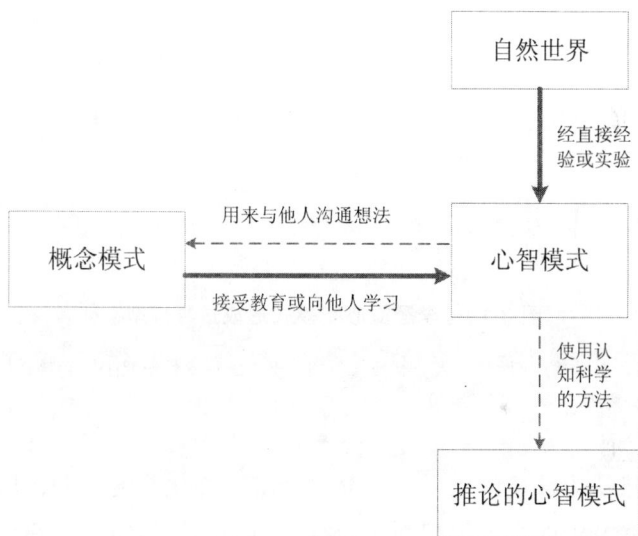

**图 3.9　Heyworth 心智模式、概念模式与推论的心智模式关系**

资料来源：HEYWORTH R M. Mental Representation of Knowledge for a Topic in High school Chemistry[M]. Michigan: Bell & Howell Company, 1988. p31.转引自：张馨文.师院学生电化学心智模式之研究[D]. 台湾：台中师范学院 国民教育研究所，2000.第 7 页.[201]

李澄益根据 Norman 和 Patterson 等人的研究，在其学位论文中提出了一个心智模式形成过程的模型（如图 3.10 所示）。[203]:196 心智模式的形成一般有两种途径。一种是通过外在学习形成；另一种是由自身经验的启发形成。两种途径共同构成了心智模式的形成。在形成的过程中，新的信息会刺激大脑进入学习的过程，在学习过程中，人会运用已有的心智模式，然后通过对结果进行评价（反馈），如果结果好，则会形成（或改善）心智模式。如果结果不好，这个新信息引起的刺激及其产生的结果对心智模式的影响将会被放弃。这个过程不断进行，就形成了心智模式的建立、强化或修正（完善）。

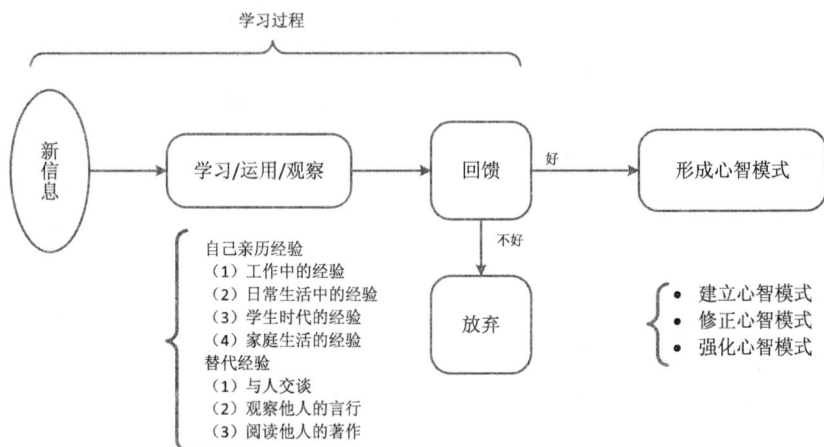

**图 3.10　李澄益心智模式形成过程模型**

资料来源：李澄益. 高阶经理人心智模式与领导型态之探索性研究[D]. 台湾：国立中正大学 企业管理研究所，2003. 第 196 页.

张声雄认为环境因素（如社会的经济、文化发展水平、历史传统以及环境等）中的主流思想观念、行为习惯、生活经验等都会对一个人心智模式的形成产生重要影响。[204]:101

现代生命科学的研究证明，一个人的智力和思维在很大程度上受到遗传因素的影响。因此，除了环境因素，遗传因素也是影响一个人心智模式形成的重要因素。对于企业来说，基本无法影响一个人的遗传因素，因此本研究不做这方面的探讨。但是，根据让·皮亚杰（Jean Piaget）关于遗传因素和环境因素在个体发展中的作用以及二者关系的研究成果，个体发展不但受到遗传和环境的单独影响，还受环境和遗传匹配的影响。即好的遗传和好的环境相结合将导致好的发展结果。不良的遗传和差的环境结合将引起不良的发展结果。优越的遗传和贫乏的环境结合或不良的遗传和好的环境相结合则可能得到中等的发展结果。阿诺德·J. 萨米诺夫（Arnold J. Sameroff）也认为遗传和环境在个体发展中的作用具有相互影响性。环境影响了遗传特性起作用的方式、程度和途径，而遗传特性影响着环境中那些因素起作用以及作用发挥的方式和程度。[205]:502 对企业组织来说，企业的环境氛围与员工个体的遗传因素结合，共同影响员工心智模式的形成。因而，塑造一个好的企业环境氛围，对于企业管理具有重要意义。

### （四）对以道为本激励哲学的启示

心智模式理论对以道为本激励哲学的提出有两点主要的启示。

一是将中国传统文化中"心性"这一优秀因子通过心智模式引入到激励理论中，将心智模式作为一个重要的构念增加到激励整合模型中。

在中国的传统文化中，有"心性"的概念和修身、修行的做法。儒家修身齐家治国平天下的纲领已成为中国知识分子处世的基本准则。这里的修身主要是指学圣人之心智，行君子之言行。修行则是道家和佛家文化中指导信众学习圣人心智，改善自身不良行为从而脱离烦恼、痛苦，实现快乐生活的一系列仪规和做法。通过有意识地向优秀的成功者（圣贤）学习，不断完善和优化自己的心智模式在中国有悠久的历史传统，并有很多的历史人物从中获益，中国历史人物周处就是一个典型的例子①。

---

① 据《晋书·列传》和《世说新语》记载：周处年轻时凶暴强悍，任性使气，被乡亲们认为是当地一大祸害。当地的河中有条蛟龙，山上有只白额虎，一起侵犯百姓。当地的百姓称他们是三害，并认为三害中周处最为厉害。有人劝说周处去杀死猛虎和蛟龙，实际上是希望三个祸害只剩下一个。周处立即杀死了老虎，又下河斩杀蛟龙。蛟龙在水里有时浮起、有时沉没，周处与蛟龙一起浮沉了几十里远。经过了三天三夜，当地的百姓们都认为周处已经死了，互相庆祝。周处最终杀死蛟龙上了岸。他听说乡里人以为自己已死而庆贺的事情，才知道大家实际上也把自己当作一大祸害，因此，开始有了悔改的心意。于是到吴郡去找陆机和陆云。当时陆机不在，只见到了陆云，他就把全部情况告诉了陆云，并说自己想要改正错误，提高修养，可又担心自己岁数太大，最终不会有什么成就。陆云告诉他："古人珍视道，认为'哪怕是早晨明白了圣贤之道，晚上就死去也甘心'，况且你的前途还是有希望的。鼓励他人就害怕不立志向，只要能立志，又何必担忧好名声不能显露呢？"周处听后改过自新，发愤图强，拜陆机、陆云为师，终于才兼文武，得到朝廷的重用，历任东吴东观左丞、晋新平太守、广汉太守，迁御史中丞。他为官清正，不畏权贵，因而受到权臣的排挤。西晋元康六年（296），授建威将军，奉命率兵西征羌人，次年春于六陌（今陕西乾县）战死沙场。死后追赠平西将军，赐封孝侯。（参见：百度百科词条"周处除三害"。http://www.baidu.com/baidu?wd=%D6%DC%B4%A6%B3%FD%C8%FD%BA%A6&tn=monline_4_dg. 略有改动。原文参见参考文献[206] 刘义庆.世说新语[M]. 北京：中华书局，2007. 第129-130页。）

理查德·E. 尼斯贝特（Richard E. Nisbett）通过一组实证研究证明了东方人依赖经验进行推理，西方人依赖形式逻辑规则进行推理。在推理过程中对经验的依赖，使东方人更易于形成对环境和外部世界的假设、成见或印象，这使东方人与西方人相比，更容易受到心智模式的影响。[207]

心智模式是可以改变的，随着心智模式的改变，个体的需求、价值观和个性也会随之改变。如有人相信一个人只有占有的财富多才算成功。在这种心智模式下，物质需求是其主导需求，拜金主义是其主要价值观，喜欢财富，并以财富占有量评价人和事是其个性。但是，随着财富占有量的增加，这个人可能认识到自己原有的认识是不正确的。可能转而认为精神上的富足才是真正的成功。这时，他的心智模式发生了转变，他的需求、价值观和个性也就同时发生了转变。在这种转变前后，经济激励的手段对这个人的影响会完全不同。在前文提到的历史人物周处的经历中，周处转变前后的表现就很好地说明了心智模式的改变对一个人需求、价值观和个性的影响。

二是在激励方式上，可以增加一种通过完善员工心智模式改变其对激励认知的新方法。

根据 Locke 的激励整合模型，个体的需求、价值观和个性是决定其如何认识某种激励措施并对其采取行动的基点（参见图 2.3）。心智模式理论启示我们：个体的需求、价值观和个性并不是一成不变的，而是可以通过一定的方式方法调整和完善的。这为我们重新认识激励理论和激励哲学提供了一个新的视角。现有激励理论通常是在假定个体需求、价值观和个性不变的条件下（除了讨论三个变量自身时）讨论激励行为及其可能对受激者产生的效果。但如果我们从改变个体需求、价值观和个性入手，将可能使激励在组织中发挥更加重要和根本性的作用，因为激励作为"指挥棒"，在企业组织中是最具有引导员工行为能力的管理手段，具有改变员工心智模式的可能和条件。企业组织可以通过激励手段影响和改善员工和组织的心智模式。同时，通过心智模式的调整使激励起到促使个体不断发展和企业不断发展的目标。

　　调整或改善受激者心智模式的意图可能有两种：好的和不好的。所谓好的是指这种改善不仅对施激者是好的，对受激者也是好的，对于社会的文明发展也是好的；所谓不好的，是指这种改善可能只为了满足施激者的某种要求，但这种要求对受激者和社会都是不好的。在市场经济条件下，由于一般情况下施激者相比受激者处于强势地位，更容易使受激者按照企业（企业代理人）的想法进行改善，因而一些无良的施激者利用自己的强势地位对受激者的心智模式进行不好的改造，在社会上造成不良的影响。这可能是西方学者没有将涉及价值观的心智模式引入激励研究的原因。不过在一个民主与开放的社会，是否通过激励来调整个体和组织心智模式选择的权力应该交给每个公民自己。因此，以道为本的激励哲学强调激励政策制定的全员性和民主性（少数服从多数），这样就能避免心智模式不被动机不良的施激者利用。采用以道为本激励哲学的施激者都是充分相信受激者的，都是愿意促进企业进步和社会向文明方向发展的。所以，以道为本的激励哲学可保证使用心智模式理论对员工的心智模式进行影响的动机是善的、结果是好的。

　　从操作层面讲，组织中的激励能否产生预期的效果，与每个员工的心智模式息息相关。具有不同心智模式的员工对同一个激励措施可能会采取完全不同的行动。如果想使激励措施有效，一般有两种路径。一种是在员工心智模式既定的条件下，使激励措施适应员工已有的心智模式；另一种路径是改变员工的心智模式以使激励措施发挥更大的效果。从心智模式的形成过程可以看出，员工在进入企业前，已经具有了某种心智模式。这种心智模式可能与组织心智模式接近，也可能相差很多。由于个体心智模式具有个体性、差异性，希望一个激励措施与所有员工的心智模式相匹配的想法是不现实的。因而，对一个具体的企业来说，通过一定的措施对员工个体的心智模式进行调整和完善是一个更可行和有效的路径。在市场经济条件下，对一般企业来说，资本相对人力具有更重要的地位，这使企业具有了改善员工心智模式的条件和基础。因此，对员工的心智模式进行由员工自发的完善，在企业组织中是可行的。

## 五、道本管理理论

道本管理就是以道为本的管理。道本管理理论是齐善鸿教授提出的一种管理理论[51-53, 147-149, 208, 209]。以道为本的激励哲学是在道本管理理论的基础上提出的，是道本管理理论在激励问题上的应用。

### （一）道本管理的定义

道本管理是以中华道文化为基础，尊道爱人，破除封建管理枷锁，激活人性神圣力量，使管理从外部制约转化为以内律为基础、以服务为核心的服务型活动的管理。通过道本式的管理，可以支持企业每一个人的成长和完善，实现人人健康发展，完成管理者自身的解放，实现真正的管理文明，并进而推动人类文明事业的前进。[147]

道是人必须遵守的客观规律，是人不能以自己的意志去主宰的客观意志。人只是世界众多生物中的一种。人不同于一般动物，人有灵性，因而更懂得尊重客观规律；尊重人与自然、人与社会、人与人和谐相处的规律；尊重人性的规律；尊重社会发展的规律，而不能将自身凌驾于自然和社会的规律之上。[210]:1-3

道本管理理论以中、西方管理哲学中的优秀文明因子为基础，是建立在客观规律基础上的一种新的管理哲学思想和理念。道本管理的目标是解放人，是促进人的发展，是通过解放人和促进人的发展激活企业发展的动力系统，从而使企业实现可持续发展，从而破解目前管理理论存在的悖论，缔造先进的企业管理文明。[148]

道本管理理论站在管理技术与文化融合的视角，将管理的思维方式从目前文化与技术分离或二者简单融合转向让二者统一于"道"这一管理学本源，让人的主观意志与自然规律实现内在统一，既避免单纯从文化角度思考管理问题，夸大人的主观意志，使管理变成没有科学依据的主观选择；又避免单纯从技术角度思考管理，不考虑管理中人所固有的主体性、精神性和文化性，使管理失去正确的发展方向。[149]

道本管理是齐善鸿教授基于对管理发展历史与管理实践的多学科、多角度考察，结合中国传统文化精华特别是老子的哲学思想提出的[51]。道本管理理论是在看到传统管理所存在的根本性缺陷——管理与人心对抗从而降低了管理的效率和人的福祉[53]后，从哲学层面进行深层次的思考，从"根目录"上，而不是在细枝末梢上寻找答案[141]而提出的系统性、前瞻性的解决方案。"管理与人心对抗"是因为管理者将管理中的客观规律让位于自己的主观意志，希望通过控制下属而实现自己的目标。道本管理理论以破解"管理与人心对抗"为起点，主张遵循人心和管理规律，最大限度地实现员工的价值，进而实现企业、员工和社会的共赢，更符合人类文明的发展方向。

道本管理理论认为，一般的管理理论不能解决管理与人心规律的对抗问题，是因为没有正确认识管理学的一些核心命题，如企业的性质、管理的本质、制度的本质、人的本质、人的精神性以及企业家和研究者的关系等。[141]由于没有正确认识人性和人的主体性这样涉及管理学根本的重大问题，一般的管理理论已出现了严重的异化现象。[52]这种异化是管理演进历史与现实中最大的问题。[148]从哲学层面来看，管理异化是指管理被人创造出来却成为奴役人的工具，使得管理实践与人的主体价值发生了偏离甚至对立。道本管理认为管理不能仅仅停留于尊重人的表层，更要进化到尊重人心规律。尊重人心之道，老子哲学的基本策略是顺而治之。人心的力量本就是追求发展的，管理只需引导这种力量，达到利人与利己、近期与远期、精神与物质的平衡。道本管理承认人的主体性，相信每个人的潜能和向上发展的动力。道本管理强调激发企业员工的正面力量，让人心能向着正面发展、进步，通过正面发展的成果强化人们的行为，使之成为习惯，从而实现对心灵空间中负面力量的挤压。对于现实中那些不让人满意的行为，道本管理视其为行为人为寻求帮助而释放的信号，放弃违背人心规律的指责和挑剔，发现可以进行正面激发的关键点，然后借此机会对其帮助和提高。根据中国阴阳平衡的观点，道本管理不追求员工的零缺点（但是产品质量要追求零缺陷）。只要不是致命性的缺点，企业管理都应以包容的态度，促使个人认识到其不足，并将这种不足的不良影响控制在最小范围内。无阴也就无阳，希望每个员工完全没有缺点，是不符合客观规律的。

每个人都具有主体性是道本管理理论展开的假设基础。员工主体性的含义一是指人行动的自主性，即人的自主意识决定其行为。二是精神的自主性，表现为自我精神的独立性。三是个体的独立权力，这是其他任何人为力量都不能剥夺的。[210]:171-172 道本管理的操作模式是帮助组织中的每个人在自我管理的基础上，提升每一个人的神圣性力量。其目标是服务于每个人的全面发展，从而实现全社会的全面发展，为人类社会创造更多的物质和精神财富。通过造就文明人、文明管理而推动人类文明事业的进步。人在这种模式下既是管理的主体，也是管理的目的。此时的管理就是服务于企业中每一个人的进步。

　　道本管理根据中华"道"的思想，结合科学理论的建构方法，对构筑具有中国文化特色的新管理思想体系进行了探索。道本管理理论既传承了西方和中国的优秀成果，又与当代管理实践密切结合，力争使当代管理理论发展的方向重新回归人类文明发展的方向上。

　　道本管理作为一个新的管理理论，经过齐善鸿及其研究团队的努力，已出版了多部专著和数十篇论文，并在多个企业内进行过局部或整体的实施。目前，道本理论的理论的核心概念和命题已日趋成熟，并受到越来越多企业家的认可。

## （二）道本管理理论的核心命题①

### 1. 企业是什么（企业的目标是什么）

　　道本管理理论认为企业是组成社会的一个细胞，是基于公众、国家、社会、自然等资源而成立的组织，是具有经济和社会双重属性的组织，既承担着经济任务，也需要承担社会的使命。

　　企业的核心与主体是人。人不是企业的手段，而是企业的目的。企业的第一属性是人性而不是经济性。任何企业都要尊重人性的规律，以谋求人的全面发展为目的。经济的发展要服务于人的发展。衡量企业的业绩，不能仅仅看经济效益，更要关注企业中人的发展。[209]:总序1-3

### 2. 企业做什么

　　道本管理理论认为企业是家庭与社会、经济与精神、能力与心智的结合点，是员工生命相互陪伴、共同提高的"家外之家"。因此，企

---

　　① 本部分内容主要来源于：齐善鸿. 面向实践的管理核心命题的重新思考 [J]. 管理学报，2012，(01)：32-37. 行文上略有改动。得到许可在本文中引用。

业应该通过各种方式不断帮助员工成长和发展，使企业成为一个促进全员共同学习进步的学校；企业应该真诚关心每一个员工身心健康成长，使企业成为一个互相关心、充满亲情的大家庭；企业应该通过创新和努力，通过对社会不断创造价值来实现经济效益，以在市场经济条件下支持前两个目标的实现，使企业成为一个"来之能战，战之能胜"的军队。

3. 人性是什么

道本管理理论认为人性是人在脱离兽性，追求神圣的文明进步过程中对神圣性的追求。人性是人全部生存意义的终极指向。在不同的社会发展阶段，人性的表现呈现出不同的特点，但人的追求指向始终不会改变。因此，人性是人之为人的终极发展目标，而不是某一时点或过程中的静态价值判断。

4. 管理的主体是谁

道本管理理论认为：管理的第一主体是企业中的每一个人。即每个人都是自己的管理者，都应该对自己进行自我管理。第二主体是企业中处于管理岗位上的管理者群体，即传统表达中的管理者，在每个人自我管理的基础上，管理者对下属的管理实质上是服务于下属的成长，帮助其成长。第三主体是处于被管理岗位上的群体，即传统意义上的被管理者。他们在自我管理的基础上接受上级管理者的指令和指导，同时，他们也可以监督和评价他们的上级管理者，以弥补其上级的不足或防止其上级犯错误。从这个意义上说，他们也是管理者。第四主体是与企业利益相关的第三方，他们对企业组织中的所有人发挥监督和咨询等管理职能，因此也是企业广义上的管理主体。[147]

5. 管理的本质是什么

道本管理认为管理的本质是服务，是上级服务于下属心智与能力的成长。管理者的本质应是教练而不是官僚，应将过去"惩恶扬善"的技术式的管理信条转变为"拯恶扬善"的技术与文化相结合的人文信条。管理者通过服务不断造就更加成熟、优秀的下属，则企业就能够通过造就优秀的员工而生产优秀的产品，并在市场竞争中胜出。因此，企业的经济性目标可以通过企业的人性目标来实现，或者说企业的人性目标可以保证企业经济目标的实现。

6. 什么是制度

道本管理理论认为制度是集体的契约，组织中每个人都应是制度制定、实施和完善的主体，都有参与制度制定的权力。一旦制度形成和生效，制度成为集体的契约、大家共同的承诺，人人都是集体意志的"奴仆"。这时，每个人遵从的是包括自己意志在内的集体意志，大家听从的是包括自己在内的集体而不是某个领导。这样的制度，员工才愿意全身心去遵守和维护，才能真正起到制度应该起到的作用。

7. 领导者应该做什么

道本管理理论认为领导者的最高境界是基于机制化管理的"无为而治"。最高明的企业发展战略是基于蓝海战略的"不争而达不可争"的自我超越式发展。无为不是不作为，而是不为领导者不该为之事，包括不妄为、不代为、不居功和面对法律与道德的不敢为四个方面。不争不是不参与竞争，而是不去做没有价值的竞争，包括不争俗（竞争的目的上）、不与俗争（竞争的对象上）、不俗争（竞争的方式上）三个层面。

8. 企业家的使命是什么

道本管理认为一个优秀企业家的人生使命应当是在自修成长的基础上以企业为基地帮助企业员工共同发展和成长。齐善鸿认为企业家的使命是"修养一个健康的身体，淬炼一个健全的灵魂，建设一个温馨的家庭，训练一支战斗的团队，链接一个朋友的网络，铸就一个无敌的企业帝国，搭建一个修行悟道的道场，播种一颗播撒大爱的菩提，共享一个觉悟逍遥的生活，缔造一个光辉灿烂的人生"[141]。

9. 为什么要以"道"为本

人类管理先后经过了"物本"、"神本"、"资本"和"人本"。人是自然世界的一份子，人本主义在将人从束缚状态下解放出来后，又使人类走上了人类中心主义的误区。文艺复兴以后，以理性和科学为标志的科学精神推动了西方资本主义工业社会和现代性的发展，以平等博爱为标志的人本思想奠定了西方工业社会的人文基础。这在推动人类进步的同时，也导致个人价值的膨胀、人类中心主义的出现和工具理性的扩张。这使得人本逻辑进入了人类自我异化的状态。人在天地间，生物万千种，人不应该成为唯一的"本"。主体间性哲学思想告诉我们，世间万物皆有其本，只有"以道为本"才符合规律。以道为本，需要现代人类放弃盲目自大的思想，尽量去掉自己的主观意志，不断接近各种事物的自身规律。

### （三）道本管理理论对现有管理理论的超越与融合

道本管理理论是建立在中、西方优秀文化因子基础之上，所有正确的管理理论和相关理论都是它的基础。但是，对于已有理论中错误的或随着时代发展不适用的理论成果，道本管理将摒弃和超越。

1. 由术到道：由工具理性到价值理性与工具理性的有机结合

传统西方管理注重组织的科层结构、注重岗位职能的划分，强调制度对于管理秩序的作用，将人置于一整套以管理者为主体的"命令—控制"体系中[211]。这种少数管理者试图通过等级制度和命令—控制体系掌控和管理大多数被管理者的管理模式来源于奴隶和封建时代，来源于100多年前的军队管理体系。[212]约翰·伯德特（John O. Burdett）在分析西方传统管理时指出：以管理者为中心的控制体系是企业长久以来一直使用的管理范式[213]:10-16。

传统西方管理注重自然科学和技术的借鉴，通过把科学的原理和工具应用于管理的各种活动，注重工具理性的使用。法兰克福学派指出，工具理性的目的是控制，控制的对象包括自然界、社会和个人，最后连个人的生活方式和思想方式也被加以全面控制。[214]

道本管理以中华道文化为基础,将价值理性与工具理性有机结合,通过建构新的管理哲学基础来指导一场管理的思想革命。道本管理将目标定位于人的全面发展，服务于社会的全面发展，服务于自然与人的和谐，为人类和社会创造更多的财富。以道为本的管理在充分尊重人性规律的基础上，把人们内心追求神圣的力量引发出来，指向正面而健康的发展目标。道本管理通过造就文明人、发展文明的管理，推动企业、社会、国家乃至世界文明事业的进步。

2. 去意近道：去除个人的主观意志去接近客观规律

西方传统管理将管理者视为管理的主体，将被管理者视为管理的客体，将下属视为工具加以利用和控制。这样的管理认为管理者的个人意志和能力起着决定性的作用（如领导理论）。因此，领导的特质理论曾风靡一时。不可否认，在管理实践发展的某个特殊时间，或某个企业的特定时刻，个别管理者确实能起到独特的决定性的作用。但是由此而将个人意志神化，甚至将其作为对下属飞扬跋扈的理由，则过分夸大了个人意志在企业管理中的作用。在经济仍相对落后的时期，被管理者为了生存，可以忍受管理者个人意志的跋扈，忍耐在人格尊严上的损失。但随着经济的发展和社会的进步，这种现象不可能持续。道本管理认为无论是管理者的意志还是被管理者的意志都应受到应有的尊重，并且两者的个人意志都应服从管理本身的规律，都必须响应管理文明的诉求。

### （四）道本管理对激励和激励本质的认识

道本管理认为，激励就是要帮助组织中的每一个人奔向自己的成熟和发展，并全面实现自己的各种目标。道本管理通过制定基于"功过格"的个人成长积分计划，让每个人为自己积分（正面的加分，负面的减分），积分决定个人的物质和精神收益。同时，积分变化与上级联动，使管理就是服务的理念落到实处。这样的激励使每个人都可以根据自己的成长和进步得到不同的奖励（积分），改变了传统激励奖励少数人，打击多数人的弊病，而使激励真正成为促进每个人成长的工具，不再是"胡萝卜+大棒"的管理游戏。

齐善鸿教授 1994 年就在其博士论文中提出激励作为现代管理的职能涉及三个层次：（1）人们内在心理的动力系统；（2）激发内在潜能的管理措施；（3）行为目标与组织目标的协调。认为激励是管理者以认识和理解员工或下属的内在心理动力系统的内容与特性为基础，采取积极的、有针对性的措施激发其潜能和工作热情，并将其行为目标与组织目标进行协调的过程[49]:3。齐善鸿教授的这一认识强调认识和理解内容在心理动力系统是激励的最基本的前提和三个环节的有机联系，指出了激励的本质：使外部刺激与个体内部动力系统合理衔接。每个人自身内部都有驱动行为的动力系统。管理中的激励只能是外部刺激条件，激励能否发挥作用取决于外部系统刺激能否使受激者内部系统启动。

# 第三节 以道为本激励哲学的创新点

以道为本的激励哲学在以下方面有所创新。

## 一、修正了西方激励哲学对激励目的的认识

西方激励哲学将激励目标定位于施激者的经济利益最大化。

以道为本的激励哲学站在人类文明发展方向的高度，在道本管理理论对企业目标、管理目标的重新定位和认知的基础上，提出了新的激励目标——通过激励造就更加优秀的人（人性更加成熟、能力更强）并最终实现激励双方的收益（物质和精神）最大化。对原有激励目标的片面认识进行了修正。

## 二、深化了对激励主客体关系的认识

西方激励哲学基于二元论的激励主客体关系，认为施激者是激励的主体，受激者是激励的客体。在这种认识下，受激者的主体性受到忽视。

以道为本的激励哲学根据道本管理四主体论思想，提出了激励的四主体论。认为在激励关系中，每个人首先是激励自己的第一主体；在这个基础上，人性更成熟、能力更强的施激者是受激者的第二激励主体；由于受激者的成长对施激者来说也是一种激励，因此受激者群体也是施激者群体激励的主体，形成激励的第三主体；企业的利益相关者也会以各种方式对企业的整体表现进行激励，形成了激励的第四主体。激励四主体论强调施激者和受激者的主体平等，强调每个人的主体性，以及施激者与受激者的相互融合与促进关系，拓展了二元的激励主客体关系认识，深化了对激励主客体关系的认识。

## 三、修正了西方激励哲学对激励方式的认识

西方激励哲学在激励方式上站在施激者的立场上，用外部激励的

方式，主要以物质刺激对受激者进行行为塑造，以实现施激方经济利益最大化的目标。

以道为本的激励哲学在新的激励目标和激励主客体关系认知的基础上，在激励方式上站在激励双方的立场上，提倡引发人自励的新的激励方式。在这种方式下，外部激励是为了引发自我激励，引发的方式采用物质和精神并重的多元化形式。

以道为本的激励哲学强调以推动受激者自励为基础的激励，在本质上是将激励由外部主体性的推动转变为自我主体性为了完善自身目的的自我要求，实现激励原动力由"他"到"己"的转变，激励主体性由"外主体性"到"自主体性"的转变。

## 四、将心智模式构念引入激励整合模型

以道为本的激励哲学将影响人的需求、个性和价值观的心智模式作为一个新的重要构念引入到激励整合模式中，见图 3.11。

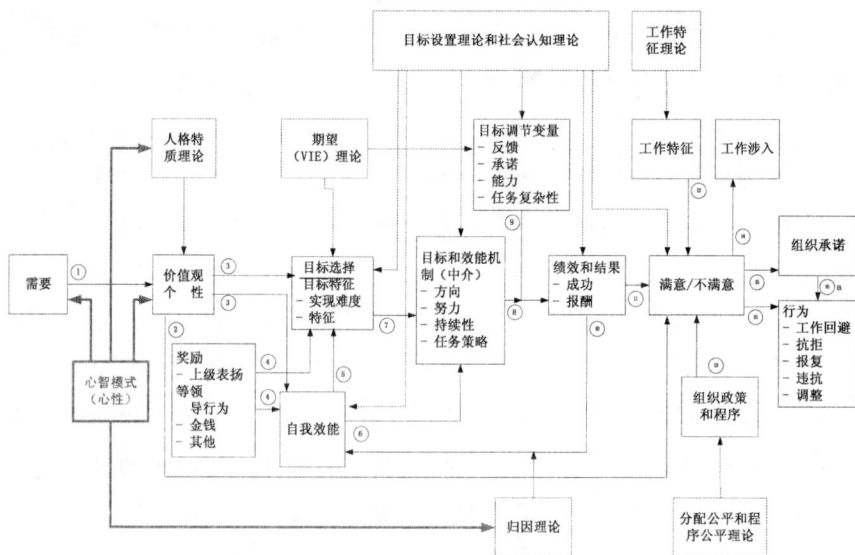

图 3.11　以道为本的激励整合模型

资料来源：作者整理。

西方激励理论及其哲学在分析激励系统中各要素之间的关系时通常假设受激者需求、个性和价值观保持相对不变（除非讨论这三个变量与其他变量的关系时）。实际上，一个人的需求、个性和价值观既具有一定的稳定性，又处于不断的变化之中。如果某个变量能够使受激者的需求、个性和价值观产生显著的变化，那就应该将其纳入激励整合模型中。

以道为本的激励哲学受中国传统文化中心性、修行和功过格等概念、做法的启发，用已被中外学者广泛认可的心智模式来代表心性，认为激励具有类似修行的作用，可以促使人的心智模式产生改变，并进而影响其需求、个性和价值观。

将"心智模式"构念引入到 Locke 的激励整合经验模型中，使以道为本激励哲学的作用机理和逻辑清晰、完整地体现了出来。

# 本章小结

不同于西方根据人的现实人性表现提出的人性假设，道本管理理论从理想人性的角度把握人性，提出了不同于西方管理人性假设的新人性论。新人性论强调人的主体性和精神性，在当前人类物质生活水平已达到相当高水平的条件下，新人性论更符合当代人的现实人性状况，因而更具合理性。以道为本的激励哲学以道本管理理论为基础，以新人性论为基本假设，提出了不同于西方传统激励哲学的新激励目的，因更符合人性的发展规律和现实的人性表现而更具合理性，在对人性和激励本质的认识上形成了对西方激励哲学的超越。

西方管理虽有民主基础和契约精神，但受二元论思想、丛林竞争法则和阶级利益的影响，其二元对立的主客体关系认识具有明显的不公平性和控制性。道本管理理论根据中国传统哲学一元论思想、新人性论、主体性（主体间性）理论和心理契约理论，提出了管理的四主体论，以修正不全面的二元对立的管理主客体关系认识。道本管理四主体论因其更全面地反映了管理实际和更具文明性导向，形成了对西方管理主客体关系认识的超越。以道为本的激励哲学在管理四主体论基础上提出了激励的四主体论，为人们更全面地认识激励主客体关系提供了新的认识论视角。

西方激励哲学受其人性假设和主客关系认识的影响，在历史发展中逐渐形成了为己利而励人的、行为主义的、工具理性的、以他励为主流的激励方式。由于其忽视受激者的主体性和精神需求而在当前的社会条件下面临诸多困境。以道为本的激励哲学尊重每个人的主体性（表现为自我实现的需要），提出以自励为基础的激励方式。考虑到现实人的人性成熟程度的不同，每个人的自励意愿和要求也不一致，仍需企业采用合适的外部激励措施推动每个人的自励意愿和程度向更好的方向发展。因此，在激励方式上，以道为本的激励哲学强调以推动自励为目标的他励，最终帮助每个人实现从需要外部推动（他励）到无需外部力量而自主成长（自励）的转变。为描述实现这种转变的逻辑和途径，以及以道为本激励哲学的作用机理，以道为本的激励哲学将心智模式引入到激励整合模型中。在激励方式上实现了对西方激励哲学的超越。

以道为本的激励哲学在探寻激励本质的基础上，提出了更接近激励本质的激励目的，由此重新界定了激励中的主客关系，并在此基础上倡导激励主体性由"外主体性"向"自主体性"转变的由他励推动自励的激励方式。

以道为本激励哲学的超越是在吸收和融合已有研究成果的基础上实现的。这些成果既包括哲学、心理学、社会学、经济学、管理学等人类文明的成果，也包括已有激励理论中仍具生命力的部分。以道为本的激励哲学吸收了中、外、古、今多种学科的智慧和成果，是对以往研究成果继承和融合基础上的超越。

# 第四章　以道为本的激励操作模式——积分制激励模式

本章以以道为本的激励哲学为指导，提出以道为本的激励操作模式。

一种新的思想或理论是否正确，需要经过实践的检验。为了对以道为本的激励哲学的效果进行检验，需要将其进一步转化为可操作的具体办法。同时，管理研究是为管理实践服务的，管理研究必须直面管理实践。[215]因此，本章进一步对以道为本的激励哲学操作化，提出可用于指导企业具体实践的操作模式——积分制激励模式。

## 第一节　概　述

积分制是一套考核评价和激励员工的方法体系。积分制考核激励模式通过制定个人成长积分计划，让每个人为自己积分（正面的加分，负面的减分），每个人都可以根据自己的成长和进步得到不同的积分，积分的累积决定个人的物质和精神收益，以实现激励是帮助组织中的每一个人走向更加成熟和发展，并全面实现自己各种目标的目的。同时，积分变化与上级和相关人员联动，使管理就是服务的理念落到实处。

积分制借鉴了中国传统文化中"功过格"[①]的思想，通过积分引导个人的心智模式向企业大多数成员期望的方向上成长。从而实现以道为本的激励哲学通过造就优秀的人造就优秀企业的思想。积分的标准和实施的规则都由激励的四个主体共同参与制订，并通过充分的讨论和投票形成法定的书面契约和无形的心理契约，以体现不同主体的主体性。积分制实施时，首先由每个人自我考核，按标准给自己积分，获得正积分时要申报，获得负积分时也要申报，实现以道为本的激励哲学将激励建立在自我激励基础上的思想。

具体地说，当员工做出积分规则鼓励的行为时，自己可以根据这个行为结果所产生的正面影响程度给自己打正分。相应的，当员工做出积分规则禁止或不鼓励的行为时，自己也要根据这个行为产生的负面影响的程度给自己打负分。打分的多少按全体员工共同协商的标准确定。各级管理人员的积分还与自己直接管理的团队所获得的总积分联系，团队获得的总积分多，其管理人员获得的积分也相应的多。

在一定时期内（通常为一个月），将员工的所有积分相加，正负相抵后得到一个总积分，这个总积分就是这个时期某个员工的成长和进步的综合评价。企业据此对这一时期企业的经营成果按积分进行分配。连续几个时期达到一定的标准时，就可以按约定的规则享受晋级、升职、获得培训、带薪休假以及不同层级的表彰等。年终时，评优、年终奖、商业保险以及荣誉称号等都与积分挂钩。如一年中进步积分最多的员工自然成为企业的"年度进步最大员工"、在安全方面积分最多的员工自然获评"年度安全标兵"称号、总积分最多的员工自然成为"年度最佳员工"等。

## 一、积分的种类

积分主要包括四大类：职责积分、连带积分、团队积分和优秀公

---

① 功过格是中国道家和佛家修行者和我国民间所使用的一种工具。它将人们的思想、言行的善恶功过予以分类，并为善恶评估打分，依此分数作为判定人修身高下的标准根据。履行功过格时，需逐日登记所作善恶事，并予打分，一月一小计，一年一大计，年终将功折过，余额即为本年所得功数。资料来源：[31] 黄义英. 从功过格看古代民间伦理教化及其对公民道德建设的启示[J]. 求实，2006，（S1）：215-216.

民行为积分。

**（一）职责积分**

职责积分是员工在完成自身职责时所能获得的积分。职责积分是最基础的积分，因为完成本职工作是每个员工的天职。

完成本职工作是每个企业员工的天职。每个员工都有自己的岗位职责和明确的完成标准。这些标准的高低和完成的好坏决定了企业的产品或服务的质量和水平，也就决定了企业在市场中的竞争力。每个企业都希望员工能高标准甚至是超标准地完成本职工作。其实，每个人都有追求卓越的天性，这也是人类社会能够不断发展的根本动力。积分制将对超标准完成工作的行为和通过创新对公司标准进行了优化的行为计以正分，分值的大小将根据行为的贡献程度确定。相应的，对于不能达到公司工作标准的行为，公司将计以负分，分值的大小根据这种行为的危害影响程度确定。

职责积分还分为很多类型，如敬业积分、进步积分、学习积分、配合积分等。

职责积分与员工完成工作的能力相关。但每个人的天赋不同，在完成工作的能力上有天然的差异。为此，职责积分中还包含与工作态度有关的积分。如敬业积分、进步积分等。虽然创新不是每个员工都能够做到的，但每个员工都可以选择以认真的工作态度做好工作。只要愿意做好工作，就会有持续不断地进步，只要这种进步能得到其他同事的认可，也可以打正分。不是所有人都愿意加班，那些为了公司利益放弃休息，任劳任怨的员工在加班时间达到一定标准时，可以得到敬业积分。态度积分和敬业积分为天赋能力较弱但愿意为公司发展做贡献的员工开辟了获得认可的途径。只要想干好工作就有机会，这使积分制有效地克服了传统激励模式中的丛林法则，在强调效率的同时兼顾了公平。

学习是每个员工的必修课，知识经济时代更是如此。积分制中，培训和业务技能竞赛成绩将积分化。在培训或技能竞赛考核中得分前列的员工将得到正积分，得分达不到规定标准的员工将得到负积分。如何确定标准，由企业根据自身的实际情况确定。具备讲课能力的员工也可以通过讲课得到正积分，鼓励员工将优秀的个人经验进行分享从而更好地在组织中传承。发表文章或获得专利也可得到相应的正积分。通过学习成果积分化，可将学习成果与个人收益、企业利益直接挂钩，真正将学习型组织的理念落到实处。

现代企业中，配合其他岗位员工的工作也是每个员工应尽的职责。因为专业化和分工使岗位与岗位之间、部门与部门之间、企业与外部之间必须紧密配合、精诚合作才能共同实现企业的目标。以道为本的激励模式将员工在配合上的表现也列入积分。对于积极配合别人的工作，并得到一定人数认可的行为，将计正分；相应地，不配合别人的工作，并受到一定人数投诉的行为，将计负分。分值的大小将根据行为产生的影响确定。

由于合作的复杂性和不可预见性，不可能将所有的合作需要都写入岗位职责中。因此，员工与员工之间、部门与部门之间、公司内部与外部之间在那些没有明确规定责任的合作问题上经常出现问题，踢皮球、本位主义成为现代企业的通病。由于是否配合的标准很难准确定义，加上配合工作的频发性，大多数企业都回避对配合行为的考核，这从某种程度上助长了不配合行为。长此以往，企业官僚作风就会盛行，企业的竞争力就会下降。积分制可以细化到将每一次配合行为量化。配合不好的员工由于及时受到处罚而改善，积极配合的员工则会因为得到大家认可和感谢而得到回报，由此激发大家都往积极配合的方面努力。配合无极限，随着大家配合意愿的增强，好与不好的标准都会提高，如此良性循环，企业的配合氛围将逐渐达到很高的水平，企业的合作效率将会达到很高的程度。由此，企业的竞争力必将增强。

## （二）连带积分

职责积分只与员工本人的行为或表现有关。积分制中还有一类积分来自于员工与其他员工的连带关系。这类积分称为连带积分。

在企业中，每个人的进步除了自己的努力外，还需要别人的帮助，尤其是新员工。很多企业推行师徒制，并提出"传帮带"的口号，有些企业还给师傅一定的经济补助，但效果并不明显。因为同一岗位的员工存在竞争关系，师傅难免会有"教会徒弟，饿死师傅"的顾虑。

积分制通过连带积分来解决这个问题。师傅带徒弟，徒弟如有进步取得积分，师傅也按一定比例连带得到正积分。在一定期限内，徒弟所获得的积分都按一定的比例给师傅相应正积分。相应地，如果徒弟没有积分，师傅也没有积分，超过一定的期限，还要扣师傅的积分。徒弟因故被扣分，师傅也要连带扣分。因为师傅没有起到师傅应有的作用。积分制激励模式通过积分这一利益纽带，让愿意教、教得好的师傅得利，而不愿教或没有教好的师傅不得利甚至受罚。保证师傅有教好徒弟的动力。同时，积分制还规定进入管理岗位需要有一定数量的带徒弟积分，因为连徒弟都带不好的人很难成为一名合格的管理者，进一步促进师徒制的落实。此外，师傅还是一个终身荣誉，获得优秀师傅的员工将终身享受优师津贴。每年教师节，所有徒弟（可能职位早已高于师傅）都要看望自己的师傅，让师傅受到应有的尊重。当然，上述规则都是在师傅和徒弟可以双向选择的前提下实施的。这样，可以保证优秀的学生能够找到优秀的师傅带，优秀师傅的贡献也可以通过受学生欢迎的程度显现出来。没有人选的师傅和没有人选的徒弟都可能存在某些方面的问题，需要得到企业的帮助。企业应及时采取各种手段和方式对其进行帮助。如果他们因态度问题帮助无效，则企业只能将其重新送回社会，因为企业要面对市场竞争的压力，要保证给每个员工一个公平公正的环境。当然，如果这些员工愿意改进，改进后达到企业的标准，企业的大门对其还是敞开的。

积分制下，不仅是师傅带徒弟。只要是帮助其他员工进步并获得认可（要有确实的证据）都可以连带获得正积分的奖励。

连带积分还是管理人员的主要积分来源。对于管理人员来说，其积分除了来自职责积分外，还来自于管理连带积分。当其直接管理的下属得到正分或负分时，管理人员也相应地连带得到一定比例的正分或负分。因为其对下属负有管理责任。这种管理连带积分有两类，一类是通常情况下，一个管理人员管理的全部下属在一个时期内的积分将按一定比例转化成管理人员的积分。另一类是员工因特殊事件得奖或受罚，其直接上级连带得到相应的正负积分。

### （三）团队积分

在积分制激励模式中，除了通过自己的努力，员工还可以通过自己所在团队的表现获得积分。这类来源于员工所在团队的表现的积分称之为团队积分。

团队精神对于以分工合作为基础的现代企业来说非常重要，人类社会进入知识经济后，团队精神更成为决定企业生存和发展能力的决定力量。一个好的企业不仅有优秀的员工，还有由优秀员工组成的优秀团队。在积分制中，个体与团队相辅相成。在一定时间阶段内和具有可比性的团队中，所有成员的积分总和最多的自然成为这一时间阶段内的优秀团队。优秀团队中的每个员工可以因此获得额外的积分奖励。同时，在业务或其他方面的各种竞赛评比中，获得名次或称号的优秀团队中的成员也可因此获得奖励积分。考虑到团队的先天差异，团队也设各种进步奖，如进步最快奖、持续进步奖等，以让每个团队都有得分的机会，实质是引导所有团队成员不断进步。天赋弱没关系，只要愿意进步，总会有和其他团队一样的机会。对应的，如果团队出现重大的事故或失误，或者连续在各种业务或其他竞赛评比中落后，则团队中所有成员扣减相应积分。

具有强烈的合作意识和带好团队是每个合格管理者必备的能力。因此，在积分制中，一定级别的管理岗位将设置团队积分门槛，以激励大家重视合作，形成强烈的团队精神。让最有团队精神的人成为企业的管理者，更有可能使企业的团队精神增强和持续。

团队积分的最终目的是为了维护企业的整体利益。在强调企业内部小团队通过竞赛获得积分，增强企业活力的同时，也要重视企业整体团队的合作精神和意识，不让小团队的团队意识影响了更高层面大团队的利益。为此，积分制中对在团队间合作中表现优异的团队进行奖励。并且每年根据企业的效益，给企业中的每个人以团队精神的积分奖励，以贯彻企业整体的大团队精神，并让大家共同享有大团队精神的成果。

### （四）优秀公民行为积分

在积分制中，员工不仅能通过在企业内的优秀行为获得积分，还可以通过在企业外的优秀公民行为和因工作原因承受本不应承受的委屈等的行为获得积分。这类积分称为优秀公民积分。

以道为本的激励哲学强调人与社会、人与自然的和谐相处，每个人都是社会中的一员，更是自然世界中的一份子。企业只有与社会、自然和谐相处，才能真正健康和长远地发展。以道为本的激励哲学认为，优秀的员工是优秀产品和服务的最佳保障，因而提倡通过造就优秀员工造就优秀产品和服务。只有能够造就优秀员工的企业，才具有真正的和长远的市场竞争力。要造就一个优秀的人，除了企业的努力之外，社会中其他组织或个人的努力也必不可少。为此，当企业员工在企业之外表现出某种优秀的公民行为时（如孝敬父母、见义勇为等），也可以在企业获得一定的正积分。相应地，当其在社会中做出有损公德甚至违法乱纪的行为时（如不孝敬父母、打架斗殴等），视情节轻重也将扣减一定的积分。

很多人认为企业是一个经济组织，给员工以经济收入，给国家以税收贡献就已经尽到了社会责任。以道为本的激励哲学认为企业不仅仅是一个经济性组织，更是一个人性组织。因为进入企业是大多数人进入社会的第一站，企业是确定其人性色彩的第一个"染缸"。现代社会中，一个人一生中成年时期的大多数时间基本上都会在企业中度过，企业应该承担为社会造就优秀公民的责任，这是积分制中设立优秀公民积分的责任原因。同时，以道为本的激励哲学的基本逻辑是通过造就优秀的员工来造就优秀的产品和企业。一个优秀员工的造就不仅在企业中，还要在家庭和社会中，因此，当一个员工有优秀的公民行为表现时，企业本身是一个受益者，应该对家庭和社会对这个员工的培养进行回馈。这是积分制中设立优秀公民积分的直接收益原因。另外，企业对员工优秀公民行为的奖励一定会得到社会相关人员或组织的赞赏，这对企业形象的宣传和建立有直接好处，这是企业设立优秀公民积分的间接收益原因。

还有人认为，"我不想做雷锋，我只要达到企业对我的要求就可以了，设置优秀公民积分对我不公平"。在民主社会，从个人选择的角度讲，这种认识不能说错，但对于一个优秀组织对员工的要求来说，这样的要求就太低。优秀的企业由优秀的员工组成。我们有理由相信，一个对自己的父母和亲人都不好的员工，怎么可能对企业忠诚，怎么可能全心全意为顾客服务。以道为本的激励哲学是为追求优秀和卓越的企业准备的。无数的事实也证明，所有优秀的企业都有大批深具社会责任感的优秀员工。因此，设计优秀公民积分是完全必要的。

由于优秀公民行为的含义太广，认定难度较大。为保证公平，企业只对受到政府和法定社团认定和表彰的优秀公民行为（如员工本人或其直系亲属获得政府的见义勇为认定，家庭被评为社区的五好家庭，孩子被评为学校级以上的称号或奖项等）进行积分奖励。对于无法认定其真实性的优秀公民行为，员工将无法得到积分奖励。

社会中也有对优秀的公民行为进行奖励的机制。企业对员工优秀公民行为的奖励只是从企业的角度进行鼓励和弘扬。奖励的数额可以根据企业的实际情况酌情处理。

通过优秀公民行为积分，企业的社会责任将会自然而然地植入每个员工的心中，企业的社会责任必然能够全面地落实和体现。

## 二、积分规则的制定

积分的规则将由激励的四个主体共同制定，即由一线员工、管理者、股东和外部专家共同制定。

积分制度是一个集体契约。在规则制定过程中，每个人都是具有主体性的个体，都可以发表对规则的看法并参与讨论和投票。在所有人都充分发表意见的基础上，所有人集体对每一条意见进行表决，超过三分之二以上的条款进入积分规则。股东和外部专家对有损股东利益或社会利益的条款有一票否决权。但对员工提出的合理条款不得否决。积分规则包括哪些项目可以积分、每个项目分值的大小、获得积分的标准、评判权限规定及投诉和仲裁等。

规则制定后，形成正式契约，所有员工在规则文本上签字确认，以示遵守。一定周期后，可以对规则进行修订，此时所有人再次行使自己的主体性权利，重新进行讨论和投票。

由于参与主体的广泛性，积分规则可以充分代表和平衡各方面的意见，同时，由于外部专家的参与，可以保证各种意见的公正性和先进性。由于程序的民主性和公平性，各方面的利益都得到尊重和平衡，使规则成为每个人为自己制订的准则，必然能得到认真地遵守。这样的规则，必然能激发大多数人的积极性，推动企业健康和谐发展。

## 三、积分的获取

与一般企业由管理者给员工打分不同，积分制中的多数积分都是员工给自己打。积分的获取首先由员工按标准打出，然后向其直接上级管理人员提出申请，直接上级管理人员无异议后上报人力资源部主管人员，按规定公示无异议后即可获得。

根据以道为本的激励哲学，每个人都具有主体性，都应该为自己的行为负责。取得业绩时如此，工作失误时也如此。积分规则制定后，每个员工都知道自己的行为是否可以计分，计多少分。当出现计分事项后，员工在当班工作结束前找自己的直接领导申请确认，无异议双方签字确认，有异议按规则中的争议处理办法处理。班后由班组领导将本班所有已确认积分报人力资源部积分考核组，积分考核组按规定办法进行公示，公示期满无异议后计入员工积分库。

上述程序中正分要申请，负分也要申请。如果员工不主动申请负分，被其直接领导发现后要加倍扣除积分。如被直接领导以上的管理人员发现，直接责任人扣四倍积分，其直接领导连带扣相应积分。如没有管理人员发现，但被其他员工举报，经查实后扣当事人四倍积分，同时对举报人以相应的积分奖励。通过上述机制和办法，可以保证员工不会瞒报扣分事项。

连带积分和团队积分的确认分为两种情况。一种需要相关员工申报，与申报事项有关的员工都要在积分申请单上签字确认。为避免联合造假现象，积分制规定如被举报或通过其他途径发现，企业将与所有参与造假的员工解除劳动合同。以高压线保证为获积分而联合造假的行为不会发生。另一种不需要员工申报，积分事项发生后由人力资源部相关部门直接按规定进行处理，或由计算机软件自动处理[①]。

优秀公民积分需要员工提出申请，并出示证明。由人力资源部相关部门对证明核实后进行公示，无异议后计分。

## 四、积分与激励

积分制中，所有激励都可与积分直接联系。激励既包括物质上的，也包括精神上的，从而从制度层面保证了以道为本激励哲学注重物质激励和精神激励平衡的思想。

### （一）积分与收益挂钩的原则

员工每个月所获积分与一定时期内的总积分以及总积分的持续情况可以与员工在企业中获得的各种收益全面挂钩，当然，这些收益既包括物质上的，也包括精神上的。如：

员工月所获总积分将与其月收入直接挂钩；突出事迹总结成文并张榜表扬，服务事例进入企业案例库，创新以创新者的名字命名；排名前列的进入荣誉榜并上墙展示；进步达到一定标准的发贺信；优秀公民行为给家庭及所在社区送感谢信及慰问金（品）等。

员工半年或全年所获总积分与其半年或全年奖直接挂钩。年度总分最高的员工进公司年度积分榜，制做宣传材料进入企业宣传册和企业展览馆。连续三年总积分最高发放特别贡献奖，通过媒体发布广告公开宣传。连续五年或不连续累积十年成为企业的终身荣誉员工，参与公司分红，为其塑像并在企业展示馆陈列，退休后享受规定待遇等。

员工年所获总积分及单项总积分将与企业年度评优直接挂钩，总积分最高者自然成为年度优秀员工，某单项总积分最高者当然是单项优秀员工。评估结果除张榜公布外，还与培训、商业保险连带等。

员工每月所得总积分及连续各月情况将决定员工岗位级别。每月积分达到规定数量以上，并能连续保持的员工按规定自动晋级，获得

---

① 信息技术的发展为积分制的实施创造了便利的条件。积分的申请、确认和公示都可以在网络平台上进行，一部手持终端就可以解决所有问题，基础数据录入后，相关积分及奖罚都由计算机按大家确定的规则自动计算得出，并不需要更多的工作，当然，网络的软、硬件是需要投资的，但这与积分制取得的效益相比，一般只占很小的比例。

更高一级的工资。如果不能保持，则自动降级。达到一定级别授予星级，享受相应待遇等。

进入管理者岗位要求岗位级别达到一定级别以上，持续时间达到一定要求，且团队积分也要达到规定要求等。

管理者升职要求其直接管理的团队积分达到规定要求。

员工五险一金缴费标准与员工上年度总积分挂钩。

员工的年度总积分达到一定标准可以享受一定额度的商业医疗保险。

员工根据上年度积分可享有不同层次的带薪休假或公司组织的旅游等。

总之，积分可以与任何收益挂钩。当然，由于行业和企业的差异性，每个企业可以根据自己的实际情况灵活掌握。

### （二）激励对象的确定原则

在激励对象的确定上，不同于大多数企业采用定额选拔制，积分制使用资格达标制。定额选拔制是企业首先确定奖励人数的额度，然后再从员工中选择出相应人数进行激励。而资格达标制则事先确定标准，达到标准的最终都可以获得奖励。定额制因在员工中产生竞争，有很强的负作用。如企业决定评选 3 个优秀员工，绝大多数员工会认为与己无关，因而没有起到对他们的激励作用。这样，只有剩余的少数人认为自己可能获评。假设有 10 个人认为自己可能获奖，那么最终一定会有 7 个人没被评上。这些没有获评的人一般都会不服气，感觉评选不公平，就会有情绪。对这 7 个人来说，激励最终不但没有起到正面效果，还起了反面作用。最终当选的 3 个人在高兴之余，为了以后的工作环境，还要安抚其他人的感受，得到奖金一定是要请客的。最后获奖者所获奖励所剩无几，还搞得很累，激励效果到最后往往衰减到很小。积分制则通过资格达标制规避了定额选拔制的不足。因为只要是达到预定标准的，人数不限，都可以得到激励。标准事先已确定，有本事都可以拿到，不会让人产生评奖的不公平感。获奖者也不必不好意思，可以尽情享受获奖的喜悦。因此，积分制可以最大限度地引导最多的受激者向激励目标指向的方向前进。企业还可根据自身实际设置不同数量级别的标准，让认为合理比例的人获奖，直至所有人都可能通过努力获得激励。每个人的天赋生而不同，优秀者只占少数。那些大多数相对不优秀的人在定额选拔制下将长期得不到激励而失去成长的信心和动力。积分制通过让每个人都有机会获奖而激发出每个人具有的潜能，很好地将以道为本的激励目标落实到了企业的具体工作中。

当然，每个企业的情况不同，使用资格达标制也应因企而异。企业应根据自己的特点，确定恰当的使用强度和频率。与定额选择制相比，资格达标制的获奖人数事先无法确定，激励成本也就无法事先确定。因此，使用积分制应合理设计激励的形式和数额。以免因考虑不周而导致激励成本过高而无法承受的情况。在资金有限时，可以适当考虑提高精神奖励的比例，或者确定一定级别获奖者的总金额，每个人的获奖数额根据人数浮动。另外，获奖人数太普遍也会减弱激励的总效果。为保证在获奖人较多的情况下仍获得最好的效果，需要企业经常在激励方式、形式等方面有创新和变化，不断用新方式激发大家前行。

## 五、积分制与量化考核、平衡计分卡等做法或制度的差异

目前，很多企业也采用了与"分"或"积分"有关的做法或考核、奖励制度。虽然这些制度或做法从表面上看与"分"或"积分"有关，但其与本研究提出的积分制激励模式中积分的含义和作用有很大的不同，积分制激励模式与这些做法或制度有着本质的区别。

### （一）积分制与量化考核的差异

量化考核是一些企业将对员工的工作考核结果进行数字化，将员工的工作完成情况（成果）等用分数进行表示，然后再按分数兑现奖惩的一种考核办法。

积分制与量化考核有两个根本不同点。一是量化考核只打分不积分，而积分制的核心是对企业中的每件事在打分的基础上积分，然后通过积分引导大家不断进步，进而促使企业进步。二是计分依据和计分项不同。量化考核是将每个员工应完成的工作计为100分，然后根

据完成的实际情况打一个不高于 100 分的分值。而积分制在只完成公司的标准时是不得分的（0 分，即不加不扣），只有高于企业标准一定程度后才给打正分。只有完成的工作不能达到公司标准一定程度后才扣一定的分数。也就是说，量化考核只有保底线的功能，而没有激发员工创造优异、实现更高标准的导向作用。对于打分项目来说，量化考核一般只涉及员工的本职工作，类似于积分制中的职责积分。从范围上来说，量化考核与积分制相比，打分项涉及的范围小了很多。

### （二）积分制与平衡计分卡的差异

平衡计分卡是一种帮助企业实施战略的管理工具。它以企业战略为导向，通过财务、客户、内部业务流程和学习与增长四个方面及其业绩指标的因果关系，全面管理和评价企业综合业绩，将企业愿景和战略的具体体现量化。平衡计分卡是一个绩效评价系统，更是加强企业战略执行力的战略管理工具。[216, 217]

个人平衡计分卡将平衡计分卡理念引入人力资源管理，形成一种激发个体潜能的方法，是实现个人发展、个人成长、个人绩效的管理工具。它可以提高员工的自我意识、个人责任感和积极性，从而提高企业效率和员工业绩。管理者可以利用个人平衡计分卡训练员工，培养他们的诚信品质，并帮助他们实现个人目标与企业愿景的平衡和工作与生活的和谐统一。[218]

企业平衡计分卡以及由其衍生的个人平衡计分卡都"计分"，但其主要目的是通过量化的管理使抽象的战略具体化。平衡计分卡可以看作量化管理在战略管理上的应用，与积分制在目的、内容等方面均不相同。

### （三）积分制与保险、直销行业销售人员佣金奖励制度的差异

保险和直销业中普遍实施一种以销售额累积为基础的销售奖励制度。在这类制度中，其销售额以数字表示，且不同的累积金额与收入多少直接相关，看似也有点积分制的意思。这类销售激励制度中也有领导奖金[219]（或称管理津贴[220]），以鼓励管理者为下属服务。

王朝晖认为，保险或直销业中采用的这种佣金奖励制度类似于传统的等级工资制度的宽带薪酬制度[220]:10。

因此，保险或直销行业中的销售人员佣金奖励制度虽在某些做法上与积分制考核激励模式相似，但从整体上说，两者在使用目的、使用范围和作用等方面存在着本质的不同。

### （四）积分制中的积分与信用卡（会员卡）积分的差异

银行和其他企业发行信用卡或会员卡，并将用户的使用情况按一定规则换算成积分，用户可以利用这些积分兑换发卡企业提供的某种奖励。

信用卡积分和企业的会员卡积分都是企业对顾客进行绑定的一种营销手段。目的是通过积分吸引用户在同类产品中选择使用自己企业的产品。

信用卡或会员卡积分与积分制是运用于不同领域中的、目的完全不同的两种管理措施。虽然都有"积分"两字，但在积分的使用目的、使用方法等方面是完全不同的两个概念。

# 第二节　积分制考核激励模式的设计原则

积分制激励模式是按照以道为本的激励哲学的思想进行设计的。

## 一、发挥每个人的主体性原则

以道为本的激励模式，强调发挥组织中每个人的主体性。积分制激励通过自定规则、自我考核和对自己负责来保证每个人的主体性都得到充分地发挥。

无论是激励规则的制定还是实施，都要求每个员工的参与。这就保证了对每个员工主体性的尊重。当大家意见不统一时，则按照民主原则和主体间性的思想保证大多数人的诉求。

## 二、造就优秀员工原则

在积分制激励模式下，积分与一个人在组织中的所有收益都直接关联。积分成为引导每个人向经过大家讨论的共同认可的目标前进的推动力。积分制下积分与个人的需求是明确关联的。无论是物质的需求还是精神的需求，都需要通过得到积分来实现。因此，积分，尤其是优秀公民积分让激励成为促使组织中每一个员工积极进步的力量。

员工的优秀公民行为表面上看似乎与企业没有直接关系，但却与员工的心智模式有直接的关系。优秀公民行为积分因可以引导员工的心智模式向更好的方向发展，使积分制成为优化和完善员工心智模式的有效机制。

市场经济过分强调人的自利性、丛林法则下的竞争和效率，忽视人的利他性和公平偏好，过分重视物质利益而忽视精神追求。这造成了激励怪圈、激励综合症、企业社会责任感缺失、社会道德水平不高等众多问题。这些问题的出现，与一个社会普遍的心智模式是息息相关的。企业作为社会的基本细胞，既是一个经济组织，也是一个社会组织；既有经济责任，也要承担社会责任。塑造优秀的社会公民应是企业一种重要的社会责任。其实，塑造优秀的社会公民并不是一种对企业没有好处的奉献，恰恰相反，企业将先成为这一行为的受益者。

积分制通过优秀公民积分及连带积分、团队积分等方式引导员工的行为，让员工在每天的工作中接受更完善心智模式的熏陶，具有类似中国传统文化中修行的作用。因此，积分制使激励成为促使人心智完善的力量，造就优秀员工的能量。

### 三、促人心智成熟原则

在积分制下，企业的所有人时时、事事都在积分，每天下来都可计算自己当天的总积分，衡量自己的总收益，每天的进退都清清楚楚，这便于当事人的总结和提升。这与中国传统文化中利用"功过格"进行修行起到的作用是一样的。如果积分项目是可以滋养人心性成长的，这样日积月累，一个人心性的成熟度就会改善，再加上别人的帮助和自己的努力，能力就会提高。因此，积分制的一个重要作用就是通过每天的积分引导企业中的每个人向大家共同确定的心智模式方向前进。并且，当大家的心智模式成熟度都达到一定水平之后，由于积分规则是不断改进的，通过积分规则的改进，企业的整体心智模式也会不断发展和优化。形成个人心智模式与企业心智模式相互促进、不断进步的良性状态。

心智模式变化和成熟了，人的需求、个性和人格也会相应地发生变化。人们对激励的认识和看法就会跟着发生变化。如一个员工由于孝敬父母受到越来越多人的认可，感受到亲情的快乐、满足企业给他的积分奖励等其他的现实收益，他可能会把孝敬父母当作获得快乐的途径而成为自觉的行为。这时他的心智模式就改善了，成了一个更加成熟和优秀的人。此时，他可能会因为同理心——"老吾老以及人之老"而更加尊敬比自己年长的同事或顾客，他服务同事和顾客的意愿就会增强。这时的服务意愿已不再是为了获得积分奖励的功利行为而成为一种自觉行动。从激励理论的角度看，他对相同的激励手段的认识已完全不同了。由于这种变化是向着更美好人性的变化，是企业希望看到的变化，企业的产品或服务的品质会因此变得更好，企业的经济效益也应该①会更好。这样，积分制激励模式就可以通过造就更优秀的员工实现更好的经济效益。当然，企业仍会对员工这种更优秀的行为以积分奖励，以促使其持续向更优秀方向努力。如此相互促进，心智模式不断优化的良性循环可以形成。这就是积分制激励模式的作用机理。

## 四、贯彻契约精神原则

规则制定后，就成为集体的契约、共同的承诺——不是听领导的而是听包括自己在内的集体的。所有人在集体契约面前，都是集体意志的"奴仆"。[141]:36

有了集体的契约，每个人实际上是在自己考核自己，自己对自己负责，自己决定自己的收入，因为每一积分都要通过自己的努力才能得到。这时，每个人一天工作下来，都可以清晰地计算出自己得了多少积分。也就基本知道了自己一天的收入（或收获）。每天下来，自己可以和自己对比，看看是进步了还是原地踏步。当进步可以被明确地

———————————

① 由于企业的经济效益受众多因素影响，某个因素无法完全决定，因此这里用应该，是指在其他条件相同的情况下，具备这个条件的企业会在竞争中胜出。

识别时，更容易激励人继续努力。经常进步，日积月累，就会越来越优秀。

如果有员工止步不前甚至倒退，可能是这个员工遇到了困难，需要帮助。这时管理人员要主动了解原因，对其进行服务（关心、帮助和辅导等）。如是能力不足，就通过培训传授知识，传递经验。如是心态出现变化，及时进行关心和疏导，帮助他重新获得正确的心态。如是遇到了自己无法克服的重大困难，则通知企业相关机构甚至社会公益组织进行帮扶，帮助员工恢复到正常的生活轨道。这样，就可以通过管理的服务职能弥补员工个人自我管理能力不足的问题。通过管理帮助，让每个员工都拥有足够的自我管理能力，并不断良性发展。

## 五、保证公正公平原则

激励中最经常遇到的问题是公平问题。曾仕强对中国企业实施激励引起的不公平进行了生动的描述："激励都会有一些规定，然后配合奖惩，以资增强效果。中国人相当机灵，马上动脑筋，全力做到符合规定，这时真的假的、半真半假的、亦真亦假的，都派上用场，弄得考核的人头昏脑胀，很不容易分辨清楚，以致每次公布结果，大家都觉得不公平。这样一来，大家愤愤不平，徒然把激励的效果抵消了，有时还会引发一些反效果"[86]:7。他还用图4.1表述了员工有不公平感时引起的不良效果。

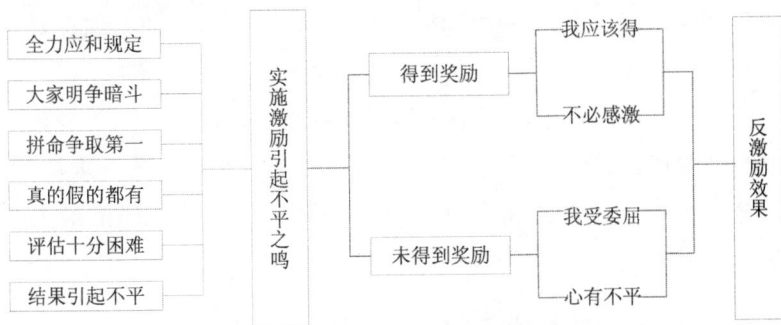

**图4.1 激励不公感产生的原因及产生反效果的机制**

资料来源：曾仕强，刘君政.最有效的激励艺术[M].北京：北京联合出版公司，2011.第7-9页.由其图1-3和图1-4综合。

　　曾仕强所描述的情况在传统激励下经常会发生。解决这个问题，积分制是很好的办法。

　　由于积分项和积分规则是大家共同参与制定的，非常清晰明确。所以不会出现员工违心迎和规定的问题。只有管理者制定规则，员工实施规则时才会出现员工违心迎和规定的情况。

　　在积分制中，每个员工都有很多积分的途径和机会，因为为顾客和同事服务的机会永远存在。因此不需要暗斗，只需要光明正大地用自己的能力和意愿去拿到自己应得的积分。

　　在积分制中，积分是要靠每天一点一滴的积累来获得的。积分制事事都要考核，时时都在积分。要成为第一，需要每个人靠一件事一件事地努力和一天一天的积累才能实现。如果因工作失误被扣分，还可以通过多挣积分将过失弥补过来。因此，积分制中的积分是用贡献和实力铸就的，而不是凭领导的主观印象决定的。不需要去向领导争功，只能靠贡献和实力去拿。

　　积分制还承认每个人的天赋不同和能力差异，只要有进步和超越自己的态度和成果，一样可以拿到积分。对每个人来说，不是要拿到绝对的第一，而是要拿到让自己最满意的成果。虽然最终绝对结果还存在差异，但由于每个积分都是通过公平公正而获得的，就不会存在做假或评估困难的问题，其他员工也就不会产生不公平感。通过积分制的实施，将在组织与员工间形成公平、公正的心理契约，减少员工的不公平感，真正在组织中形成"比、学、赶、帮、超"的良好竞争氛围。

　　当然，要在组织中达到绝对的公平也是不可能的。因为少数服从多数的民主形式只保证了大多数人的诉求，仍有少部分的诉求被忽略。但积分制保证了市场经济条件下及组织环境中可能实现的最大公平度。

## 六、鼓励创造卓越原则

　　市场经济条件下的企业都要参与市场竞争，要在同类企业中胜出，需要有比竞争企业更高的作业标准和更低的成本。在知识经济时代背景下，创新是企业在竞争中胜出的最重要手段。如何保持比竞争对手更高的标准，甚至通过创新创造更新的标准，仅仅依靠企业中的精英是不够的。成功企业的实践证明，一线的工作人员也具有很强的创新能力。

积分制通过职责积分鼓励和激发全员创造更高标准和创新的积极性。在积分制模式下，只达到标准并不能得分，只有超过标准才能得分，并且这种积分是受到明确的法定契约保护的。如果没有积分制，由于没有明确规定，员工的超标准工作行为是否能得到奖励具有不确定性。比较而言，积分制更能促进员工创造卓越和不断创新。

积分制下，在对超标准进行奖励的同时，对于达不到公司标准的行为要进行相应的处罚。这种减分的处罚能够保证企业操作水平的底线。

## 七、帮助他人进步原则

俗话说：尺有所短，寸有所长。组织中的每个员工都有不同的优点和不足。因此优秀与不优秀都是相对的。如果能让员工的优秀得到传播，让员工的不足得到改正，那么每个员工都会取得进步，从而帮助企业取得进步。但是如果没有一种让大家有主动帮助别人进步或改正不足的动力机制，则这种行为很难在企业中自动发生。积分制通过连带积分来建立这种机制，让帮助别人的人可以从被帮助者的进步中获得积分奖励。因此可真正将"传帮带"的理念落到实处。

知识经济时代强调知识的传承和交换。不过，由于组织中的很多知识是隐性的，很难或无法有效传播。对于这样的知识，只能通过知识持有者的示范和手把手地教。在没有有效机制的情况下，拥有隐性知识的员工可能持知识而自傲，将这些隐性的知识作为提高自己身份的筹码。一般不会主动去教授给其他员工。积分制从机制上则可能解决这个问题。因为将知识教给徒弟则可以得到切实的好处。因此，积分制可以促进企业隐性知识的传播和创新。

连带积分还让管理者的管理责任落到实处。很多管理者都是因为在一线工作时技能突出而受到提拔。但是，成为管理者后将脱离一线生产。一些保守的管理者为了保证自己的地位不被下属超过，不敢或不愿将自己在一线时的优秀经验传递给下属。在现实企业中，这种现象十分普遍。在积分制中，由于可以从下属的成长中直接或间接得益，将促使管理者更情愿将自己的优秀经验或技能传递下去。

每个人的优秀都可能是暂时的。积分制保证被帮助者更优秀后仍要感恩以前对自己的帮助者。于是，帮助别人优秀才是最大的优秀将成为一种组织氛围，优秀者帮助暂时的落后者就会成为一种文化和习惯。

## 八、重视团队精神原则

一个人的能力总是有限的，只有整体团队的力量才是无穷的。但是如何才能建设一个优秀的团队对企业组织来说始终是一个难题。因为每个人都有各自的特点和需求，要保证团队中每个人的需求一致几乎不可能。

积分制通过积分作为中介，让团队成果成为可以影响个人需求满足的主要途径，成为满足个人需求的力量之源。此时，要有团队精神不是企业对个体的要求，而是个体为满足自己需求而产生的强烈动力。

积分制通过机制力量让团队精神成为每个员工的需求满足手段。如此，团队精神将成为每个人的力量。

## 九、引人自评自励原则

积分制通过一系列具体的操作手段希望达到的目标与以道为本的激励哲学的目标是一致的，即通过造就优秀的员工造就优秀的企业。员工优秀了，企业的产品和服务可能更优秀，企业的经济效益可能更好。与一般企业直接追求经济利益的思路不同，积分制在这个过程中增加了一个中介因素：造就优秀员工（参见图4.2）。优秀业绩从长期来看是由优秀员工创造的。因此，积分制激励模式透过表面抓住更本质的因素，因而更可能赢得根本性的成功。

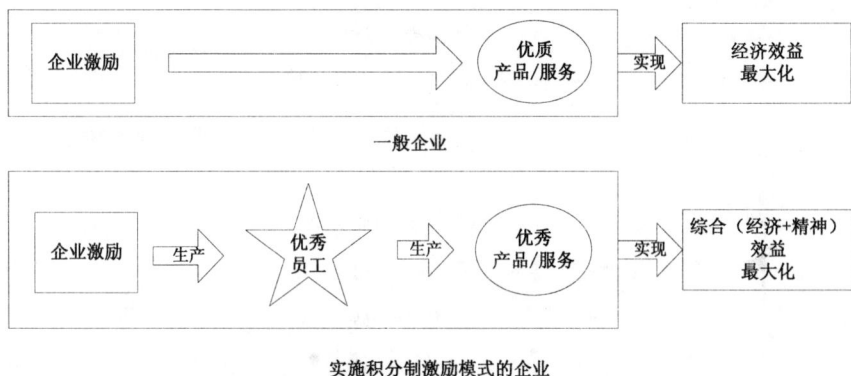

一般企业

实施积分制激励模式的企业

**图 4.2 积分制激励模式通过造就优秀员工实现激励目标**

资料来源：作者整理。

# 第三节 积分制考核激励模式的实施程序与方法

根据积分制设计原则，积分制激励模式在实施过程中注重发挥每个人的主体性，强调整个过程中心理契约的建设和管理。

积分制的实施过程如图 4.3 所示。

积分制在实施过程中，首先应设置专门机构进行专门管理。积分制牵涉全员利益，是决定企业生存和发展的根本制度，应该设立专门的机构对其进行管理。同时，因积分制所涉工作均可由各部门已有各类人员完成，加上计算机软件的辅助，在员工人数不多、业务环节不太多的情况下，并不需要增加专门人员，只需将专职机构相应的工作内容加入兼职者的岗位职责即可。当然，如果企业人数众多、业务复杂，也可设置专人或专门部门对积分制的实施和定期优化进行管理。积分专门管理机构的人员一般应由企业股东代表、管理人员代表、员工代表、外部专家，即激励的四个主体的代表组成。

```
                        ┌─────────────────┐
                        │   成立专门机构    │
                        └─────────────────┘
                                 │
  ┌──────────────┐      ┌─────────────────┐      ┌──────────────┐
  │  全员意见征集  │◄────►│   文本初稿形成    │◄────►│  外部经验借鉴  │
  └──────────────┘      └─────────────────┘      └──────────────┘
                                 │
  ┌──────────────┐      ┌─────────────────┐      ┌──────────────┐
  │     全员      │◄────►│    征询意见      │◄────►│   外部专家    │
  └──────────────┘      └─────────────────┘      └──────────────┘
                                 │
                        ┌─────────────────┐
                        │    修改成稿      │
                        └─────────────────┘
                                 │
                        ┌─────────────────┐
                        │    契约达成      │
                        └─────────────────┘
                                 │
                        ┌─────────────────┐
                        │      试行        │
                        └─────────────────┘
                                 │
                        ┌─────────────────┐
                        │    经验总结      │
                        └─────────────────┘
                                 │
  ┌──────────────┐      ┌─────────────────┐      ┌──────────────┐
  │     全员      │─────►│    修改完善      │◄─────│   外部专家    │
  └──────────────┘      └─────────────────┘      └──────────────┘
                                 │
                        ┌─────────────────┐
                        │    正式实施      │
                        └─────────────────┘
                                 │
                        ┌─────────────────┐
                        │    定期优化      │
                        └─────────────────┘
```

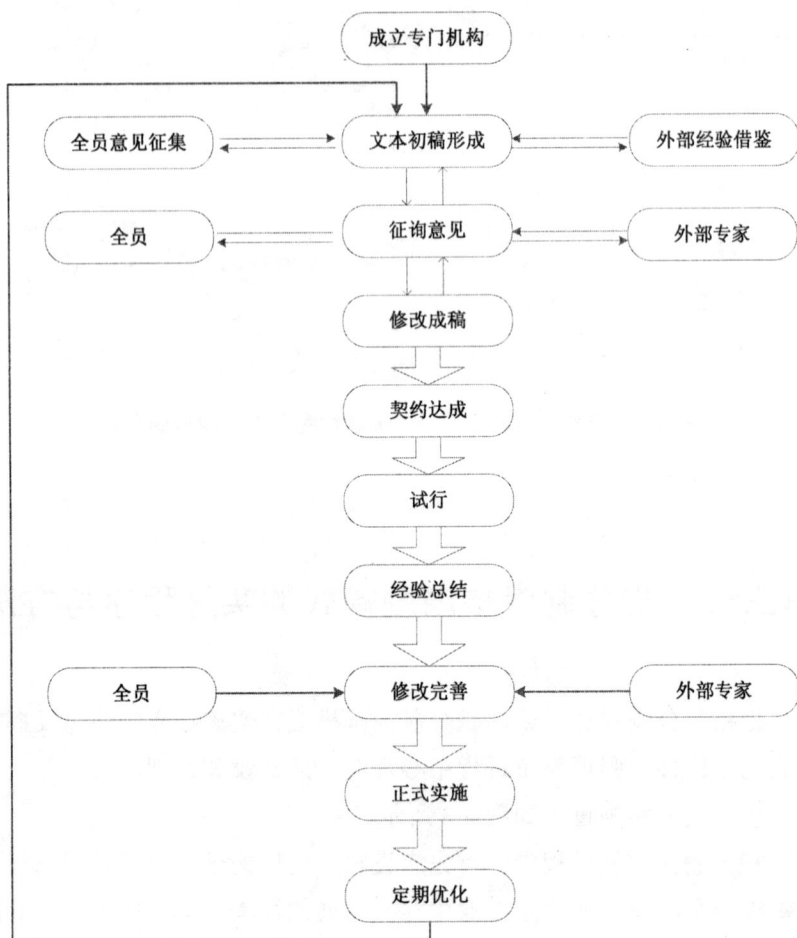

图 4.3　积分制实施过程

资料来源：作者整理。

## 一、积分项目的确定

积分项目的确定是积分制实施的基础。确定积分项目总的原则是企业（全体员工的集合体）提倡或鼓励的行为给正分，企业禁止或不提倡的行为给负分。

具体实施时，可由专门机构在外部专家帮助下拟定出对积分制激励模式的说明，在全公司进行宣传，让每个员工都明白积分制的内涵、目的、意义、与个人的关系。宣传达到效果后开始全员征集具体意见，方式要多种多样，让每个激励主体都能以最方便的方式表达自己的意见。所有意见都要以合适的方式公示。然后由外部专家进行整理。最好所有意见都有回馈，未被采纳的条款要给出合理解释并公示。有不同意见的员工可以充分表达，与专家组讨论后能够达成共识的按共识决定是否保留。达不成共识的可作为保留意见供员工大会投票决定。对于有充分理由可以证明可能损害股东利益的条款，全体股东具有一票否决权。对于有充分理由可以证明可能损害社会利益的条款，外部专家具有一票否决权。对于明显损害员工利益的条款，员工可以通过投票，超过半数以上员工通过则可否决相关条款。

意见征询充分后形成试行稿。经申请或指定，在试点部门进行一定期限的试行。

试行中出现需要修订的问题时，仍要经过充分的讨论、公示和投票程序。最后形成正式文稿，由所有员工及股东和外部专家签字后生效，正式实施。

由于外部环境变化和企业自身变化，积分制度应定期修订。修订过程与制定时基本相同。因为有了基础和经验，修订的效率会更高。

## 二、积分分值的确定

积分分值的大小主要由积分事项影响的范围和程度确定。可以参考表 4-1 所列出的标准。

表 4-1 中的价值仅是一个参考。什么样的积分分值最合理并没有严格的标准，企业可以根据自己的实际情况灵活制定。

## 三、积分的确认

员工获取积分需要自己申请。在流程上非管理人员和管理人员略有不同。

### （一）非管理人员

非管理人员的工作职责和标准相比于管理人员来说更明确具体。非管理人员的积分获得需要得到其直接上级的签字确认。连带积分、团队积分、优秀公民行为积分还需要积分事项涉及的相关人员签字认可。

1. 积分申请和认定

员工达到积分规则中的可积分标准时，需要填写积分申请单，按规定填写相关内容后找直接主管签字认可。

表 4-1　积分分值确定原则参考标准

| | 标准 | 分值范围 | 实例 |
|---|---|---|---|
| 影响范围 | 本岗位或本岗位服务的对象 | 1～5 | 某员工对本岗位的技术或服务进行了革新<br>某员工因个人失误生产了次品 |
| | 本部门或本部门服务的对象 | 6～15 | 某员工优化了部门的某个工作流程<br>某员工被本部门员工投诉不配合工作 |
| | 本公司或公司服务的对象 | 16～35 | 某员工创立班组管理法<br>由于某员工的错误造成顾客向公司投诉，并产生对公司形象的影响 |
| | 社区及以上的社会公众 | >36 | 某员工在社会上见义勇为、成为敬老模范等，在社会上形成较大的正面影响。 |
| 影响程度 | 轻微 | 0～10%的分值 | 影响 3 人以内 |
| | 较严重 | 11%～50%的分值 | 影响 4～20 人 |
| | 严重 | 51%～90%的分值 | 影响 20～100 人 |
| | 非常严重 | 91%～100%的分值 | 影响 100 人以上 |

注：以上影响包括正面影响和负责影响。
资料来源：作者整理。

2. 公示

管理人员每天在规定时间内将所辖员工提交上来经过自己确认的积分申请单交人力资源部相关人员。人力资源部在核实后以规定的方式在规定的地点进行公示。

3. 争议和举报

如果直接主管不认可员工积分，员工有异议时可以提交人力资源部或其直接主管的上级申诉。

公示后如有异议，人力资源部负责核实。并根据核实结果处理。

任何员工都可以对积分认定中的不合理或造假进行举报，举报属实给予举报人相应的奖励。

### （二）管理人员

与非管理人员相比，管理人员的积分内容多一类与管理工作有关的积分。

管理人员的积分可以分为两大类：一是完成本职岗位具体事务性职责所得的积分，这类积分与非管理人员是一样的。二是通过管理工作从所管团队所得的以连带积分为主的积分。

1. 积分申请和认定

（1）具体事务性职责积分

这一类积分的申请和认定程序与非管理人员相同。积分事项发生后，由本人填写申请单，积分事项涉及其他员工或管理者的，申请单上需要相关人员的签字，报直接上级签字认定。

（2）管理积分

这一类积分由人力资源部人员根据规定统一计算。

2. 公示

管理人员所得积分也要按规定在规定时间、规定地点、以规定的方式进行公示。

3. 争议和举报

与非管理人员的处理原则相同。

## 四、积分与激励措施

前面的程序是打分的过程。打完分数后还要积分。打分只完成了考核的量化，积分与激励的挂钩才是积分制更核心的部分。

积分类似于中国道家和佛家修行人和我国民间所使用的"功过格"。积分每天落实的过程就是每天对员工心智模式进行塑造的过程。员工为了满足自己的需求，需要得到积分。就会去做积分项要求的事。积分项就成为可以引导员工行为的力量。如前所述，由于积分项是全体员工集体提出并经过专家把关的可以造就优秀员工的条款。因此，因为积分制的采用，员工的心灵每天都会受到正面能量的滋养，心智模式就会逐渐优化和提升。这个过程如图 4.4 所示。

为了保证积分制上述作用的实现，积分应该与针对员工需求的激励措施结合起来。因此，在积分制的具体激励措施制定中要充分考虑到员工的主导需求。应逐步引导，不能操之过急，因为每个人的成长都需要一个过程。否则可能事倍功半。

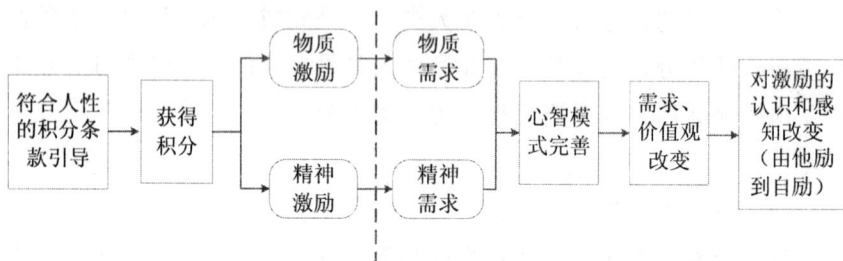

**图 4.4    积分制影响心智模式的机理**

资料来源：作者整理。

## 五、积分制考核激励模式的优化与完善

事物及其环境总会处于不断的发展或变化之中，以道为本的激励模式也是如此。因此，企业应定期（通常为一年）对积分制考核激励模式进行优化和完善。

随着积分制激励模式的实施，企业员工的心智模式会逐渐改善和优化，这时就需要对积分项目等进行相应的调整，以适应员工新的需求。

新员工进入企业后，在接受企业心智模式的同时也会带来新的心智模式，企业应重视这些新的思想，使其中的优秀因子尽快融入企业中，促进企业的共同心智模式的发展和成熟。

以道为本的激励模式在优化和完善过程中仍尊重每个人的主体性，仍强调心理契约的形成过程。

# 本章小结

彼得•斯科尔特斯认为主管最大的无知，乃是自以为能激励别人。想激励别人的想法，只会使事物变得更糟[221]:序言5。斯科尔特斯的话点明了传统激励（他励）的错误导向及可能产生的危害。曾仕强也曾对这个现象进行过描述：激励中施激者站在为己得利的立场，凡事都要激励，很容易掉入"讨好"员工的陷阱。结果把员工"宠坏了、惯坏了"，时时等待着激励、事事期待激励，把员工的价值观扭曲了，等于害了员工[86]:12。

因此，基于他励的激励目标和方式不能实现其所希望实现的目标。

理想状态下，每个正常人都具有主体性，都有追求神圣人性的本能。从本质上讲具有理想人性的人是不需要他人（外部力量）来激励的。但是，现实中人类的文明程度与理想状态还有很大的差距，生存环境的不文明让许多人的人性改变了色彩。因此，最好的激励应是能使人性回归正确方向的激励。一旦员工的人性完善程度达到一定水平，就不再需要外部的他励而可以实现很好的自励，成为优秀的员工，真正实现激励希望达到的目标。

人的身体成长有一个从小到大，逐渐成长、成熟的过程。人的心智模式（心性）也一样。在成长过程中需要比自己更成熟的人引导和帮助。激励可以是这样一种成熟帮助不成熟、优秀者帮助暂时不优秀者的方式和手段。这种帮助的本质是要激发出每个人本性中的神圣性。

企业改变不了社会大环境，但有可能塑造一个更符合人性的小环境，让神圣人性重放光彩。积分制激励模式通过大家共同设立的激励目标和机制，通过积分这种与个人需求紧密结合的推动力量，让每一个暂时还不成熟的人认识到自性，从而不再需要外力推动，就能在自身神圣人性的指导下做一个优秀的人（自励），这时，外部力量的作用已不重要，每个人自己心中对神圣性的追求成为最大的动力。根据传统的激励定义，此时已不需激励。

# 第五章　积分制考核激励模式实施效果的实验检验

本章通过现场实验的方法对以道为本激励模式的实施效果进行检验。

## 第一节　方法选择

谭劲松将研究现象（问题）比喻为钉子，把研究方法比喻为榔头。认为要根据不同的钉子挑选不同（最合适）的榔头。[222]

社会科学中研究现象之间相互关系的实证方法主要有实验法和相关分析法。实验方法是一种重要的实证方法，社会人假设就是通过著名的霍桑实验得出的。

实验方法是一种能够让研究者探索因果关系的观察方法[223]:222，是社会学研究中的一种重要的实证方法。袁方教授认为近几十年来，社会科学家越来越认识到实验对于学科发展的重要性[224]:362。经济学家 Vernon L. Smith 早在 1962 年就强调要用实验方法对已有的经济理论进行检验，认为一项未经实验的理论仅仅是一种假说。[225]保罗·萨缪尔森（Paul A.Samuelson）认为，一种发现经济法则的可能的方法就是通过受控制的实验。[226]

由于社会研究对象的性质与自然科学研究对象的性质存在着相当大的差别，常常不可能像自然科学那样，在实验室中严格地控制各种条件来进行实验。如萨缪尔森所说："不幸的是，经济学家不容易控制其他重要因素，因此无法进行类似化学家或生物学家所做的实验。他们一般只能像天文学家或气象学家一样借助观察的手段"[226]。因此，社会学研究很多情况下只能进行准实验研究。准实验方法就是没有严格地进行指派和严格控制实验刺激的实验方法。它通常不是在纯粹的实验室环境中，而是在研究现场进行，它们常常依据现场的条件和可能性来设计实验方案，并对纯粹的实验设计加以简化。[224]

准实验与实验的主要区别是准实验没有随机分配实验对象到实验组和控制组。[227]:179 这就使准实验的效果受到影响。有些学者因此认为准实验没有严格地执行实验方法的准则，不是科学的实验。袁方等多数学者则认为，科学并不仅是以纯实验为起点和目的的，科学的发展必须利用现实所能提供的手段和技术，而不能等待完善的方法产生以后再进行研究。同时，实验设计本身也是一个从无到完美的不断发展过程。认为目前社会科学的实验已基本具备了科学方式所要求的条件，尽管它并不总是能检验或建立因果关系，但这种"准实验"能检验相关关系并能发现新的事实[224]:380。另外，准实验也有其优势，它能够让研究者在现场灵活地协调和控制实验对象，按照其实验过程的自然结果来推断最接近真实的答案。[227]:179

可见，准实验是一种介于观察研究和实验研究之间的研究方法。在企业情景下无法进行严格的实验研究时，准实验可以作为一种选择，来帮助研究者做有效的推论。但是，由于准实验无法控制不可预计的环境因素，因而，准实验的结果不能断定为因果关系，只能得出比一般观察研究更有效的建议和更强的推论[227]:183，为今后更精确的研究奠定基础。

本研究探索的问题是提出一种新的激励哲学，并假设这种新哲学的实践效果要好于原有的。为了对这个假设进行检验，本研究在新哲学的指导下开发出具体操作模式。通过对新激励模式实施效果的检验，可以推论假设是否正确。根据这个目标，现场实验是适合本研究的验证方法。

# 第二节　实验设计

根据研究要求和现实的实验条件，本实验采用两组前后测实验设计（又称典型或传统实验设计）。实验原理如表 5-1 和图 5.1 所示。

表 5-1　两组前后测实验设计

|  | 前测 | 实验刺激 | 后测 |
|---|---|---|---|
| 实验组 | $Y_1$ | X | $Y_2$ |
| 控制组 | $Y_3$ |  | $Y_4$ |

资料来源：袁方，王汉生. 社会研究方法教程[M]. 北京：北京大学出版社. 1997.第 370 页.

因变量 Y 采用目前衡量激励效果最常用的变量：整体工作满意度和敬业度，自变量（实验刺激）X 为积分制考核激励模式的实施。

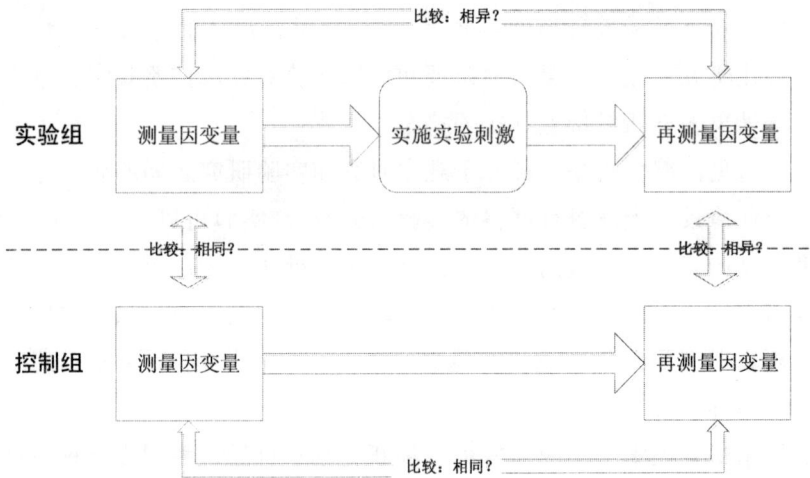

图 5.1　两组前后测实验设计

资料来源：艾尔·巴比. 社会研究方法[M]. 第十一版. 邱泽奇译. 北京：华夏出版社. 2009. 第 225、233 页.

两组前后测实验设计的优点：一是通过实验不仅可以确定自变量的影响，而且可以排除外部因素的影响。二是可以排除前测造成的某些干扰影响，因为受试者在第二次填答问卷时，由于前测时对题目有所熟悉和了解，可能导致后测的结果优于前测。两组前后测实验设计中因两个组都同样受这个因素的影响，因而不会影响实验的内在效度。[224]:370

两组前后测实验设计的不足是受试者经过前测后可能会对自变量的引入产生敏感而影响到后测的真实意思表达。虽然这样不会影响实验的内在效度，但可能影响和降低实验的外在效度[224]:370-371。

## 一、实验刺激（自变量）和因变量

根据 Locke 的激励整合模型（见图 2.3），激励模式将对受激者的满意度产生影响。因此，本研究将满意度作为因变量。同时选择另一个能反映员工工作努力程度的构念——敬业度作为本研究的第二因变量。

本研究的实验刺激（自变量）为以道为本的激励操作模式——积分制考核激励模式的实施。

## 二、实验对象

本实验以地处山西省晋中市的两个各方面条件都很类似、生产相同产品的企业 A 和 B 为实验对象。

企业 A 和 B 分别是山西某大型煤业集团 M 下属的 S 矿和 T 矿的配套选煤厂。两个厂设计产量相当。A 厂 2009 年外包给一家国有大型企业的民营子公司 C 运营，B 厂 2007 年外包给一家由中国人实际控制的外资企业 D 运营。外包后两家企业组织结构图（见图 5.2）和员工人数（100 人左右）都基本相同。两家企业的一线员工均来自于发包企业员工、企业所在地的村民和承包企业的派遣员工，三类员工的比例也大致相同。

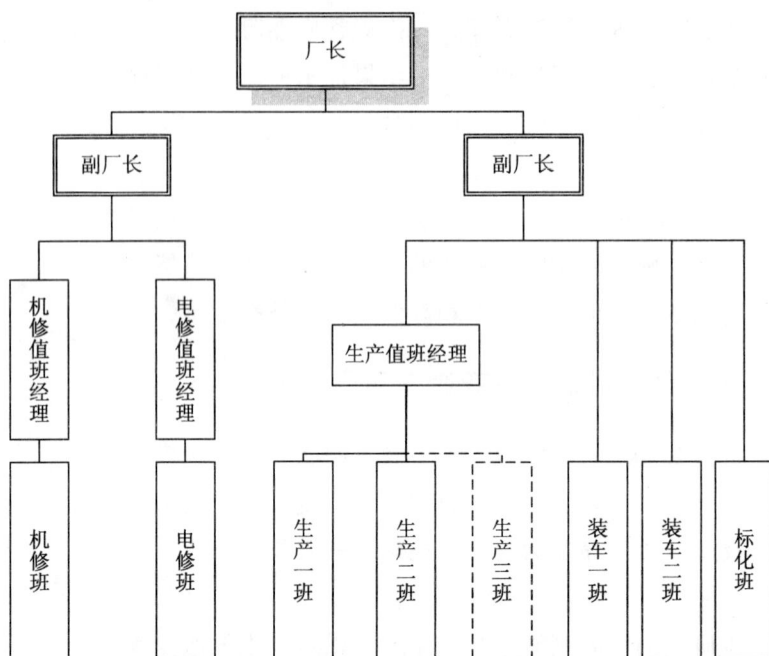

**图 5.2　受试企业组织结构图**

资料来源：作者整理。

　　两个企业在实验前均采用"岗位工资＋绩效工资"的西方传统激励模式，激励方式基本相同。

　　两厂的主要不同在地理位置、薪酬水平和员工在本企业的工作时间。B 厂位于所在省的一条主要高速公路附近，交通比 A 厂相比略为便利，B 厂所在地居民生产水平略高于 A 厂所在地。由于 D 为外资企业，规模大于 C 企业，B 厂员工的平均薪酬一直处于行业内领先水平，远高于企业所在地的平均收入水平（约高 10%左右）。A 厂实施略高于企业所在地平均收入水平的薪酬策略（约高 2%左右）。实验前 B 厂员工的平均薪酬约为 4000 元/月，A 厂员工平均薪酬约为 2500 元/月；由于 B 厂的承包时间较长，B 厂员工在目前企业的工作平均年限高于A 厂。

　　实验选择 A 厂为实验组，在 A 厂实施积分制考核激励模式。

B 厂为控制组，仍延续原有激励制度。

## 三、实验假设

本研究假设积分制考核激励模式比西方主流激励模式有更好的激励效果，反映为员工敬业度和整体满意度更高，因此，本实验的假设为：

积分制考核激励模式的实施（实验刺激）将提高员工的敬业度和工作满意度。

证实上述假设需要验证以下两个假设：

假设 1：实验前后，实验组员工的工作满意度和敬业度提高。

假设 2：实验前后，控制组员工的工作满意度和敬业度不变。

假设 1 是实验假设成立的必要条件，只有这一个假设成立还不能证明实验假设的成立。只有假设 2 同时成立，才能有效证明假设 1 的变化是由于实验刺激引起，而非其他原因引起，实验假设才能成立。

为了进一步证实实验刺激的效度，本研究进一步提出第 3 个假设：

假设 3：实验后，实验组员工的工作满意度和敬业度高于控制组。

由于本实验的实验组和控制组企业是两个相互独立的不同企业，虽然有内外部环境等诸多相似之处，但两企业在实验开始前的初始状态不完全相同，表现为员工敬业度和工作满意度的前测值可能不同。因此，本研究将通过实验组与控制组前测结果对比和后测结果对比，对实验刺激的有效性的效度进行进一步的证实。

## 四、测量量表选择

目前已有很多成熟的工作满意度量表，如保罗·斯佩克特（Paul E. Spector）的工作满意度调查问卷（Job Satisfaction Survey，JSS）、明尼苏达满意度问卷（Minnesota Satisfaction Questionnaire，MSQ）、艾恩森等编制的工作满意度通用量表（Job in General Scale）、泰勒和鲍勃（Taylor & Bowers）编制的整体工作满意度量表（Overall Job Satisfaction）、奎因和谢泼德（Quinn & Shepard）编制的工作满意度通用量表（Global Job Satisfaction）、施里海姆与楚（Schriesheim & Tsui）

编制的工作满意度指数（Job Satisfaction Index）等[228]:4-16。

本研究的满意度量表选用了斯佩克特的工作满意度调查问卷（JSS，见附录 A 中的表二）。因为笔者对上述量表进行对比后，认为 JSS 的结构维度与问题都与本研究最契合，且问题的表述较易被受试者理解，有利于测量工作的顺利进行。

JSS 由 36 道题组成，描述了工作的九个方面，每个方面 4 道题。九个方面包括：报酬、晋升、管理者、利益、偶然奖励、操作程序、同事、工作本身和交际。量表采用李克特 6 点量表[229]。布劳（Blau）1999 年证明量表的 α 系数为 0.89[230]。2004 年阳志平等学者将其译成简体中文[228]:14-15。2007 年周月清等台湾学者将其译成繁体中文。

对敬业度的测量目前也已有很多成熟的量表，如盖洛普公司（Gallup）的 $Q^{12}$ 问卷、萧菲立（Schaufeli）和贝克（Bakker）的敬业度量表（The Utrecht Work Engagement Scale，UWES）、国际调查研究（International Survey Research，ISR）的敬业度量表、翰威特公司（Hanwitt）的敬业度测量模型、宏智公司（Development Dimensions international，DDI）敬业度量表、韬睿公司（Towers Perrin）的敬业度量表等[231]:28-33。

本研究的敬业度量表选用了盖洛普公司的 $Q^{12}$ 问卷（见附录 A 中的表一）。虽然有学者认为实践领域多采用 $Q^{12}$，学术研究领域多采用 UWES[232]:46。但笔者对比两个量表后发现 UWES 的表述过于学术化，如我感到自己迸发出能量、工作激发了我的灵感、我沉浸于我的工作当中、我在工作时会达到忘我的境界等。而本研究的受试者多是文化程度不高的基层员工，对这样的表述可能在理解上会有困难，不利于测试工作的顺利进行。另外，笔者还认为从量表内容看，$Q^{12}$ 也更适用于本研究。

$Q^{12}$ 是盖洛普公司经过三十多年定性和定量研究发展形成的测量工具。采用李克特 5 点量表。James K. Harter 等学者选取了 4172 个商业单位为样本，测得 $Q^{12}$ 的内部一致性信度达到 0.91。[233] $Q^{12}$ 已经对 112 个国家的超过 700 万员工进行了测量，结果显示 $Q^{12}$ 具有跨文化的稳定性。

# 第三节　实验过程

## 一、实验准备

实验实施前，需要做好实验对象选择、实验方案确定、量表选择与预测试等准备工作。

在实验对象选择上，需要找到两个具有可比性的企业作为实验组和控制组。经过一周寻找，笔者初步选定了自己原来工作单位 M 的两个选煤厂 A 和 B。这两个厂都将生产经营外包给外部专业公司 C 和 D。笔者读博前与 C 公司的总经理 W 是商业上的朋友。读博后，经常就道本管理思想与 W 交流和讨论。W 总经理一直非常认同道本管理的思想，并表示过希望在自己的企业实施道本管理的想法。因此实验选择 A 厂作为实验组企业。控制组企业选择 B 厂是因为其与 A 厂在各方面都很类似。且其厂长是笔者的本科同学，可以为实验提供方便和支持。在征得导师同意后，本研究的实验对象选定为 A 和 B。

实验对象选定后，笔者开始针对选定企业制定详细的实验实施计划和步骤。就其中的关键问题与 W 总经理沟通并达成共识后，经导师修改形成了具体的实验方案。

实验开始之前，笔者还选择了适合本研究使用的员工满意度和敬业度测量量表（见附录 A），并在 B 企业进行了预测试[①]，在确认了其信度和效度后正式开始了实验。

## 二、实验实施

2011 年 7 月，笔者正式进入 A 厂，进行企业调研，并对 A 厂员工满意度和敬业度进行了前测。

---

① 虽然本书选用了成熟的量表，但两个量表均为国外学者开发。根据吴明隆的观点，用成熟量表最好也预测式（参见：[234] 吴明隆. 问卷统计分析实务——SPSS 操作与应用[M]. 重庆：重庆大学出版社，2010. 第 238 页）。因此本研究在实验开始前仍对量表进行了预测试。

调研后发现 A 厂的基础管理较差，没有明确的工作说明书及作业标准，职责积分无据可依。为了保证实验能够继续顺利进行，笔者首先带领 A 厂管理团队进行了工作说明书及岗位作业标准的编制工作。在编制过程中，充分调动和发挥了全员的主体性，让所有员工都参与了编写工作，且所有编写成果都向全体员工征询了意见。

在工作说明书及岗位作业标准的编制过程中，笔者就实验的开展做了大量准备工作。主要包括每周利用两个晚上对 A 厂的管理人员进行道本管理的培训。向管理人员讲授道本管理的思想和理念，介绍积分制考核激励模式的目标、原理、对员工和企业的好处。并就积分制考核激励模式的具体实施办法与管理人员进行广泛的交流磋商。在此基础上，A 厂的管理团队确定了积分制考核激励模式的基本框架和考核激励办法的初稿。随后，全厂对积分制考核激励办法的初稿进行大讨论，每个人都可以就积分项目、积分规则及相关事项发表自己的看法。由于涉及每个人的经济利益，大家的积极性都很高。经过 4 次自上至下，再从下至上的讨论和完善，2011 年 11 月，最终形成了《A 选煤厂工资奖金分配积分制考核激励办法》（见附录 B）。

2011 年 12 月，积分制考核激励办法开始在 A 厂的两个班组试行，经过前期的宣传培训和反复沟通，积分制考核激励模式已得到了的广泛认可。试行后的访谈结果表明效果不错，员工普遍反映这个办法好，公平合理，可以让多干的人多挣。当然，试行期间积分制在具体操作等方面仍有不足之处。经过试行班组的全员讨论后，对初稿进行了修改和完善。

自 2012 年 1 月开始，积分制考核激励模式在 A 厂全面实施。由于有试行的经验，实施进行得比较顺利。期间各班组根据实施中出现的问题对《A 选煤厂工资奖金分配积分制考核激励办法》进行了调整和完善。

2012 年 9 月初，笔者先后对 B 厂和 A 厂进行了后测。实验暂时告一段落。

### 三、实验控制

在著名的霍桑实验中，参与实验的工人因为被选择参与实验而感觉到自己受到了重视和关注，由此而产生一种热情，使实验组和控制组的产量均大大增加，而且增加的产量几乎相等，效率也几乎没有差异。实验中，实验组员工在照明强度一再降低的情况下产量并没有变化，直到降到几乎和月光亮度差不多时，产量才开始下降。[235]:206-209 这说明了实验本身也可能对结果产生影响。

无法对环境变量进行控制以及实验本身可能对实验结果产生的影响是现场实验方法固有的不足。为了弥补这个不足，本研究在设计、准备和实施过程中都采用了专门措施进行处理，尽可能避免外部环境变量和实验本身对实验的影响。

首先，在整个过程中，是切实在实验企业施行积分制考核激励模式，是从母公司往下推行的激励机制改革试点，而不仅仅是为实验而实验。笔者作为该项目的负责人全面负责积分制考核激励模式的设计、宣传及推行，力求在企业实践中对积分制考核激励模式的可行性和实施效果进行检验。

其次，如果企业自身进行工作满意度调查，被测试员工一般会有扩大自己不满意观点（尤其在薪酬方面）的倾向，从而为可能的加薪提出要求；而在敬业度调查中有扩大自己敬业度的倾向。为此，本研究采用了两个办法来尽可能消除这些因素可能对实验产生的影响。一是以南开大学学生做课题的形式进行问卷调查，并强调本企业的管理人员看不到问卷填答的内容，以避免受测试者有意扩大自己的不满意度。二是以不署名形式填答问卷，这样可以避免被测试者有意扩大自己的敬业程度。

再次，为了克服前后测实验设计由于实验对象对测量问题的熟悉程度增加，对研究的目的由不了解变得比较了解，而可能在后测中有意改变他们的回答，以迎合研究者的意图，或故意与之唱反调，影响到实验结果的客观性，以及两次测量可能会使一部分对象感到厌烦，因而缺乏积极合作热情等问题，本研究在保证样本代表性的前提下，设计后测样本人数多于前测人数，以保证后测结果的真实性。

最后，笔者利用与控制组企业总经理的朋友关系，让他们亲自抓问卷的填答工作，以示问卷填答工作的重要性，保证填答人不会应付式填答。另外，在填答前，笔者都亲自给填答人进行说明，教授填答方法，化解他们的顾虑，说明真实填写问卷的作用和价值，以此保证所有问卷填答都是其真实的意思反映。

因此，本研究已尽可能地避免了实验本身可能对实验结果产生的影响。

# 第四节　实验结果统计分析

本研究统计工具采用 SPSS20.0 软件包。

## 一、被试基本情况统计分析

本研究的测试对象是实验组企业 A 和控制组企业 B 的一线员工和基层管理人员。

预试共发放问卷 50 份，收到有效问卷 34 份，有效回收率为 68.0%。

实验组前测调查共发放问卷 40 份，回收有效问卷 35 份，有效回收率为 87.5%。

控制组前测调查采用预试结果，与预试相同。

实验组后测调查共发放问卷 70 份，收到有效问卷 65 份，有效回收率为 92.9%。

控制组后测调查共发放问卷 70 份，收回有效问卷 55 份，有效回收率为 78.6%

受试者总体情况见表 5-2、表 5-3、表 5-4 和表 5-5。

表 5-2　预试及控制组前测受试者的人口学统计（N=34）

| 属性 | 类别 | 人数 | 有效百分比% |
|---|---|---|---|
| 性别 | 男 | 30 | 88.2 |
| | 女 | 4 | 11.8 |
| 年龄 | 20 岁以下 | 3 | 8.8 |
| | 21~25 岁 | 6 | 17.6 |
| | 26~30 岁 | 14 | 41.2 |
| | 31~35 岁 | 4 | 11.8 |
| | 36~45 岁 | 6 | 17.6 |
| | 45 岁以上 | 1 | 2.9 |
| 总工龄 | 小于 3 年 | 7 | 21.9 |
| | 4~5 年 | 10 | 31.3 |
| | 6~10 年 | 12 | 37.5 |
| | 10 年以上 | 3 | 9.3 |
| 现单位工龄 | 小于 3 年 | 9 | 29.0 |
| | 4~5 年 | 13 | 42.0 |
| | 6~10 年 | 9 | 29.0 |
| 学历 | 初中及以下 | 7 | 20.6 |
| | 高中 | 9 | 26.5 |
| | 中专 | 8 | 23.5 |
| | 大专 | 7 | 20.6 |
| | 本科 | 3 | 8.8 |
| 部门 | 生产 | 30 | 90.9 |
| | 机修 | 0 | 0.0 |
| | 电修 | 0 | 0.0 |
| | 经营 | 3 | 9.1 |
| 岗位 | 员工 | 33 | 97.1 |
| | 工长 | 1 | 2.9 |
| | 值班经理 | 0 | 0.0 |
| | 副厂长 | 0 | 0.0 |

资料来源：作者整理。

表 5-3　实验组前测受试者的人口学统计（N=35）

| 属性 | 类别 | 人数 | 有效百分比% |
|------|------|------|------------|
| 性别 | 男 | 25 | 83.3 |
|      | 女 | 5 | 16.7 |
| 年龄 | 20 岁以下 | 0 | 0.0 |
|      | 21~25 岁 | 8 | 22.9 |
|      | 26~30 岁 | 4 | 11.4 |
|      | 31~35 岁 | 7 | 20.0 |
|      | 36~45 岁 | 15 | 42.9 |
|      | 45 岁以上 | 1 | 2.9 |
| 总工龄 | 小于 3 年 | 21 | 61.8 |
|        | 4~5 年 | 5 | 14.6 |
|        | 6~10 年 | 4 | 11.8 |
|        | 10 年以上 | 4 | 11.8 |
| 现单位工龄 | 小于 3 年 | 35 | 100.0 |
|            | 4~5 年 | 0 | 0.0 |
|            | 6~10 年 | 0 | 0.0 |
| 学历 | 初中及以下 | 6 | 17.1 |
|      | 高中 | 8 | 22.9 |
|      | 中专 | 4 | 11.4 |
|      | 大专 | 10 | 28.6 |
|      | 本科 | 7 | 20.0 |
| 部门 | 生产 | 20 | 58.8 |
|      | 机修 | 4 | 11.8 |
|      | 电修 | 10 | 29.4 |
|      | 经营 | 0 | 0.0 |
| 岗位 | 员工 | 35 | 100.0 |
|      | 工长 | 0 | 0.0 |
|      | 值班经理 | 0 | 0.0 |
|      | 副厂长 | 0 | 0.0 |

资料来源：作者整理。

表 5-4 控制组后测受试者的人口学统计（N=55）

| 属性 | 类别 | 人数 | 有效百分比% |
|---|---|---|---|
| 性别 | 男 | 45 | 90.0 |
| | 女 | 5 | 10.0 |
| 年龄 | 20 岁以下 | 2 | 3.8 |
| | 21~25 岁 | 6 | 11.5 |
| | 26~30 岁 | 12 | 23.1 |
| | 31~35 岁 | 10 | 19.2 |
| | 36~45 岁 | 17 | 32.7 |
| | 45 岁以上 | 5 | 9.6 |
| 总工龄 | 小于 3 年 | 10 | 19.6 |
| | 4~5 年 | 15 | 29.4 |
| | 6~10 年 | 15 | 29.4 |
| | 10 年以上 | 11 | 21.6 |
| 现单位工龄 | 小于 3 年 | 14 | 27.5 |
| | 4~5 年 | 25 | 49.0 |
| | 6~10 年 | 12 | 23.5 |
| 学历 | 初中及以下 | 18 | 34.6 |
| | 高中 | 11 | 21.2 |
| | 中专 | 13 | 25.0 |
| | 大专 | 8 | 15.4 |
| | 本科 | 2 | 3.8 |
| 部门 | 生产 | 41 | 77.4 |
| | 机修 | 9 | 17.0 |
| | 电修 | 3 | 5.7 |
| | 经营 | 0 | 0.0 |
| 岗位 | 员工 | 50 | 94.3 |
| | 工长 | 2 | 3.8 |
| | 值班经理 | 1 | 1.9 |
| | 副厂长 | 0 | 0.0 |

资料来源：作者整理。

表 5-5　实验组后测受试者的人口学统计（N=65）

| 属性 | 类别 | 人数 | 有效百分比% |
|---|---|---|---|
| 性别 | 男 | 56 | 93.3 |
| | 女 | 4 | 6.7 |
| 年龄 | 20 岁以下 | 0 | 0.0 |
| | 21~25 岁 | 13 | 21.0 |
| | 26~30 岁 | 13 | 21.0 |
| | 31~35 岁 | 12 | 19.4 |
| | 36~45 岁 | 21 | 33.9 |
| | 45 岁以上 | 3 | 4.8 |
| 总工龄 | 小于 3 年 | 37 | 57.8 |
| | 4~5 年 | 6 | 9.2 |
| | 6~10 年 | 14 | 22.0 |
| | 10 年以上 | 7 | 11.0 |
| 现单位工龄 | 小于 3 年 | 61 | 93.8 |
| | 4~5 年 | 4 | 6.2 |
| | 6~10 年 | 0 | 0.0 |
| 学历 | 初中及以下 | 21 | 34.4 |
| | 高中 | 23 | 37.7 |
| | 中专 | 8 | 13.1 |
| | 大专 | 8 | 13.1 |
| | 本科 | 1 | 1.6 |
| 部门 | 生产 | 30 | 60.0 |
| | 机修 | 11 | 22.0 |
| | 电修 | 7 | 14.0 |
| | 经营 | 2 | 4.0 |
| 岗位 | 员工 | 58 | 95.1 |
| | 工长 | 3 | 4.9 |
| | 值班经理 | 0 | 0.0 |
| | 副厂长 | 0 | 0.0 |

资料来源：作者整理。

可以看出，实验组和控制组的受试者在性别上均以男性为主；年龄多在 20~45 岁之间；在目前单位的工龄均不长；受教育程度普遍偏低；多是一线生产部门的一线员工。

上述特点与受试企业所在的行业特点和企业特点有关。受试企业为煤炭加工企业，因而适合女性的工作岗位不多。由于工作条件较艰苦且对文化程度要求不高，员工的受教育程度普遍不高。另外，受试企业的部分员工来自当地农村的村民，由于企业占用了村里的土地，因此必须接受部分村民进入企业工作，这也是受试员工学历不高的原因之一。由于受试企业开业时间都不长，B 厂 2007 年初开业，A 厂2009 年开业，因此受试者在本单位的工龄都不长，控制组企业 B 受试者比实验组企业 A 受试者的工龄普遍偏长。由于受试企业的员工来源于三部分：外包业主（国有企业）的员工、当地村民和承包企业员工，因此受试者总工龄差异较大。由于受试企业的经营管理人员都很少，主要以生产人员为主，因此受试者主要是一线的生产员工和部分工长。

## 二、测试结果符号指代说明

本测试选用了两个量表：敬业度量表和工作满意度量表（见附表 A）。

敬业度量表由 12 个问题组成，每个问题分别由 A1 至 A12 表示（见表 5-6）。SUMA 表示敬业度总分。

**表 5-6　敬业度量表统计结果中变量指代关系说明**

| 变量 | 变量指代的问题 |
| --- | --- |
| A1 | 我知道公司对我的工作要求 |
| A2 | 我有做好我的工作所需要的材料和设备 |
| A3 | 在工作中，我每天都有机会做我最擅长做的事 |
| A4 | 在过去的七天里，我因工作出色而受到表扬 |
| A5 | 我觉得我的主管或同事关心我的个人情况 |
| A6 | 工作单位有人鼓励我的发展 |
| A7 | 在工作中，我觉得我的意见受到重视 |
| A8 | 公司的使命/目标使我觉得我的工作重要 |
| A9 | 我的同事们致力于高质量的工作 |
| A10 | 我在工作单位有一个最要好的朋友 |
| A11 | 在过去的六个月内，工作单位有人和我谈及我的进步 |
| A12 | 过去一年里，我在工作中有机会学习和成长 |

资料来源：作者整理。

　　工作满意度量表由 36 个问题组成,描述了被试者对工作的九个方面的满意度,九个方面包括:报酬、晋升、管理者、利益、偶然奖励、操作程序、同事、工作本身和交际。九个方面分别用 B1 到 B9 表示,其中每个方面用 4 道题目测量,分别用_1 至_4 表示,如 B1_1 代表受试者对第一个方面:报酬满意度第一个题目的回答(见表 5-7)。SUM1 至 SUM9 则分别代表 9 个方面均值的分项总分。SUMB 则代表工作满意度的总分。

表 5-7　工作满意度量表统计结果中变量指代关系说明

| 变量 | | 变量指代的问题 |
|---|---|---|
| B1<br>报<br>酬 | B1_1 | 我觉得自己做的工作可以得到一个公平的回报 |
| | B1_2 | 薪水增加得太少了 |
| | B1_3 | 我一想起来厂里付我的薪水就觉得他们对我不够重视 |
| | B1_4 | 我对自己涨薪水的机会感到满意 |
| B2<br>晋<br>升 | B2_1 | 我工作晋升的机会太少了 |
| | B2_2 | 凡是那些在工作中表现出色的人都获得了公平晋升的机会 |
| | B2_3 | 在这工作的人可以和在别的地方一样发展迅速 |
| | B2_4 | 我对我的晋升机会感到满意 |
| B3<br>管<br>理<br>者 | B3_1 | 我的上级很能胜任他的职务 |
| | B3_2 | 我的上级对我不公平 |
| | B3_3 | 我的上级对下属的想法一点兴趣也没有 |
| | B3_4 | 我喜欢我的上级 |
| B4<br>利<br>益 | B4_1 | 我对我得到的利益并不满意 |
| | B4_2 | 我们在厂里得到的利益和在其他选煤厂(或企业)中能够得到的利益一样多 |
| | B4_3 | 利益分配是公平的 |
| | B4_4 | 我们没有得到应该得到的利益 |
| B5<br>偶<br>然<br>奖<br>励 | B5_1 | 当我在工作中表现出色时,我会得到我本应得到的奖励 |
| | B5_2 | 我感觉我做的工作没有得到赏识 |
| | B5_3 | 在这工作的人很少会得到奖励 |
| | B5_4 | 我认为自己的努力没有得到应有的回报 |
| B6<br>操<br>作<br>程<br>序 | B6_1 | 我们的很多制度和程序都阻碍了工作的顺利完成 |
| | B6_2 | 我的工作很少被制度或程序所打断(或干扰) |
| | B6_3 | 我有太多的工作要做 |
| | B6_4 | 我有太多的文书工作(如计划、总结、汇报等)要处理 |

续表

| 变量 | | 变量指代的问题 |
|---|---|---|
| B7 同事 | B7_1 | 我喜欢和我共事的人 |
| | B7_2 | 我发觉我必须更努力地工作，因为与我共事的人能力都不行 |
| | B7_3 | 我喜欢和同事相处 |
| | B7_4 | 工作中经常会发生斗嘴或争吵 |
| B8 工作本身 | B8_1 | 我有时觉得我的工作一点意义都没有 |
| | B8_2 | 我喜欢自己工作中所干的事 |
| | B8_3 | 我有一种对自己从事工作的自豪感 |
| | B8_4 | 我的工作能使人感到愉快 |
| B9 交际 | B9_1 | 这个厂的人际交往看上去很不错 |
| | B9_2 | 我对这个厂的目标还很不明确 |
| | B9_3 | 我经常感到不知道厂里会发生什么事 |
| | B9_4 | 工作任务经常得不到全面的解释 |

资料来源：作者整理。

## 三、预试结果总体统计分析

### 1. 敬业度

表 5-8　敬业度量表预试总体统计分析（N=34）

| 选项 | 均值 | 完全不同意 1—→完全同意 5 | | | | | 回答比重 |
|---|---|---|---|---|---|---|---|
| A1 | 4.09 | 0 | 5 | 1 | 14 | 14 | 100.0% |
| A2 | 3.65 | 3 | 3 | 8 | 9 | 11 | 100.0% |
| A3 | 2.88 | 9 | 5 | 7 | 7 | 6 | 100.0% |
| A4 | 2.64 | 10 | 7 | 5 | 7 | 4 | 97.1% |
| A5 | 3.38 | 4 | 5 | 8 | 8 | 9 | 100.0% |
| A6 | 2.85 | 9 | 9 | 2 | 6 | 8 | 100.0% |
| A7 | 3.21 | 3 | 9 | 7 | 8 | 7 | 100.0% |
| A8 | 3.41 | 4 | 6 | 8 | 4 | 12 | 100.0% |
| A9 | 3.52 | 4 | 2 | 9 | 9 | 9 | 97.1% |
| A10 | 4.03 | 2 | 2 | 4 | 10 | 15 | 97.1% |
| A11 | 3.00 | 8 | 6 | 6 | 4 | 9 | 97.1% |
| A12 | 3.41 | 4 | 8 | 5 | 4 | 13 | 100.0% |

资料来源：作者整理。

## 2. 工作满意度

表 5-9　工作满意度量表预试总体统计分析（N=34）

| 选项 | 均值 | 非常不同意 1——非常同意 6 | | | | | | 回答比重 |
|------|------|------|------|------|------|------|------|------|
| B1_1 | 3.76 | 5 | 4 | 5 | 7 | 6 | 7 | 100.0% |
| B1_2 | 4.12 | 6 | 2 | 4 | 4 | 6 | 12 | 100.0% |
| B1_3 | 3.64 | 4 | 2 | 6 | 13 | 6 | 2 | 97.1% |
| B1_4 | 3.30 | 10 | 3 | 5 | 4 | 4 | 7 | 97.1% |
| B2_1 | 4.27 | 4 | 2 | 2 | 9 | 5 | 11 | 97.1% |
| B2_2 | 3.79 | 4 | 1 | 7 | 14 | 2 | 6 | 100.0% |
| B2_3 | 3.53 | 5 | 5 | 6 | 10 | 1 | 7 | 100.0% |
| B2_4 | 2.97 | 11 | 3 | 7 | 4 | 7 | 2 | 100.0% |
| B3_1 | 5.12 | 0 | 0 | 2 | 6 | 12 | 14 | 100.0% |
| B3_2 | 2.24 | 13 | 8 | 7 | 4 | 2 | 0 | 100.0% |
| B3_3 | 2.56 | 9 | 11 | 6 | 4 | 2 | 2 | 100.0% |
| B3_4 | 4.32 | 3 | 4 | 2 | 5 | 10 | 10 | 100.0% |
| B4_1 | 3.82 | 3 | 4 | 5 | 9 | 8 | 4 | 97.1% |
| B4_2 | 3.29 | 7 | 5 | 7 | 7 | 2 | 6 | 100.0% |
| B4_3 | 3.26 | 8 | 4 | 8 | 4 | 5 | 5 | 100.0% |
| B4_4 | 3.59 | 6 | 4 | 5 | 9 | 3 | 7 | 100.0% |
| B5_1 | 3.44 | 6 | 4 | 9 | 5 | 4 | 6 | 100.0% |
| B5_2 | 3.44 | 8 | 1 | 9 | 6 | 4 | 6 | 100.0% |
| B5_3 | 3.76 | 6 | 2 | 5 | 8 | 7 | 6 | 100.0% |
| B5_4 | 3.85 | 4 | 3 | 3 | 13 | 6 | 5 | 100.0% |
| B6_1 | 3.56 | 4 | 8 | 4 | 7 | 5 | 6 | 100.0% |
| B6_2 | 3.30 | 5 | 3 | 12 | 6 | 4 | 3 | 97.1% |
| B6_3 | 4.81 | 0 | 0 | 6 | 7 | 6 | 13 | 94.1% |
| B6_4 | 3.18 | 9 | 6 | 2 | 6 | 6 | 4 | 97.1% |
| B7_1 | 4.76 | 1 | 3 | 1 | 5 | 12 | 12 | 100.0% |
| B7_2 | 3.00 | 10 | 3 | 7 | 7 | 2 | 4 | 97.1% |
| B7_3 | 4.91 | 0 | 1 | 3 | 8 | 7 | 14 | 97.1% |
| B7_4 | 2.62 | 11 | 7 | 7 | 3 | 5 | 1 | 100.0% |
| B8_1 | 3.32 | 6 | 6 | 8 | 5 | 3 | 6 | 100.0% |
| B8_2 | 4.39 | 3 | 1 | 3 | 7 | 8 | 9 | 91.2% |
| B8_3 | 3.56 | 9 | 2 | 4 | 7 | 4 | 8 | 100.0% |
| B8_4 | 3.52 | 8 | 2 | 6 | 5 | 6 | 6 | 97.1% |
| B9_1 | 3.94 | 4 | 2 | 6 | 9 | 4 | 8 | 97.1% |
| B9_2 | 3.26 | 7 | 6 | 5 | 8 | 3 | 5 | 100.0% |
| B9_3 | 4.00 | 5 | 2 | 5 | 9 | 2 | 11 | 100.0% |
| B9_4 | 3.74 | 6 | 3 | 3 | 8 | 10 | 4 | 100.0% |

资料来源：作者整理。

## 3. 量表的信度

本研究使用 SPSS 中的 Cronbach's Alpha 系数对量表的信度进行测量，结果见表 5-8 和表 5-9。根据吴明隆的观点，一般的态度或心理直觉量表，总量表的信度最好在 0.80 以上[234]，如果在 0.80～0.70 之间，也是可以接受的范围[234]:244。

（1）敬业度量表信度

表 5-10　敬业度量表的信度

| Cronbach's Alpha | 基于标准化项的 Cronbachs Alpha | 项数 |
|---|---|---|
| 0.899 | 0.893 | 12 |

资料来源：作者整理。

（2）工作满意度量表信度

表 5-11　工作满意度量表的信度

| Cronbach's Alpha | 基于标准化项的 Cronbachs Alpha | 项数 |
|---|---|---|
| 0.738 | 0.730 | 36 |

资料来源：作者整理。

本研究选用的敬业度量表预测试 α 系数为 0.899，工作满意度量表预测试 α 系数为 0.738，说明本研究选用的敬业度和工作满意度量表的信度可以满足要求。

## 四、前测结果总体统计分析

### （一）实验组前测

#### 1. 敬业度

表 5-12　实验组敬业度前测总体统计分析（N=35）

| 选项 | 均值 | 完全不同意 1——完全同意 5 | | | | | 回答比重 |
|---|---|---|---|---|---|---|---|
| A1 | 3.46 | 3 | 8 | 5 | 8 | 11 | 100.0% |
| A2 | 4.00 | 1 | 3 | 7 | 8 | 16 | 100.0% |
| A3 | 2.66 | 9 | 5 | 13 | 5 | 3 | 100.0% |

| 选项 | 均值 | 完全不同意 1→ 完全同意 5 | | | | | 回答比重 |
|---|---|---|---|---|---|---|---|
| A4 | 2.20 | 12 | 12 | 4 | 6 | 1 | 100.0% |
| A5 | 2.66 | 9 | 9 | 6 | 7 | 4 | 100.0% |
| A6 | 2.50 | 9 | 9 | 9 | 4 | 3 | 97.1% |
| A7 | 2.62 | 7 | 11 | 7 | 6 | 3 | 97.1% |
| A8 | 2.77 | 7 | 10 | 8 | 4 | 6 | 100.0% |
| A9 | 3.14 | 4 | 8 | 10 | 5 | 8 | 100.0% |
| A10 | 3.66 | 2 | 6 | 7 | 7 | 13 | 100.0% |
| A11 | 2.62 | 7 | 10 | 8 | 7 | 2 | 100.0% |
| A12 | 3.51 | 4 | 5 | 4 | 13 | 9 | 100.0% |

资料来源：作者整理。

## 2. 工作满意度

表 5-13　实验组工作满意度前测总体统计分析（N=35）

| 选项 | 均值 | 非常不同意 1→ 非常同意 6 | | | | | | 回答比重 |
|---|---|---|---|---|---|---|---|---|
| B1_1 | 3.31 | 4 | 6 | 11 | 6 | 5 | 3 | 100.0% |
| B1_2 | 2.59 | 14 | 1 | 10 | 4 | 4 | 1 | 97.1% |
| B1_3 | 3.14 | 8 | 5 | 6 | 8 | 6 | 2 | 100.0% |
| B1_4 | 2.66 | 13 | 4 | 6 | 8 | 2 | 2 | 100.0% |
| B2_1 | 3.49 | 7 | 4 | 6 | 7 | 5 | 6 | 100.0% |
| B2_2 | 2.80 | 12 | 7 | 2 | 6 | 6 | 2 | 100.0% |
| B2_3 | 2.91 | 8 | 7 | 9 | 4 | 5 | 2 | 100.0% |
| B2_4 | 2.74 | 13 | 4 | 6 | 4 | 7 | 1 | 100.0% |
| B3_1 | 4.00 | 4 | 6 | 1 | 6 | 11 | 7 | 100.0% |
| B3_2 | 3.66 | 3 | 7 | 2 | 13 | 7 | 3 | 100.0% |
| B3_3 | 3.80 | 3 | 5 | 8 | 6 | 6 | 7 | 100.0% |
| B3_4 | 3.63 | 2 | 7 | 8 | 7 | 7 | 4 | 100.0% |
| B4_1 | 2.79 | 10 | 4 | 10 | 4 | 2 | 3 | 94.3% |
| B4_2 | 3.11 | 10 | 4 | 4 | 8 | 7 | 2 | 100.0% |
| B4_3 | 2.74 | 10 | 9 | 6 | 5 | 0 | 5 | 100.0% |
| B4_4 | 3.03 | 10 | 3 | 9 | 4 | 4 | 4 | 97.1% |
| B5_1 | 3.03 | 7 | 8 | 9 | 3 | 1 | 6 | 97.1% |
| B5_2 | 3.14 | 6 | 8 | 6 | 8 | 4 | 3 | 100.0% |
| B5_3 | 3.06 | 10 | 5 | 3 | 10 | 4 | 3 | 100.0% |
| B5_4 | 2.94 | 10 | 3 | 8 | 9 | 3 | 2 | 100.0% |

| 选项 | 均值 | 非常不同意 1 → 非常同意 6 | | | | | | 回答比重 |
|------|------|------|------|------|------|------|------|----------|
| B6_1 | 3.51 | 6 | 4 | 7 | 8 | 4 | 6 | 100.0% |
| B6_2 | 3.46 | 4 | 8 | 9 | 2 | 6 | 6 | 100.0% |
| B6_3 | 2.80 | 8 | 6 | 9 | 9 | 3 | 0 | 100.0% |
| B6_4 | 3.51 | 7 | 2 | 8 | 8 | 4 | 6 | 100.0% |
| B7_1 | 4.49 | 2 | 3 | 6 | 3 | 7 | 14 | 100.0% |
| B7_2 | 3.97 | 5 | 1 | 7 | 10 | 1 | 11 | 100.0% |
| B7_3 | 4.46 | 3 | 3 | 4 | 3 | 9 | 13 | 100.0% |
| B7_4 | 4.06 | 4 | 2 | 5 | 7 | 11 | 6 | 100.0% |
| B8_1 | 4.09 | 5 | 2 | 6 | 6 | 4 | 12 | 100.0% |
| B8_2 | 3.77 | 6 | 4 | 6 | 4 | 6 | 9 | 100.0% |
| B8_3 | 3.80 | 7 | 2 | 5 | 9 | 1 | 11 | 100.0% |
| B8_4 | 3.51 | 8 | 6 | 4 | 3 | 5 | 9 | 100.0% |
| B9_1 | 3.46 | 7 | 5 | 3 | 9 | 7 | 4 | 100.0% |
| B9_2 | 3.37 | 5 | 7 | 5 | 10 | 4 | 4 | 100.0% |
| B9_3 | 2.86 | 12 | 4 | 6 | 7 | 2 | 4 | 100.0% |
| B9_4 | 3.49 | 4 | 6 | 9 | 6 | 5 | 5 | 100.0% |

资料来源：作者整理。

## （二）控制组前测

本实验预试是在控制组企业进行的，预试信度可以满足要求，因此不再对控制组做前测。控制组的前测结果直接采用预试结果。见表5-8和表5-9。

## 五、后测结果总体统计分析

### （一）实验组后测

1. 敬业度

表 5-14　实验组敬业度后测总体统计分析（N=65）

| 选项 | 均值 | 完全不同意 1 → 完全同意 5 | | | | | 回答比重 |
|------|------|------|------|------|------|------|----------|
| A1 | 3.89 | 1 | 7 | 8 | 31 | 18 | 100.0% |
| A2 | 4.05 | 2 | 2 | 13 | 21 | 26 | 98.5% |
| A3 | 3.10 | 9 | 10 | 18 | 14 | 10 | 93.8% |
| A4 | 2.89 | 13 | 7 | 26 | 8 | 9 | 96.9% |

| 选项 | 均值 | 完全不同意 1—→ 完全同意 5 | | | | | 回答比重 |
|---|---|---|---|---|---|---|---|
| A5 | 3.61 | 7 | 9 | 9 | 16 | 23 | 98.5% |
| A6 | 3.38 | 6 | 13 | 12 | 17 | 16 | 98.5% |
| A7 | 3.22 | 5 | 12 | 19 | 18 | 9 | 96.9% |
| A8 | 3.68 | 4 | 8 | 15 | 16 | 22 | 100.0% |
| A9 | 3.92 | 1 | 5 | 15 | 19 | 23 | 96.9% |
| A10 | 4.08 | 3 | 6 | 7 | 14 | 33 | 96.9% |
| A11 | 3.08 | 11 | 11 | 14 | 16 | 11 | 96.9% |
| A12 | 4.05 | 6 | 2 | 8 | 16 | 33 | 100.0% |

资料来源：作者整理。

## 2. 工作满意度

表 5-15　实验组工作满意度后测总体统计分析（N=65）

| 选项 | 均值 | 非常不同意 1—→ 非常同意 6 | | | | | | 回答比重 |
|---|---|---|---|---|---|---|---|---|
| B1_1 | 3.92 | 8 | 3 | 11 | 16 | 18 | 9 | 100.0% |
| B1_2 | 4.28 | 7 | 3 | 6 | 15 | 17 | 17 | 100.0% |
| B1_3 | 4.05 | 2 | 8 | 9 | 23 | 12 | 11 | 100.0% |
| B1_4 | 3.23 | 13 | 9 | 15 | 13 | 8 | 7 | 100.0% |
| B2_1 | 3.85 | 6 | 7 | 14 | 14 | 12 | 12 | 100.0% |
| B2_2 | 3.52 | 11 | 6 | 13 | 16 | 9 | 9 | 98.5% |
| B2_3 | 3.35 | 12 | 4 | 15 | 22 | 7 | 5 | 100.0% |
| B2_4 | 3.26 | 13 | 8 | 15 | 13 | 10 | 6 | 100.0% |
| B3_1 | 4.95 | 3 | 1 | 4 | 5 | 27 | 25 | 100.0% |
| B3_2 | 3.23 | 9 | 15 | 14 | 12 | 9 | 6 | 100.0% |
| B3_3 | 3.55 | 9 | 7 | 14 | 17 | 8 | 9 | 98.5% |
| B3_4 | 4.62 | 0 | 4 | 3 | 20 | 21 | 17 | 100.0% |
| B4_1 | 4.08 | 4 | 1 | 16 | 16 | 17 | 9 | 96.9% |
| B4_2 | 2.97 | 20 | 8 | 10 | 12 | 11 | 4 | 100.0% |
| B4_3 | 3.17 | 14 | 8 | 15 | 15 | 7 | 6 | 100.0% |
| B4_4 | 4.14 | 5 | 4 | 12 | 10 | 20 | 12 | 96.9% |
| B5_1 | 3.86 | 12 | 3 | 8 | 17 | 9 | 16 | 100.0% |
| B5_2 | 3.86 | 4 | 6 | 12 | 21 | 13 | 7 | 96.9% |
| B5_3 | 4.12 | 6 | 3 | 11 | 20 | 7 | 18 | 100.0% |
| B5_4 | 4.00 | 3 | 6 | 13 | 19 | 12 | 11 | 98.5% |
| B6_1 | 3.67 | 7 | 4 | 15 | 19 | 13 | 5 | 96.9% |

| 选项 | 均值 | 非常不同意 1——非常同意 6 | | | | | | 回答比重 |
|------|------|------|------|------|------|------|------|------|
| B6_2 | 3.97 | 2 | 5 | 19 | 17 | 9 | 12 | 98.5% |
| B6_3 | 4.11 | 6 | 3 | 12 | 14 | 15 | 14 | 98.5% |
| B6_4 | 3.31 | 10 | 11 | 16 | 11 | 11 | 6 | 100.0% |
| B7_1 | 4.81 | 2 | 2 | 6 | 10 | 20 | 24 | 98.5% |
| B7_2 | 3.32 | 16 | 9 | 8 | 10 | 14 | 8 | 100.0% |
| B7_3 | 5.22 | 0 | 2 | 3 | 10 | 12 | 36 | 96.9% |
| B7_4 | 3.32 | 14 | 12 | 10 | 11 | 4 | 14 | 100.0% |
| B8_1 | 3.32 | 5 | 16 | 17 | 14 | 6 | 7 | 100.0% |
| B8_2 | 4.17 | 5 | 3 | 12 | 14 | 16 | 14 | 98.5% |
| B8_3 | 4.00 | 6 | 5 | 13 | 12 | 15 | 13 | 98.5% |
| B8_4 | 3.92 | 4 | 7 | 15 | 16 | 10 | 13 | 100.0% |
| B9_1 | 3.90 | 7 | 3 | 12 | 13 | 21 | 6 | 95.4% |
| B9_2 | 3.60 | 9 | 7 | 11 | 18 | 14 | 6 | 100.0% |
| B9_3 | 4.15 | 7 | 4 | 9 | 10 | 22 | 13 | 100.0% |
| B9_4 | 3.98 | 5 | 6 | 17 | 8 | 13 | 15 | 98.5% |

资料来源：作者整理。

## （二）控制组后测

### 1. 敬业度

表 5-16　控制组敬业度后测总体统计分析（N=55）

| 选项 | 均值 | 完全不同意 1——完全同意 5 | | | | | 回答比重 |
|------|------|------|------|------|------|------|------|
| A1 | 4.11 | 1 | 8 | 4 | 13 | 29 | 100.0% |
| A2 | 4.04 | 0 | 4 | 11 | 19 | 21 | 100.0% |
| A3 | 2.76 | 10 | 11 | 15 | 11 | 4 | 92.7% |
| A4 | 3.07 | 7 | 13 | 11 | 15 | 8 | 98.2% |
| A5 | 3.26 | 2 | 14 | 11 | 15 | 8 | 90.9% |
| A6 | 3.24 | 7 | 9 | 12 | 18 | 9 | 100.0% |
| A7 | 3.09 | 8 | 10 | 16 | 11 | 10 | 100.0% |
| A8 | 3.72 | 6 | 6 | 5 | 17 | 20 | 98.2% |
| A9 | 3.81 | 1 | 5 | 11 | 22 | 14 | 96.4% |
| A10 | 4.07 | 1 | 6 | 5 | 19 | 24 | 100.0% |
| A11 | 3.26 | 6 | 10 | 7 | 24 | 6 | 96.4% |
| A12 | 4.00 | 1 | 6 | 8 | 15 | 23 | 96.4% |

资料来源：作者整理。

## 2. 工作满意度

表 5-17　控制组工作满意度后测总体统计分析（N=55）

| 选项 | 均值 | 非常不同意 1—→非常同意 6 | | | | | | 回答比重 |
|------|------|------|------|------|------|------|------|----------|
| B1_1 | 3.60 | 12 | 7 | 7 | 7 | 9 | 13 | 100.0% |
| B1_2 | 2.36 | 24 | 13 | 7 | 1 | 5 | 5 | 100.0% |
| B1_3 | 3.13 | 8 | 13 | 11 | 12 | 6 | 4 | 98.2% |
| B1_4 | 3.16 | 10 | 9 | 10 | 16 | 8 | 2 | 100.0% |
| B2_1 | 2.91 | 10 | 10 | 16 | 12 | 2 | 3 | 96.4% |
| B2_2 | 3.37 | 6 | 7 | 17 | 10 | 13 | 1 | 98.2% |
| B2_3 | 3.27 | 10 | 12 | 10 | 4 | 14 | 5 | 100.0% |
| B2_4 | 3.30 | 8 | 9 | 12 | 12 | 10 | 3 | 98.2% |
| B3_1 | 4.33 | 4 | 5 | 2 | 10 | 26 | 8 | 100.0% |
| B3_2 | 3.84 | 3 | 6 | 13 | 18 | 5 | 10 | 100.0% |
| B3_3 | 4.07 | 2 | 6 | 12 | 16 | 4 | 15 | 100.0% |
| B3_4 | 4.25 | 3 | 4 | 4 | 18 | 17 | 9 | 100.0% |
| B4_1 | 2.87 | 10 | 11 | 18 | 9 | 3 | 3 | 98.2% |
| B4_2 | 2.76 | 17 | 4 | 17 | 7 | 9 | 0 | 98.2% |
| B4_3 | 3.15 | 8 | 11 | 12 | 15 | 7 | 2 | 100.0% |
| B4_4 | 2.91 | 10 | 9 | 21 | 9 | 3 | 3 | 100.0% |
| B5_1 | 3.87 | 7 | 1 | 13 | 11 | 15 | 7 | 98.2% |
| B5_2 | 2.98 | 5 | 9 | 31 | 4 | 4 | 2 | 100.0% |
| B5_3 | 3.22 | 9 | 9 | 11 | 12 | 12 | 1 | 98.2% |
| B5_4 | 2.84 | 7 | 15 | 19 | 9 | 4 | 1 | 100.0% |
| B6_1 | 3.55 | 8 | 9 | 10 | 12 | 5 | 11 | 100.0% |
| B6_2 | 3.65 | 4 | 8 | 11 | 14 | 14 | 3 | 98.2% |
| B6_3 | 2.55 | 14 | 16 | 12 | 9 | 2 | 2 | 100.0% |
| B6_4 | 3.02 | 10 | 14 | 12 | 6 | 7 | 5 | 98.2% |
| B7_1 | 4.98 | 1 | 1 | 4 | 10 | 13 | 24 | 96.4% |
| B7_2 | 3.56 | 6 | 11 | 9 | 14 | 5 | 10 | 100.0% |
| B7_3 | 5.19 | 1 | 2 | 2 | 7 | 10 | 31 | 96.4% |
| B7_4 | 4.58 | 4 | 4 | 6 | 9 | 6 | 26 | 100.0% |
| B8_1 | 4.09 | 6 | 7 | 5 | 11 | 8 | 17 | 98.2% |
| B8_2 | 4.37 | 5 | 0 | 8 | 11 | 17 | 13 | 98.2% |
| B8_3 | 3.89 | 8 | 3 | 6 | 13 | 16 | 7 | 96.4% |
| B8_4 | 3.78 | 8 | 1 | 11 | 16 | 11 | 7 | 98.2% |
| B9_1 | 3.92 | 7 | 1 | 6 | 18 | 17 | 4 | 96.4% |
| B9_2 | 3.59 | 9 | 7 | 7 | 16 | 4 | 11 | 98.2% |
| B9_3 | 3.45 | 7 | 6 | 18 | 12 | 3 | 9 | 100.0% |
| B9_4 | 3.20 | 12 | 11 | 10 | 6 | 8 | 8 | 100.0% |

资料来源：作者整理。

# 第五节　假设检验

## 一、实验组前后测均值差异检验

### 1. 敬业度

表 5-18　实验组前测与实验组后测敬业度均值差异独立样本 t 检验

|  | 方差方程的 Levene 检验 |  | 均值方程的 t 检验 |  |  |  |
|---|---|---|---|---|---|---|
|  | F 值 | 显著性 | t 值 | 显著性（双尾） | 均值差值 | 标准误差值 |
| A1 | 13.470 | 0.000 | 1.653 | 0.104 | 0.435 | 0.263 |
| A2 | 1.042 | 0.310 | 0.210 | 0.834 | 0.047 | 0.223 |
| A3 | 0.000 | 0.986 | 1.629 | 0.107 | 0.441 | 0.271 |
| A4 | 0.011 | 0.917 | 2.616 | 0.010 | 0.689** | 0.263 |
| A5 | 0.001 | 0.974 | 3.279 | 0.001 | 0.952*** | 0.290 |
| A6 | 0.396 | 0.531 | 3.179 | 0.002 | 0.875*** | 0.275 |
| A7 | 0.688 | 0.409 | 2.384 | 0.019 | 0.605** | 0.254 |
| A8 | 0.456 | 0.501 | 3.355 | 0.001 | 0.905*** | 0.270 |
| A9 | 3.506 | 0.064 | 3.209 | 0.002 | 0.778*** | 0.242 |
| A10 | 1.396 | 0.240 | 1.610 | 0.111 | 0.422 | 0.262 |
| A11 | 0.553 | 0.459 | 1.658 | 0.101 | 0.462 | 0.278 |
| A12 | 0.934 | 0.336 | 1.963 | 0.052 | 0.532* | 0.271 |
| SUMA | 0.134 | 0.715 | 3.444 | 0.001 | 6.475*** | 1.880 |

注：符号"***"、"**"和"*"分别表示在 1%、5%和 10%的水平上显著。
资料来源：作者整理。

从检验结果可以看出，实验组在实施积分制后敬业度有了 1%水平上的显著改善，敬业度总得分均值提高了 6.475，敬业度的各个分项指标均有不同程度的改善。其中敬业度总分 SUMA 以及 A5（我觉得我的主管或同事关心我的个人情况）、A6（工作单位有人鼓励我的发展）、A8（公司的使命/目标使我觉得我的工作重要）、A9（我的同事们致力于高质量的工作）的均值差在 1%水平上显著，A4（在过去的七天里，我因工作出色而受到表扬）、A7（在工作中，我觉得我的意见受到重视）的均值差在 5%水平上显著，A12 的均值差在 10%水平上显著。可以看出，积分制实施可以直接影响到的 A4、A5、A6、A7、A8、A9 的显著改善和积分制实施不能马上影响的 A1（我知道公司对我的工作要求）、A2（我有做好我的工作所需要的材料和设备）、A3（在工作中，我每天都有机会做我最擅长做的事）没有发生显著变化，更可以说明量表总分的显著变化是由积分制考核激励模式的实施引起的。

2. 工作满意度

表 5-19    实验组前测与实验组后测工作满意度均值差异独立样本 t 检验

| | 方差方程的 Levene 检验 | | 均值方程的 t 检验 | | | |
| | F 值 | 显著性 | t 值 | 显著性（双尾） | 均值差值 | 标准误差值 |
|---|---|---|---|---|---|---|
| B1_1 | 0.030 | 0.862 | 1.937 | 0.056 | 0.609* | 0.314 |
| B1_2 | 0.117 | 0.733 | 5.059 | 0.000 | 1.689*** | 0.334 |
| B1_3 | 3.711 | 0.057 | 3.007 | 0.003 | 0.903*** | 0.300 |
| B1_4 | 0.057 | 0.812 | 1.708 | 0.091 | 0.574* | 0.336 |
| B2_1 | 1.390 | 0.241 | 1.057 | 0.293 | 0.360 | 0.341 |
| B2_2 | 1.297 | 0.258 | 2.049 | 0.043 | 0.716** | 0.349 |
| B2_3 | 0.054 | 0.817 | 1.401 | 0.165 | 0.440 | 0.314 |
| B2_4 | 0.557 | 0.457 | 1.527 | 0.130 | 0.519 | 0.340 |
| B3_1 | 8.967 | 0.003 | 2.892 | 0.005 | 0.954*** | 0.330 |
| B3_2 | 0.292 | 0.590 | -1.353 | 0.179 | -0.426 | 0.315 |
| B3_3 | 0.138 | 0.711 | -0.763 | 0.447 | -0.253 | 0.332 |
| B3_4 | 2.624 | 0.108 | 3.517 | 0.001 | 0.987*** | 0.281 |
| B4_1 | 1.578 | 0.212 | 4.226 | 0.000 | 1.291*** | 0.306 |
| B4_2 | 0.053 | 0.819 | -0.411 | 0.682 | -0.145 | 0.353 |
| B4_3 | 0.169 | 0.682 | 1.259 | 0.211 | 0.426 | 0.339 |
| B4_4 | 0.549 | 0.461 | 3.301 | 0.001 | 1.113*** | 0.337 |
| B5_1 | 0.235 | 0.629 | 2.248 | 0.027 | 0.832** | 0.370 |
| B5_2 | 2.273 | 0.135 | 2.383 | 0.019 | 0.714** | 0.300 |
| B5_3 | 1.932 | 0.168 | 3.165 | 0.002 | 1.066*** | 0.337 |
| B5_4 | 1.317 | 0.254 | 3.486 | 0.001 | 1.057*** | 0.303 |
| B6_1 | 2.731 | 0.102 | 0.481 | 0.632 | 0.152 | 0.317 |

续表

| | 方差方程的 Levene 检验 | | 均值方程的 t 检验 | | | |
|---|---|---|---|---|---|---|
| | F 值 | 显著性 | t 值 | 显著性（双尾） | 均值差值 | 标准误差值 |
| B6_2 | 5.450 | 0.022 | 1.546 | 0.128 | 0.512 | 0.331 |
| B6_3 | 0.739 | 0.392 | 4.276 | 0.000 | 1.309*** | 0.306 |
| B6_4 | 0.373 | 0.543 | -0.614 | 0.541 | -0.207 | 0.337 |
| B7_1 | 6.009 | 0.016 | 1.092 | 0.277 | 0.327 | 0.299 |
| B7_2 | 1.656 | 0.201 | -1.752 | 0.083 | -0.648 | 0.370 |
| B7_3 | 12.764 | 0.001 | 2.420 | 0.019 | 0.765** | 0.316 |
| B7_4 | 3.086 | 0.082 | -2.008 | 0.047 | -0.734** | 0.366 |
| B8_1 | 3.779 | 0.055 | -2.320 | 0.022 | -0.763** | 0.329 |
| B8_2 | 5.223 | 0.024 | 1.102 | 0.275 | 0.400 | 0.363 |
| B8_3 | 1.948 | 0.166 | 0.566 | 0.572 | 0.200 | 0.353 |
| B8_4 | 11.247 | 0.001 | 1.072 | 0.288 | 0.409 | 0.381 |
| B9_1 | 2.674 | 0.105 | 1.356 | 0.178 | 0.446 | 0.329 |
| B9_2 | 0.143 | 0.707 | 0.709 | 0.480 | 0.229 | 0.322 |
| B9_3 | 0.739 | 0.392 | 3.777 | 0.000 | 1.297*** | 0.343 |
| B9_4 | 0.040 | 0.842 | 1.496 | 0.138 | 0.499 | 0.333 |
| SUMB1 | 0.157 | 0.693 | 4.945 | 0.000 | 3.848*** | 0.778 |
| SUMB2 | 1.756 | 0.188 | 2.464 | 0.016 | 1.980** | 0.804 |
| SUMB3 | 0.939 | 0.335 | 1.809 | 0.074 | 1.207* | 0.667 |
| SUMB4 | 0.002 | 0.965 | 3.104 | 0.002 | 2.679*** | 0.863 |
| SUMB5 | 1.572 | 0.213 | 4.046 | 0.000 | 3.576*** | 0.884 |
| SUMB6 | 0.049 | 0.826 | 2.203 | 0.030 | 1.530** | 0.694 |
| SUMB7 | 13.798 | 0.000 | -0.528 | 0.600 | -0.525 | 0.994 |
| SUMB8 | 5.291 | 0.024 | 0.131 | 0.896 | 0.121 | 0.925 |
| SUMB9 | 0.197 | 0.658 | 2.830 | 0.006 | 2.229*** | 0.787 |
| SUMB | 0.726 | 0.396 | 3.616 | 0.000 | 16.644*** | 4.603 |

注：符号"***"、"**"和"*"分别表示在1%、5%和10%的水平上显著。

资料来源：作者整理。

从检验结果可以看出，实验组在实施积分制后满意度有了 1%水平上的显著改善，满意度总得分均值提高了16.644。满意度的各个分项指标均有不同程度的改善。其中 SUMB1（报酬）、SUMB4（利益）、SUMB5（偶然奖励）、SUMB9（交际）的均值差在 1%水平上显著，SUMB2（晋升）、SUMB6（操作程序）的均值差在 5%水平上显著，

SUMB3（管理者）的均值差在 10% 水平上显著。

## 二、控制组前后测均值差异检验

### 1. 敬业度

表 5-20　控制组前测与控制组后测敬业度均值差异独立样本 t 检验

| | 方差方程的 Levene 检验 | | 均值方程的 t 检验 | | | |
| | F 值 | 显著性 | t 值 | 显著性（双尾） | 均值差值 | 标准误差值 |
|---|---|---|---|---|---|---|
| A1 | 1.612 | 0.208 | 0.086 | 0.932 | 0.021 | 0.243 |
| A2 | 5.807 | 0.018 | 1.538 | 0.130 | 0.389 | 0.253 |
| A3 | 2.332 | 0.131 | -0.400 | 0.690 | -0.118 | 0.294 |
| A4 | 1.459 | 0.230 | 1.475 | 0.144 | 0.438 | 0.297 |
| A5 | 1.151 | 0.286 | -0.445 | 0.658 | -0.122 | 0.275 |
| A6 | 6.309 | 0.014 | 1.195 | 0.237 | 0.383 | 0.321 |
| A7 | 0.123 | 0.727 | -0.404 | 0.687 | -0.115 | 0.285 |
| A8 | 0.757 | 0.387 | 1.017 | 0.312 | 0.310 | 0.305 |
| A9 | 4.025 | 0.048 | 1.117 | 0.269 | 0.296 | 0.265 |
| A10 | 0.206 | 0.651 | 0.173 | 0.863 | 0.042 | 0.245 |
| A11 | 3.359 | 0.070 | 0.873 | 0.385 | 0.264 | 0.302 |
| A12 | 11.480 | 0.001 | 1.968 | 0.054 | $0.588^*$ | 0.299 |
| SUMA | 17.844 | 0.000 | 0.789 | 0.434 | 1.742 | 2.207 |

注：符号"***"、"**"和"*"分别表示在 1%、5% 和 10% 的水平上显著。
资料来源：作者整理。

从表中可以看出，控制组前后两次问卷调查显示其员工敬业度没有显著变化。

### 2. 工作满意度

表 5-21　控制组前测与控制组后测工作满意度均值差异独立样本 t 检验

| | 方差方程的 Levene 检验 | | 均值方程的 t 检验 | | | |
| | F 值 | 显著性 | t 值 | 显著性（双尾） | 均值差值 | 标准误差值 |
|---|---|---|---|---|---|---|
| B1_1 | 1.674 | 0.199 | -0.411 | 0.682 | -0.165 | 0.401 |
| B1_2 | 1.795 | 0.184 | -4.545 | 0.000 | $-1.754^{***}$ | 0.386 |
| B1_3 | 0.776 | 0.381 | -1.595 | 0.114 | -0.507 | 0.318 |

| | 方差方程的 Levene 检验 | | 均值方程的 t 检验 | | | |
|---|---|---|---|---|---|---|
| | F 值 | 显著性 | t 值 | 显著性（双尾） | 均值差值 | 标准误差值 |
| B1_4 | 7.902 | 0.006 | -0.354 | 0.724 | -0.139 | 0.393 |
| B2_1 | 2.455 | 0.121 | -4.109 | 0.000 | -1.367*** | 0.333 |
| B2_2 | 0.020 | 0.889 | -1.393 | 0.167 | -0.424 | 0.304 |
| B2_3 | 0.307 | 0.581 | -0.701 | 0.485 | -0.257 | 0.366 |
| B2_4 | 1.275 | 0.262 | 0.947 | 0.346 | 0.326 | 0.344 |
| B3_1 | 5.691 | 0.019 | -3.184 | 0.002 | -0.790*** | 0.248 |
| B3_2 | 0.084 | 0.773 | 5.418 | 0.000 | 1.601*** | 0.296 |
| B3_3 | 0.000 | 0.997 | 4.720 | 0.000 | 1.514*** | 0.321 |
| B3_4 | 3.530 | 0.064 | -0.215 | 0.830 | -0.069 | 0.321 |
| B4_1 | 0.662 | 0.418 | -3.042 | 0.003 | -0.948*** | 0.312 |
| B4_2 | 1.545 | 0.217 | -1.560 | 0.122 | -0.535 | 0.343 |
| B4_3 | 3.690 | 0.058 | -0.356 | 0.723 | -0.119 | 0.335 |
| B4_4 | 5.716 | 0.019 | -1.946 | 0.057 | -0.679* | 0.349 |
| B5_1 | 1.098 | 0.298 | 1.230 | 0.222 | 0.429 | 0.349 |
| B5_2 | 15.969 | 0.000 | -1.362 | 0.179 | -0.459 | 0.337 |
| B5_3 | 0.903 | 0.345 | -1.595 | 0.114 | -0.542 | 0.340 |
| B5_4 | 1.544 | 0.217 | -3.528 | 0.001 | -1.017*** | 0.288 |
| B6_1 | 0.015 | 0.903 | -0.036 | 0.971 | -0.013 | 0.370 |
| B6_2 | 0.004 | 0.952 | 1.113 | 0.269 | 0.345 | 0.310 |
| B6_3 | 0.220 | 0.640 | -7.988 | 0.000 | -2.267*** | 0.284 |
| B6_4 | 3.603 | 0.061 | -0.440 | 0.661 | -0.163 | 0.371 |
| B7_1 | 0.364 | 0.548 | 0.776 | 0.440 | 0.216 | 0.279 |
| B7_2 | 0.016 | 0.900 | 1.547 | 0.126 | 0.564 | 0.364 |
| B7_3 | 0.009 | 0.924 | 1.051 | 0.296 | 0.280 | 0.266 |
| B7_4 | 0.550 | 0.460 | 5.569 | 0.000 | 1.964*** | 0.353 |
| B8_1 | 0.023 | 0.881 | 2.020 | 0.046 | 0.769** | 0.381 |
| B8_2 | 0.132 | 0.718 | -0.049 | 0.961 | -0.017 | 0.339 |
| B8_3 | 3.536 | 0.063 | 0.861 | 0.392 | 0.328 | 0.381 |
| B8_4 | 3.702 | 0.058 | 0.720 | 0.473 | 0.263 | 0.365 |
| B9_1 | 1.211 | 0.274 | -0.044 | 0.965 | -0.015 | 0.335 |
| B9_2 | 0.018 | 0.895 | 0.876 | 0.384 | 0.328 | 0.375 |
| B9_3 | 0.682 | 0.411 | -1.532 | 0.129 | -0.545 | 0.356 |
| B9_4 | 0.339 | 0.562 | -1.421 | 0.159 | -0.535 | 0.377 |

| | 方差方程的 Levene 检验 | | 均值方程的 t 检验 | | | |
|---|---|---|---|---|---|---|
| | F 值 | 显著性 | t 值 | 显著性（双尾） | 均值差值 | 标准误差值 |
| SUMB1 | 0.492 | 0.485 | -2.668 | 0.009 | -2.418*** | 0.906 |
| SUMB2 | 0.155 | 0.694 | -2.176 | 0.032 | -1.823** | 0.838 |
| SUMB3 | 10.673 | 0.002 | 3.390 | 0.001 | 2.256*** | 0.665 |
| SUMB4 | 1.352 | 0.248 | -3.198 | 0.002 | -2.271*** | 0.710 |
| SUMB5 | 0.025 | 0.874 | -2.027 | 0.046 | -1.718** | 0.848 |
| SUMB6 | 2.537 | 0.115 | -2.386 | 0.019 | -1.746** | 0.732 |
| SUMB7 | 4.744 | 0.032 | 3.721 | 0.000 | 2.887*** | 0.776 |
| SUMB8 | 0.062 | 0.804 | 1.476 | 0.144 | 1.470 | 0.996 |
| SUMB9 | 0.083 | 0.774 | -0.927 | 0.356 | -0.860 | 0.928 |
| SUMB | 0.045 | 0.832 | -0.925 | 0.358 | -4.224 | 4.567 |

注：符号"***"、"**"和"*"分别表示在 1%、5%和 10%的水平上显著。

　　从表中可以看出，控制组前后两次问卷调查显示其员工满意度总体没有显著变化。

## 三、实验组前测与控制组前测均值差异检验

### 1. 敬业度

表 5-22　实验组前测与控制组前测敬业度均值差异独立样本 t 检验

| 选项 | 方差方程的 Levene 检验 | | 均值方程的 t 检验 | | | |
|---|---|---|---|---|---|---|
| | F 值 | 显著性 | t 值 | 显著性（双尾） | 均值差值 | 标准误差值 |
| A1 | 8.898 | 0.004 | -2.161 | 0.035 | -0.631** | 0.292 |
| A2 | 0.840 | 0.363 | 1.213 | 0.229 | 0.353 | 0.291 |
| A3 | 1.590 | 0.212 | -0.684 | 0.497 | -0.225 | 0.329 |
| A4 | 3.587 | 0.063 | -1.373 | 0.174 | -0.436 | 0.318 |
| A5 | 0.073 | 0.788 | -2.215 | 0.030 | -0.725** | 0.327 |
| A6 | 5.830 | 0.019 | -1.018 | 0.312 | -0.353 | 0.347 |
| A7 | 0.091 | 0.764 | -1.900 | 0.062 | -0.588* | 0.310 |
| A8 | 0.435 | 0.512 | -1.892 | 0.063 | -0.640* | 0.339 |
| A9 | 0.012 | 0.912 | -1.165 | 0.248 | -0.372 | 0.320 |
| A10 | 2.235 | 0.140 | -1.232 | 0.222 | -0.373 | 0.303 |
| A11 | 3.209 | 0.078 | -1.124 | 0.265 | -0.382 | 0.340 |
| A12 | 2.112 | 0.151 | 0.300 | 0.765 | 0.103 | 0.342 |
| SUMA | 5.226 | 0.025 | -1.635 | 0.107 | -4.105 | 2.511 |

注：符号"***"、"**"和"*"分别表示在 1%、5%和 10%的水平上显著。
资料来源：作者整理。

从表中可以看出，实验组在实施积分制考核激励模式前的员工敬业度总分均值比控制组低 4.105，差距不显著。不过其 A1（我知道公司对我的工作要求）、A5（我觉得我的主管或同事关心我的个人情况）、A7（在工作中，我觉得我的意见受到重视）、A8（公司的使命/目标使我觉得我的工作重要）项的得分均值均显著低于控制组。

2. 工作满意度

表 5-23　实验组前测与控制组前测工作满意度均值差异独立样本 t 检验

| | 方差方程的 Levene 检验 | | 均值方程的 t 检验 | | | |
|---|---|---|---|---|---|---|
| | F 值 | 显著性 | t 值 | 显著性（双尾） | 均值差值 | 标准误差值 |
| B1_1 | 1.785 | 0.186 | -1.175 | 0.244 | -0.450 | 0.383 |
| B1_2 | 2.113 | 0.151 | -3.625 | 0.001 | -1.529*** | 0.422 |
| B1_3 | 2.090 | 0.153 | -1.368 | 0.176 | -0.494 | 0.361 |
| B1_4 | 3.007 | 0.088 | -1.496 | 0.139 | -0.646 | 0.432 |
| B2_1 | 0.328 | 0.569 | -1.876 | 0.065 | -0.787* | 0.420 |
| B2_2 | 5.167 | 0.026 | -2.574 | 0.012 | -0.994** | 0.386 |
| B2_3 | 0.414 | 0.522 | -1.589 | 0.117 | -0.615 | 0.387 |
| B2_4 | 0.008 | 0.927 | -0.559 | 0.578 | -0.228 | 0.407 |
| B3_1 | 14.924 | 0.000 | -3.392 | 0.001 | -1.118*** | 0.329 |
| B3_2 | 0.607 | 0.438 | 4.340 | 0.000 | 1.422*** | 0.328 |
| B3_3 | 0.764 | 0.385 | 3.357 | 0.001 | 1.241*** | 0.370 |
| B3_4 | 0.542 | 0.464 | -1.847 | 0.069 | -0.695* | 0.376 |
| B4_1 | 0.111 | 0.740 | -2.712 | 0.009 | -1.030*** | 0.380 |
| B4_2 | 0.044 | 0.835 | -0.436 | 0.664 | -0.180 | 0.412 |
| B4_3 | 0.243 | 0.624 | -1.257 | 0.213 | -0.522 | 0.415 |
| B4_4 | 0.088 | 0.767 | -1.326 | 0.189 | -0.559 | 0.421 |
| B5_1 | 0.174 | 0.678 | -0.992 | 0.325 | -0.412 | 0.415 |
| B5_2 | 0.579 | 0.450 | -0.746 | 0.458 | -0.298 | 0.400 |
| B5_3 | 0.147 | 0.703 | -1.727 | 0.089 | -0.708* | 0.410 |
| B5_4 | 0.309 | 0.580 | -2.460 | 0.016 | -0.910** | 0.370 |
| B6_1 | 0.068 | 0.795 | -0.110 | 0.913 | -0.045 | 0.407 |
| B6_2 | 2.271 | 0.137 | 0.401 | 0.690 | 0.154 | 0.384 |

续表

| | 方差方程的 Levene 检验 | | 均值方程的 t 检验 | | | |
|---|---|---|---|---|---|---|
| | F 值 | 显著性 | t 值 | 显著性（双尾） | 均值差值 | 标准误差值 |
| B6_3 | 0.174 | 0.678 | -6.618 | 0.000 | -2.013*** | 0.304 |
| B6_4 | 1.247 | 0.268 | 0.776 | 0.440 | 0.332 | 0.428 |
| B7_1 | 3.615 | 0.062 | -0.767 | 0.446 | -0.279 | 0.364 |
| B7_2 | 0.032 | 0.859 | 2.329 | 0.023 | 0.971** | 0.417 |
| B7_3 | 6.334 | 0.014 | -1.295 | 0.200 | -0.452 | 0.349 |
| B7_4 | 0.042 | 0.838 | 3.846 | 0.000 | 1.439*** | 0.374 |
| B8_1 | 0.138 | 0.712 | 1.796 | 0.077 | 0.762* | 0.424 |
| B8_2 | 2.884 | 0.094 | -1.451 | 0.152 | -0.616 | 0.424 |
| B8_3 | 0.245 | 0.622 | 0.527 | 0.600 | 0.241 | 0.458 |
| B8_4 | 0.936 | 0.337 | -0.002 | 0.999 | -0.001 | 0.464 |
| B9_1 | 0.746 | 0.391 | -1.189 | 0.239 | -0.482 | 0.406 |
| B9_2 | 0.385 | 0.537 | 0.270 | 0.788 | 0.107 | 0.396 |
| B9_3 | 0.061 | 0.806 | -2.705 | 0.009 | -1.143*** | 0.423 |
| B9_4 | 0.129 | 0.720 | -0.637 | 0.526 | -0.250 | 0.392 |
| SUMB1 | 0.837 | 0.364 | -3.086 | 0.003 | -2.989*** | 0.969 |
| SUMB2 | 0.197 | 0.659 | -2.522 | 0.014 | -2.498** | 0.991 |
| SUMB3 | 3.805 | 0.055 | 1.128 | 0.263 | 0.850 | 0.754 |
| SUMB4 | 6.392 | 0.014 | -2.913 | 0.005 | -2.424*** | 0.832 |
| SUMB5 | 0.299 | 0.587 | -2.390 | 0.020 | -2.414** | 1.010 |
| SUMB6 | 0.573 | 0.452 | -1.238 | 0.220 | -1.097 | 0.886 |
| SUMB7 | 9.944 | 0.002 | 1.776 | 0.081 | 1.913* | 1.077 |
| SUMB8 | 0.996 | 0.322 | 0.726 | 0.470 | 0.877 | 1.209 |
| SUMB9 | 0.045 | 0.833 | -1.674 | 0.099 | -1.652 | 0.987 |
| SUMB | 0.797 | 0.375 | -1.683 | 0.097 | -9.434* | 5.605 |

注：符号"***"、"**"和"*"分别表示在 1%、5%和 10%的水平上显著。

从表中可以看出，实验组在实施积分制前员工满意度显著低于控制组，其满意度总得分均值比控制组低 9.434，在 10%水平上显著。

## 四、实验组后测与控制组后测均值差异检验

### 1. 敬业度

表 5-24　实验组后测与控制组后测敬业度均值差异独立样本 t 检验

| | 方差方程的 Levene 检验 | | 均值方程的 t 检验 | | | |
|---|---|---|---|---|---|---|
| | F 值 | 显著性 | t 值 | 显著性（双尾） | 均值差值 | 标准误差值 |
| A1 | 3.264 | 0.073 | -1.104 | 0.272 | -0.217 | 0.196 |
| A2 | 0.115 | 0.735 | 0.058 | 0.954 | 0.011 | 0.181 |
| A3 | 0.013 | 0.909 | 1.396 | 0.166 | 0.334 | 0.239 |
| A4 | 0.589 | 0.444 | -0.777 | 0.439 | -0.185 | 0.238 |
| A5 | 2.606 | 0.109 | 1.433 | 0.155 | 0.349 | 0.244 |
| A6 | 0.320 | 0.573 | 0.581 | 0.562 | 0.139 | 0.239 |
| A7 | 0.668 | 0.416 | 0.579 | 0.564 | 0.131 | 0.227 |
| A8 | 0.270 | 0.604 | -0.190 | 0.850 | -0.045 | 0.239 |
| A9 | 0.206 | 0.651 | 0.575 | 0.567 | 0.109 | 0.190 |
| A10 | 1.423 | 0.235 | 0.031 | 0.975 | 0.007 | 0.211 |
| A11 | 0.394 | 0.531 | -0.762 | 0.448 | -0.185 | 0.242 |
| A12 | 0.520 | 0.472 | 0.208 | 0.836 | 0.046 | 0.222 |
| SUMA | 3.998 | 0.048 | 0.431 | 0.667 | 0.628 | 1.458 |

注：符号"***"、"**"和"*"分别表示在 1%、5% 和 10% 的水平上显著。

从表中可以看出，实验组在实施积分制后，员工敬业度与控制组相比，没有显著差异。

### 2. 工作满意度

表 5-25　实验组后测与控制组后测工作满意度均值差异独立样本 t 检验

| | 方差方程的 Levene 检验 | | 均值方程的 t 检验 | | | |
|---|---|---|---|---|---|---|
| | F 值 | 显著性 | t 值 | 显著性（双尾） | 均值差值 | 标准误差值 |
| B1_1 | 9.110 | 0.003 | 1.014 | 0.313 | 0.323 | 0.319 |
| B1_2 | 0.227 | 0.635 | 6.404 | 0.000 | 1.913*** | 0.299 |
| B1_3 | 1.913 | 0.169 | 3.543 | 0.001 | 0.917*** | 0.259 |
| B1_4 | 0.559 | 0.456 | 0.238 | 0.812 | 0.067 | 0.282 |
| B2_1 | 2.082 | 0.152 | 3.455 | 0.001 | 0.940*** | 0.272 |

| | 方差方程的 Levene 检验 | | 均值方程的 t 检验 | | | |
| --- | --- | --- | --- | --- | --- | --- |
| | F 值 | 显著性 | t 值 | 显著性（双尾） | 均值差值 | 标准误差值 |
| B2_2 | 2.667 | 0.105 | 0.524 | 0.601 | 0.145 | 0.277 |
| B2_3 | 3.597 | 0.060 | 0.282 | 0.779 | 0.081 | 0.288 |
| B2_4 | 0.371 | 0.544 | -0.123 | 0.903 | -0.035 | 0.284 |
| B3_1 | 2.819 | 0.096 | 2.546 | 0.012 | 0.627** | 0.246 |
| B3_2 | 1.377 | 0.243 | -2.239 | 0.027 | -0.606** | 0.270 |
| B3_3 | 0.462 | 0.498 | -1.877 | 0.063 | -0.526* | 0.280 |
| B3_4 | 0.155 | 0.695 | 1.513 | 0.133 | 0.361 | 0.238 |
| B4_1 | 0.000 | 0.991 | 4.863 | 0.000 | 1.209*** | 0.249 |
| B4_2 | 2.450 | 0.120 | 0.722 | 0.472 | 0.210 | 0.291 |
| B4_3 | 1.052 | 0.307 | 0.087 | 0.931 | 0.024 | 0.273 |
| B4_4 | 2.758 | 0.099 | 4.685 | 0.000 | 1.234*** | 0.263 |
| B5_1 | 1.422 | 0.235 | -0.029 | 0.977 | -0.009 | 0.305 |
| B5_2 | 5.260 | 0.024 | 3.870 | 0.000 | 0.875*** | 0.226 |
| B5_3 | 0.004 | 0.948 | 3.243 | 0.002 | 0.901*** | 0.278 |
| B5_4 | 0.874 | 0.352 | 4.896 | 0.000 | 1.164*** | 0.238 |
| B6_1 | 4.354 | 0.039 | 0.420 | 0.675 | 0.121 | 0.288 |
| B6_2 | 0.289 | 0.592 | 1.283 | 0.202 | 0.321 | 0.250 |
| B6_3 | 0.879 | 0.350 | 5.891 | 0.000 | 1.564*** | 0.265 |
| B6_4 | 0.016 | 0.899 | 1.003 | 0.318 | 0.289 | 0.288 |
| B7_1 | 0.275 | 0.601 | -0.724 | 0.470 | -0.169 | 0.233 |
| B7_2 | 2.177 | 0.143 | -0.767 | 0.445 | -0.241 | 0.314 |
| B7_3 | 0.222 | 0.638 | 0.156 | 0.876 | 0.034 | 0.215 |
| B7_4 | 0.993 | 0.321 | -3.914 | 0.000 | -1.259*** | 0.322 |
| B8_1 | 3.426 | 0.067 | -2.642 | 0.009 | -0.770*** | 0.291 |
| B8_2 | 0.043 | 0.835 | -0.726 | 0.469 | -0.198 | 0.273 |
| B8_3 | 0.001 | 0.978 | 0.386 | 0.700 | 0.113 | 0.294 |
| B8_4 | 0.001 | 0.972 | 0.525 | 0.600 | 0.145 | 0.277 |
| B9_1 | 0.650 | 0.422 | -0.079 | 0.937 | -0.021 | 0.271 |
| B9_2 | 1.047 | 0.308 | 0.025 | 0.980 | 0.007 | 0.296 |
| B9_3 | 0.196 | 0.659 | 2.443 | 0.016 | 0.699** | 0.286 |
| B9_4 | 0.976 | 0.325 | 2.557 | 0.012 | 0.784** | 0.307 |
| SUMB1 | 0.483 | 0.489 | 4.622 | 0.000 | 3.277*** | 00.709 |
| SUMB2 | 0.218 | 0.642 | 1.941 | 0.055 | 1.305* | 00.672 |

续表

| | 方差方程的 Levene 检验 | | 均值方程的 t 检验 | | | |
| --- | --- | --- | --- | --- | --- | --- |
| | F 值 | 显著性 | t 值 | 显著性（双尾） | 均值差值 | 标准误差值 |
| SUMB3 | 5.700 | 0.019 | -0.314 | 0.754 | -00.199 | 0.632 |
| SUMB4 | 2.335 | 0.129 | 3.556 | 0.001 | 2.526*** | 0.710 |
| SUMB5 | 0.559 | 0.456 | 3.942 | 0.000 | 2.880*** | 0.731 |
| SUMB6 | 1.388 | 0.241 | 3.816 | 0.000 | 2.179*** | 0.571 |
| SUMB7 | 4.805 | 0.030 | -2.284 | 0.024 | -1.499** | 0.656 |
| SUMB8 | 0.530 | 0.468 | -0.620 | 0.537 | -00.471 | 0.761 |
| SUMB9 | 1.360 | 0.246 | 1.991 | 0.049 | 1.436** | 0.721 |
| SUMB | 0.014 | 0.907 | 3.061 | 0.003 | 11.434*** | 3.735 |

注：符号"***"、"**"和"*"分别表示在1%、5%和10%的水平上显著。

资料来源：作者整理。

从表 5.25 可以看出，实验组在实施积分制后员工工作满意度均值总分比控制组高 11.434，在 1%的水平上显著。

## 五、实验结果及分析

### （一）实验结果

实验组及控制组员工敬业度、工作满意度总分均值差异检验结果汇总如下（见表 5-26、表 5-27、图 5.3、图 5.4）：

表 5-26 实验组与控制组组内前测与后测的差异比较

| 组别 | 检验变量 | 测试顺序 | 个数 | 均值 | 均值差 | 标准差 | t 值 |
| --- | --- | --- | --- | --- | --- | --- | --- |
| 实验组 | 敬业度 | 前测 | 35 | 35.571 | 6.475*** | 9.037 | 3.444 |
| | | 后测 | 65 | 42.046 | | 8.931 | |
| | 工作满意度 | 前测 | 35 | 120.771 | 16.644*** | 24.599 | 3.616 |
| | | 后测 | 65 | 137.415 | | 20.414 | |
| 控制组 | 敬业度 | 前测 | 34 | 39.676 | 1.742 | 11.622 | 0.789 |
| | | 后测 | 55 | 41.418 | | 7.031 | |
| | 工作满意度 | 前测 | 34 | 130.206 | -4.224 | 21.827 | -0.925 |
| | | 后测 | 55 | 125.982 | | 20.367 | |

注：符号"***"、"**"和"*"分别表示在1%、5%和10%的水平上显著。

资料来源：作者整理。

表 5-27　　实验组与控制组组间前测与后测的差异比较

| 测试顺序 | 检验变量 | 组别 | 个数 | 均值 | 均值差 | 标准差 | t 值 |
|---|---|---|---|---|---|---|---|
| 前测 | 敬业度 | 实验组 | 35 | 35.571 | -4.105 | 9.037 | -1.635 |
| | | 控制组 | 34 | 39.676 | | 11.622 | |
| | 工作满意度 | 实验组 | 35 | 120.771 | -9.434* | 24.599 | -1.683 |
| | | 控制组 | 34 | 130.206 | | 21.827 | |
| 后测 | 敬业度 | 实验组 | 65 | 42.046 | 0.628 | 8.931 | 0.431 |
| | | 控制组 | 55 | 41.418 | | 7.031 | |
| | 工作满意度 | 实验组 | 65 | 137.415 | 11.434** | 20.414 | 3.061 |
| | | 控制组 | 55 | 125.982 | * | 20.367 | |

注：符号"***"、"**"和"*"分别表示在 1%、5%和 10%的水平上显著。
资料来源：作者整理。

实验假设的检验结果如下：

1. 实验假设 1 成立

均值差异检验结果表明，实验组实验前、后的员工敬业度和工作满意度都在 1%的水平上得到了显著的提升。因此，实验假设 1 得到证实。

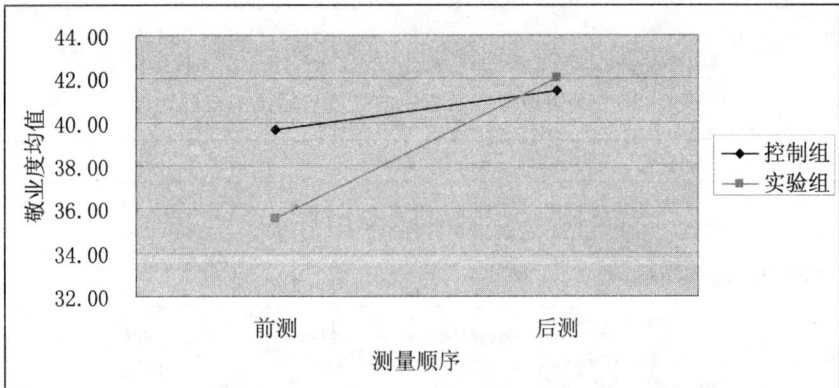

图 5.3　　实验组与控制组敬业度前后测结果对比图

资料来源：作者整理。

2．实验假设 2 成立

均值差异检验结果表明，没有接受实验刺激的控制组实验前、后的员工敬业度和工作满意度均没有显著变化。证实了实验假设 2。

因此，本研究的实验假设成立。

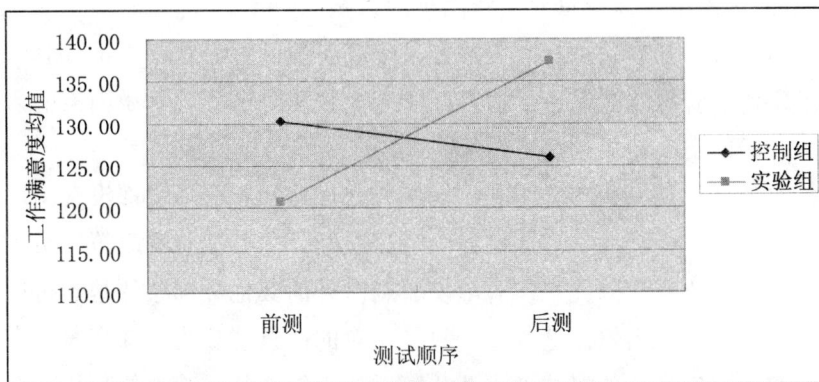

**图 5.4　实验组与控制组工作满意度前后测结果对比图**

资料来源：作者整理。

3．实验假设 3 在员工工作满意度上成立

均值差异检验结果表明，实验组实验后的员工满意度在 1%水平上显著高于控制组。在员工工作满意度方面，实验假设 3 得到了验证。

在员工敬业度方面，无论是实验前还是实验后，实验组员工的敬业度与控制组相比，均没有发生显著的变化。本研究认为，这主要是由于实验时间短。这个推测本可以通过延长实验时间来进一步验证，但由于时间限制，虽然实验仍在继续，但本书无法体现出来了。

本研究认为，虽然假设 3 在员工敬业度方面没有得到实验证实，但仍可以看出实验组通过实验刺激后，其敬业度得分提高水平大大高于控制组。这从实验组和控制组实验前、后员工敬业度得分的变化趋势（见图 5.3）可以看出。实验前实验组员工的敬业度得分以较大的差距低于控制组，但实验组实施实验刺激后，其员工敬业度得分大幅提升，并略高于控制组的水平。从图中可以看出，虽然实验组和控制组的敬业度在实验前、后均有一定程度的改善，但实验组改善的程度更大（斜率更大）。

因此，实验假设 3 进一步证实了实验假设的效度。

## （二）讨论

### 1. 实验中其他变量对实验结果的影响

不能对外部变量进行有效控制是现场实验的一个重要不足。因此，采用现场实验方法时，应尽可能减少因变量受到非实验刺激因素的影响，以保证实验结果的信度。

实验进行期间，实验组和控制组所处行业和社会环境都没有出现较大的变化，企业的管理团队、除考核激励外的其他管理政策、员工构成均没有改变。因此，实验除实验刺激外的其他外部条件基本可以认为保持不变。当然，这种不变只是相对的，只能认为外部变量没有对因变量产生显著的影响。因此，可以认为因变量反映出的变化主要是由实验刺激引起的，实验结果是可信的。

### 2. 实验组与控制组实验前存在差异问题

从测试结果可以看出，实验前实验组员工的工作满意度显著地低于控制组，敬业度不显著地低于控制组。

对于这些差异产生的原因，本研究认为主要是由于两企业的工资差异引起的。控制组企业 B 的母公司 D 是外资企业，因此控制组企业 B 的平均工资水平一直处于行业的领先水平，并明显高于企业所在地居民的平均收入水平。而实验组企业在薪酬上采用的是略高于当地居民收入水平的政策。实验前，控制组实际平均工资水平是实验组的 1.6 倍左右，因此，控制组企业 B 员工的工作满意度（尤其是对薪酬的满意度）得分和敬业度得分在实验前都高于实验组 A。

从实验的角度来讲，实验组与控制组最好能完全相同，但从实际操作来讲则很难实现。由于受试企业的员工人数都不多，因此，无法在同一个企业中进行实验组和控制组的选择。只能选择两个类似的企业进行对比。受各方面条件的限制，本实验只能采用便利性抽样，这就很难避免企业之间存在的差异。这是本研究的一个不足。

3．实验的非测试结果及对本研究的启示

在梅奥实验（第二回合第三阶段的访谈实验）中，研究人员发现：虽然工作条件或劳动报酬实际上并没有改变，但是由于工人有了一个自由发表意见、发泄情绪的机会，工人普遍地认为自己的处境比以前好了。[235]:210 在本研究实验的进行过程中，笔者对此也深有感触。在实验过程中，那些非测试结果（如员工的心情和工作状态等）也是对本实验结果的一种检验，从某种程度上说，这种检验的结果更引人思考。

从结果上看，实验组员工的工作满意度和敬业度均显著提升，但是，实验期间实验组员工的平均工资几乎没有改变。积分制激励机制在短期主要是一种"分饼"的机制，虽然这种机制在长期能促进"饼"做得更大（需要一定的时间）。实验过程中，考虑到企业的稳定，积分制所分配的资金总额在薪酬总额中占的比重并不大（约40%），因此，实验组员工由于积分制的实施获得的实际经济利益增长并不多。员工的工作满意度和敬业度之所以显著提高了，主要是因为员工的心理发生了变化。主要表现为以下几个方面：

（1）通过参与积分规则的制定和积分的自我考核，员工的主体性得到尊重，工作积极性增加。原先，实验组企业的管理是承包企业全套输出的"成熟"管理模式，实行总经理负责制。员工和基层管理人员被要求对制度进行全面实施，从来没有征求过员工的意见和看法，也没有员工合理化建议的制度和渠道。积分制实施后，所有积分制度和具体措施都由全员共同制定，制度形成后如有人提出合理的修改意见还能够增加积分，因为这些措施，大多数员工都认为公司的管理"改善"了，公司对自己更重视了。这在员工对A7（在工作中，我觉得我的意见受到重视）、B3（管理者）等问题的回答的显著改善中可以得到体现。

（2）管理者对下属的关心、支持和服务明显改善，员工也因此对管理者更加认可。实验过程中，由于连带积分的刺激，管理者对员工的关心、支持和服务明显得到改善，重视员工意见、关心员工的工作和成长情况、鼓励下属发展的行为让员工感受到更多的关心和鼓励，员工回报的则是感恩的心、更加积极的工作态度和对管理者的更加认可。这从员工对 A4（在过去的七天里，我因工作出色而受到表扬）、A5（我觉得我的主管或同事关心我的个人情况）、A6（工作单位有人鼓励我的发展）、B5（偶然奖励）、B3（管理者）回答的显著改善可以证明。

（3）员工对工作环境公平感的认知增强。积分制通过积分规则制定和实施的全员参与保证了员工业绩考核的公平性，通过每件事的时时评分保证了考核的及时性。积分规则制定后能否得到积分主要与自己的努力程度有关，与原先绩效考核主要由管理者认定形成了鲜明的对比。因此，员工对工作环境的公平感认知明显增强，用他们自己的话说：感觉"风比原来正了，气比原来顺了"。这从员工对 B4（利益）、B5（偶然奖励）回答的显著改善可以证明。

综上所述，实验组员工在实验中的感受和表现更让笔者感受到以道为本激励哲学及操作模式的有效性和企业员工对其需求的迫切性，更确信了本研究的实践价值。

# 第六章　研究结论及展望

本章对本书的结论和创新点进行总结、概况，指出研究的局限，并提出下一步努力的方向。

## 第一节　研究结论

本研究在前人研究的基础上，从哲学层面对激励基本问题进行思考和研究。针对西方主流激励理论哲学基础存在的不足，结合中西方已有研究成果尤其是中国传统哲学思想和企业的成功激励实践，提出了以道为本的激励哲学，并以此为基础进一步提出了以道为本的激励操作模式——积分制考核激励模式，本研究还运用现场实验的方法对积分制考核激励模式的实施效果进行了验证。本书取得的成果和结论主要有以下几点：

### 一、从哲学层面分析了西方主流激励理论的贡献和存在的不足

在社会科学领域中，如果理论的哲学基础存在问题，其后续的展开就可能将问题进一步放大。因此，本研究首先从激励的根本问题入手，从哲学层面对西方主流激励理论的哲学基础进行审视，系统分析和整理了西方主流激励理论及其哲学曾经做出的贡献和仍存在的不足。

西方主流激励理论及其哲学的主要贡献体现在以下四个方面。

（1）通过对激励系统要素的探究深化了人们对激励要素的理解，充实了激励研究的内容；（2）通过对激励过程的剖析，揭示了激励作用的途径，深化了人们对激励过程的了解；（3）采用实证方法对激励相关概念（构念）间的关系进行了证实或证伪，增强了激励研究的科学性；（4）指导并促进了管理实践的不断发展。在人类物质生产水平还不够高的历史阶段，西方主流激励理论通过人们的物质需求激发人的潜力，促进了人类物质生产水平的提高，具有历史进步意义。

西方主流激励理论及其哲学存在的不足主要表现为三个方面。（1）在对激励目的认识上，西方激励哲学的基本观点和逻辑是理性经济人假设下的施激者利益最大化。由此导致的问题是：在同样作为理性经济人的受激者也追求自身利益最大化时，由于契约的不完全和信息的不对称，施激者的目的就很难实现；（2）在对激励主客体关系的认识上，西方激励哲学秉承了西方哲学的主客二元论，认为施激者是激励的主体，受激者是激励的客体。这种认识反映出施激者的强势地位和主导性，但忽视或剥夺了受激者的主体性；（3）在激励方式上，西方主流激励理论受前两个认识的影响，为己利而励人的、行为主义的、工具理性的激励方式成为主流。西方激励理论及其哲学存在不足的根源在于过分强调物质利益和施激者的主体地位。在目前人类物质生活水平已极大提高的情况下，由于人们精神需求重要性的提升和主体性诉求的回归，必然使其面临困境。

## 二、提出了以道为本的激励哲学

针对西方主流激励哲学思想的不足，在借鉴已有成果，尤其是中国传统哲学思想和企业成功激励实践的基础上，本研究提出了以道为本的激励哲学。

在对激励目的认识上，以道为本的激励哲学在新人性论假设下，强调施激者与受激者的互助性，提倡基于互惠基础上的相互感恩和共同发展，以塑造人性更完善的优秀员工为激励目标，通过造就优秀的人、造就优秀的产品和服务，从而实现最佳经济目标，更好地体现了激励的本质。

在激励主客体关系问题上，以道为本的激励哲学在道本管理四主体论基础上提出了激励四主体论。完善了二元激励主客关系认识的局限和不足，更系统、真实地反映了企业激励中的主客体关系。

在激励方式问题上，以道为本的激励哲学强调以推动受激者自励为基础的激励，推动激励主体性从他主体性向自主体性的转变。因此更符合人性发展规律，因而代表着激励理论的发展方向。

### 三、将"心智模式"构念引入 Locke 的激励整合经验模型中

借鉴中国传统文化中"心性"、"修行"的概念和做法，以道为本的激励哲学将最能代表"心性"概念的"心智模式"构念引入 Locke 的激励整合经验模型中，从而将以道为本的激励哲学的逻辑、途径和作用机理清晰完整地表达了出来，也为激励本质的落实提供了路径。

### 四、提出了以道为本的激励操作模式——积分制考核激励模式

本研究在以道为本的激励哲学思想指导下，提出了以道为本的激励操作模式——积分制考核激励模式，以促进以道为本激励哲学在实践中的应用和对其有效性检验提供条件。

### 五、通过现场实验对积分制考核激励模式的实施效果进行了检验

为了验证积分制考核激励模式的实际效果，本研究采用现场实验的方法，用 1 年时间在企业中对其实施效果进行了检验。实验结果证实：积分制考核激励模式的实施可以显著地提高员工的敬业度和工作满意度。

# 第二节　创新点

本研究的创新之处主要有以下几点：

## 一、在研究视角和方式上，从哲学层面对激励理论进行研究，从"根目录"上发现和解决激励理论存在的问题

通过对激励理论的文献回顾可以发现，对涉及激励的哲学层面的基本问题，如激励为什么，激励的本质是什么等，已有研究很少涉及。虽然一些研究对此类问题有所触及（多是心理学、哲学等非管理学领域），但总体而言，管理学研究对激励理论哲学层面问题的思考并不充分。从研究成果上看，中国多接受西方的观点，在西方理论的框架基础上对具体要素间的关系或具体操作进行讨论，而对问题的哲学层面的剖析、反思不够深入。

哲学是理论的理论，在一个具体问题的理论体系中居于"根目录"的位置，因此，对一个理论体系的哲学基础进行研究，相比较而言，意义更加重大，因为在社会科学领域中，如果理论的哲学基础存在问题，其后续的展开就可能将问题进一步放大。

本研究对激励哲学进行研究，试图从"根目录"上发现和解决问题，在激励问题研究中具有一定的创新性。

## 二、提出了一种新的激励哲学——以道为本的激励哲学

以道为本的激励哲学在新人性论假设下，通过集体契约构建和机制设计促使员工的心智模式改善和优化，实现员工心性提升基础上经济目标达成，个人目标达成基础上的企业目标实现的目的。以道为本的激励哲学在西方传统激励哲学从激励到经济效益的逻辑中增加了一个通过改善员工心智模式塑造更优秀员工的中介变量，强调通过"造就优秀的人"造就"优秀的产品和服务"，进而造就"优秀的企业"的作用机理。以道为本激励哲学在以下观点或命题上与以往研究明显不

同：

1. 不紧盯经济利益而关注"经济利益之母"

现有研究多将激励作为因，将施激者的经利效益作为果。本研究将造就更优秀的人（体现为人性更加成熟、能力更高）作为激励的果，而不直接考虑经济利益。人是企业所有资源中唯一具有能动性的因素，因而，在其他因素相同的情况下，优秀的人是创造好的经济成果的条件之一。本研究将企业激励的目标指向造就更优秀的人，直面激励的本质，更符合社会发展的方向。

2. 认为企业激励关系中存在四对相互作用的激励主客体关系

除了传统的施激者外，每个人自己、受激者以及企业外部的利益相关者都是激励的主体。传统的"施激者是激励主体，受激者是激励客体"的二元主客体关系的看法过于强调施激者的地位和强势，忽视受激者的主体性。其实，施激者和受激者在本质上是一对相互依赖的互助共利体，企业与利益相关者也是一对相互依赖的互助共赢体。单一的二元激励主客关系没有反映出激励关系的系统性和整体性，激励四主体论则更加完整清晰地表述了企业中的激励主客体关系系统。

3. 认为企业激励的作用是促人自励，最有效的激励应建立在自我激励的基础之上

现有研究多着眼于外部激励。由于人的主体性的存在，外部激励是弱激励，自我激励才是强激励。外部激励的强度远不及自我激励，还可能会产生明显的"副作用"。本研究把外部激励建立在促人自励的目标上，以提高激励效果，并将外部激励的副作用控制在最小的范围内。激励从他励到自励的转变本质上是将激励由外部主体性的推动转变为自我主体性为了自我完善的自主要求，实现激励源动力由"他"到"己"的转变，激励主体性由"外主体性"到"自主体性"的转变。

4. 保证程序公平和结果公正，坚持效率优先的同时兼顾共同发展

企业中每个人的天赋、需求都不同，但企业不可能为每一个人设计一种激励制度来解决每个人的激励诉求。用一种方式如何解决所有人的激励问题是当前激励理论面对的难题。以道为本的激励模式用积分制来解决这个问题。在积分制考核激励模式中，激励契约的范围没

有限制，可以包括每个员工所需的项目。积分的上限没有限制，只要愿意努力，就可获得受到大家认可项目的积分。对激励对象的人数也没有限制，用资格达标制确定受激励者的数量，只要达到标准都可以得到奖励，没有人数限制，能否获奖只取决于自己的努力程度，鼓励所有人不断超越，避免了定额选拔制下获奖标准水涨船高且永远只有少数人获奖的不足。当然，每个人的需求不同，对于能达到企业的基本要求，但不愿过于辛苦或没有很高收益要求的员工，企业也给其提供合理的生存空间。不过，在这种情况下，当事人要认可比自己更付出、更努力员工的收入高于自己的结果。

　　5. 实现激励手段与目的的统一

　　以道为本的激励将激励的直接目标定位于促使受激者向人性更成熟、能力更优秀的方向上成长。在激励手段上通过积分这种方式帮助受激者的心智模式不断成熟和完善，并最终实现无需他励的自我激励，更好地实现了激励手段与目的的统一。从他励到自励的转变，反映的是激励主体性由外部主体性向自我主体性的转变，一字之差却有着哲学本质的不同。每个人自我主体性的自由和彰显是人性发展和社会进步的目标，以自励为基础的激励更能代表激励理论的发展方向。

## 三、将"心智模式"构念引入激励整合经验模型

　　西方激励理论在分析激励系统中各要素之间的关系时通常假设受激者需求、个性和价值观不变（除非讨论这三个变量与其他变量的关系时）。实际上，一个人的需求、个性和价值观既具有一定的稳定性，又处于不断的变化之中。如果某个变量能够使受激者的需求、个性和价值观产生显著的变化，那就应该将其纳入到激励整合模型中。

　　中国传统文化中一直有"心性"和"修行"的理念，是指通过学习或某种方式的行动使自己的品德和修养达到更高的境界。儒家"修身、齐家、治国、平天下"的理念就是将修身作为一个人做任何事的基础。在中国文化中，修身的目标非常明确，都指向伦理意义上的人格完善——成为君子。中国传统文化中的心性概念与西方学者提出的心智模式概念近似，因而不少中国学者用已被广泛认可的心智模式来

代表心性的概念。以道为本的激励哲学受心性、修行概念和做法的启发，认为激励可以具有类似修行的作用，促使人的心智模式产生改变，进而就会影响其需求、个性和价值观，使其对激励的认知发生改变。以道为本的激励在激励目标上定位于造就优秀的人，造就的途径就是塑造其具有优秀的心智模式。因此，本研究将"心智模式"构念引入到 Locke 的激励整合经验模型中，完整、清晰地将以道为本激励哲学的逻辑和作用机理体现出来。"心智模式"构念为激励本质的落地提供了具体的支点。

## 四、设计了一种新的激励模式——积分制考核激励模式

为了使以道为本的激励哲学落地和便于对其效果进行检验，本研究提出了以道为本的激励操作模式——积分制考核激励模式。积分制考核激励模式借鉴"功过格"的做法，在激励中为每个人的成长实施积分计划，让每个人为自己积分（正面的加分，负面的减分），每个人都可以根据自己的成长和进步得到不同的积分（奖励），积分的累积决定个人的物质和精神收益，以实现激励是帮助组织中的每一个人走向更加成熟，并全面实现自己目标的目的。积分还与上级和相关人员联动，使管理就是服务的理念落到实处。

积分制与传统激励的根本区别在于通过促人心智完善而更好地达到激励目的。企业的所有人时时、事事都在积分，每天都要计算自己当天的积分"收益"，以衡量自己的进步水平，非常便于当事人每天的总结和提高。这与中国传统文化中利用"功过格"进行修行所起到的作用是相同的。如果积分项目是可以滋养人心性成长的，这样日积月累，一个人心性的成熟度就会改善，再加上别人的帮助和自己的努力，能力就会提高。当提高到一定程度时，就会把敬业工作、帮助服务他人、不断提升自身素质和修养当作自我实现的需求、人之为人的根本和最佳的生活方式，就会有一种自我提升的强大动力。此时，企业激励的目标已成为其自觉保持的日常状态，外部激励的作用已很有限。当然，这是一种相对理想的状态，现实中不是所有人都能达到。但每个追求自我实现的人都应向这个方向努力。

积分制强调制度契约（尤其是心理契约）的形成和完善，通过全员参与共同制定激励制度，使制度成为自我的要求。积分制强调自我考核，每个人首先对自己进行考核，在此基础上，管理人员帮助下属成长和提高。实现由他励到自励的转变。积分制还最大程度地保障了程序的公平和结果的公正，做出贡献可以得分、实现创新可以得分、主动进步可以得分、热心助人可以得分、服务顾客和同事受到好评可以得分、积极配合可以得分、建设团队可以得分、学习进步可以得分、发现问题可以得分、做出优秀公民行为可以得分……在某些项目上能力弱没关系，总有适合的项目可以得分。所有积分项的标准都统一，只要达到标准，谁都可以得。积分制确定奖励对象采用资格达标制，只要努力，都有希望和途径得到奖励，最大可能地调动每个人成长的愿望。每月积分连续达到一定标准自动晋级，保持不住自动降级。只要想进步就有机会，只要想努力总有空间。这些都与传统激励方式明显不同。

当然，积分制也通过负分项保证底线，并将负分项的出现视为一种求助信号。负分出现时，可能是因为偶然失误或能力不足，说明有人需要帮助，可以提醒其他人及时对其提供帮助。如果是态度问题，也是一种求助信号，应及时帮助关心，找到原因，从根源上解决问题。

## 五、用现场实验法对积分制考核激励模式的有效性进行了实证验证

对激励问题的实证研究大多采用了相关分析法。相关分析法一般只对过去的相关统计资料进行处理，不需要对研究环境进行控制，操作起来相对容易和简单。实验法则需要在实验室或实际企业中进行，资料搜集与研究过程同步，需要对研究环境和变量进行一定的控制，操作起来限制条件多，耗费时间较长、难度大。因而较少被激励研究采用。

管理学是一门实践性很强的学科，对管理理论效果进行验证的最好方法应首选实验法，正如皮特林·A. 索罗金（Pitirim A. Sorokin）所说，要对社会行为和社会现象的发展变化做出解释、预测和控制，

只能通过实验，其他方法无法完全达到这些目的[236]。本研究采用现场实验的方法对激励问题进行研究，在激励研究中也算是一种新的尝试。

# 第三节　研究局限与未来展望

本研究虽然取得了一些成果，但限于笔者的研究能力和研究条件，仍然存在诸多的局限和不足，需要在以后的研究中进一步完善。

## 一、研究局限与不足

1. 实验时间短，实验的进度未完全达到预期

本研究的现场实验原计划进行 1 年时间。但由于受试企业缺乏必要的实施基础，因此笔者用了 4 个月时间帮助受试企业完善工作说明书、工作流程及工作标准，因而实验实际只进行了 8 个月。受到时间的限制，本次实验只实施了积分制的大部分内容，主要包括：积分规则的制定、每天工作考核的积分化、每月绩效工资与个人月积分的直接挂钩，但是，像连带积分、团队积分和优秀公民行为积分等还未得到很好的落实。因此，积分制对员工心智模式完善和优化的作用不能充分体现出来。虽然实验结果已显著地支持了实验假设，但如果时间更长，实验的效果应该会更好。

2. 在样本的选取上存在便利性抽样问题

由于时间和能力的限制，本研究只能利用个人和朋友的社会资源选取样本，采取了便利性抽样。尽管样本在可比性等方面已经较强，但在研究的规范性上仍然存在不足。

3. 无法对外部变量进行控制

无法对外部环境变量进行控制是现场实验自身的一个缺陷。虽然如前文所述，实验期间外部环境并没有出现重大的变化，但要保证没有任何变化很难实现，只能通过观察和推论得出外部变量未对实验产生影响的推论。

4. 对中国企业成功激励实践案例挖掘不足

本研究原计划写一章中国企业成功激励实践的案例分析，作为实验实证的补充以提高研究结论的信度和效度。笔者已收集了很多案例资料，但由于时间和精力的限制，这一想法最终未能实现。

## 二、下一步努力的方向

1. 进一步对以道为本的激励哲学进行理论上的完善。

通过实验中的切身感受，笔者更加坚信以道为本激励模式和哲学思想的正确性。通过企业员工对其的支持程度，还可以感受到管理实践对以道为本激励理论需求的急迫性。当员工知道自己也可以参与激励制度和规则的制订时，无不表现出吃惊和开心。当员工得知自己的努力可以通过积分得到体现时，工作的积极性和主动性马上就被调动起来，管理者与下属的关系也变得更加融洽。还是同样的人，同样的环境，工作报酬几乎没有改善，但员工的工作态度已与以前完全不同。笔者将继续将本研究深入下去，进一步对以道为本的激励理论进行完善。

具体地说，本研究将在以下几个方面继续努力：

一是将本实验继续进行下去，笔者会继续跟踪实验进展，对实验效果进行持续的分析。

二是多选几家企业进行积分制激励实验，进一步检验积分制考核激励模式实施的效果。

三是完成对中国成功激励实践的案例研究。

四是根据在企业中的实践进一步完善积分制考核激励模式，提高其可操作性、效果和适用范围。

2. 进一步推动积分制考核激励模式的实践应用。

笔者将以本研究为基础，通过发表文章、进一步完善操作细则、免费咨询并帮助实施指导等方式大力推动积分制考核激励模式在企业管理实践中的应用。在应用的过程中对积分制考核激励模式不断进行完善，进一步提高其规范性和有效性。

# 附录 A　本研究使用的员工敬业度及工作满意度量表

尊敬的工友：

您好！

我们正在进行一项有关煤炭行业员工工作环境和工作满意度的课题研究，为此，我们设计了这个问卷请您填答，本问卷仅供学术研究使用，所有答卷都不会让您所在企业的人员查看，您不必署名，请放心填答。

回答没有"对""错"之分，只要求您表达出真实感受。由于回答的真实性对于我们的研究特别重要，请一定如实填答，并且不要漏项。谢谢您对中国学术研究的支持！

祝您工作愉快，万事如意！

南开大学商学院企业文化研究中心<br>年　月

填写说明：选择的分数越**高**代表您越**赞同**下面的描述，分数越**低**代表您越**不赞同**下面的描述。选择结果只代表您认为现在单位所处的状态，**请在您认为最能反映您真实感受的数字上打"√"。**

表一

| 跟您目前的状况相比，您对以下的陈述的感受是 | 完全不同意 | 有一点同意 | 同意一半 | 基本上同意 | 完全同意 |
|---|---|---|---|---|---|
| 1　我知道公司对我的工作要求。 | ① | ② | ③ | ④ | ⑤ |

续表

| 2 | 我有做好我的工作所需要的材料和设备。 | ① | ② | ③ | ④ | ⑤ |
|---|---|---|---|---|---|---|
| 3 | 在工作中，我每天都有机会做我最擅长做的事。 | ① | ② | ③ | ④ | ⑤ |
| 4 | 在过去的七天里，我因工作出色而受到表扬。 | ① | ② | ③ | ④ | ⑤ |
| 5 | 我觉得我的主管或同事关心我的个人情况。 | ① | ② | ③ | ④ | ⑤ |
| 6 | 工作单位有人鼓励我的发展。 | ① | ② | ③ | ④ | ⑤ |
| 7 | 在工作中，我觉得我的意见受到重视。 | ① | ② | ③ | ④ | ⑤ |
| 8 | 公司的使命/目标使我觉得我的工作重要。 | ① | ② | ③ | ④ | ⑤ |
| 9 | 我的同事们致力于高质量的工作。 | ① | ② | ③ | ④ | ⑤ |
| 10 | 我在工作单位有一个最要好的朋友。 | ① | ② | ③ | ④ | ⑤ |
| 11 | 在过去的六个月内，工作单位有人和我谈及我的进步。 | ① | ② | ③ | ④ | ⑤ |
| 12 | 过去一年里，我在工作中有机会学习和成长。 | ① | ② | ③ | ④ | ⑤ |

表二

| | 跟您目前的状况相比，您对以下的陈述的感受是 | 非常不同意 | 比较不同意 | 有点不同意 | 有点同意 | 比较同意 | 非常同意 |
|---|---|---|---|---|---|---|---|
| 1 | 我觉得自己做的工作可以得到一个公平的回报 | ① | ② | ③ | ④ | ⑤ | ⑥ |
| 2 | 薪水增加的太少了 | ① | ② | ③ | ④ | ⑤ | ⑥ |
| 3 | 我一想起来厂里付我的薪水就觉得他们对我不够重视 | ① | ② | ③ | ④ | ⑤ | ⑥ |
| 4 | 我对自己涨薪水的机会感到满意 | ① | ② | ③ | ④ | ⑤ | ⑥ |
| 5 | 我工作晋升的机会太少了 | ① | ② | ③ | ④ | ⑤ | ⑥ |
| 6 | 凡是那些在工作中表现出色的人都获得了公平晋升的机会 | ① | ② | ③ | ④ | ⑤ | ⑥ |
| 7 | 在这工作的人可以和在别的地方一样发展迅速 | ① | ② | ③ | ④ | ⑤ | ⑥ |
| 8 | 我对我的晋升机会感到满意 | ① | ② | ③ | ④ | ⑤ | ⑥ |
| 9 | 我的上级很能胜任他的职务 | ① | ② | ③ | ④ | ⑤ | ⑥ |
| 10 | 我的上级对我不公平 | ① | ② | ③ | ④ | ⑤ | ⑥ |
| 11 | 我的上级对下属的想法一点兴趣也没有 | ① | ② | ③ | ④ | ⑤ | ⑥ |
| 12 | 我喜欢我的上级 | ① | ② | ③ | ④ | ⑤ | ⑥ |
| 13 | 我对我得到的利益并不满意 | ① | ② | ③ | ④ | ⑤ | ⑥ |
| 14 | 我们在厂里得到的利益和在其他选煤厂（或企业）中能够得到的利益一样多 | ① | ② | ③ | ④ | ⑤ | ⑥ |

续表

| 15 | 利益分配是公平的 | ① | ② | ③ | ④ | ⑤ | ⑥ |
|---|---|---|---|---|---|---|---|
| **16** | **我们没有得到应该得到的利益** | ① | ② | ③ | ④ | ⑤ | ⑥ |
| 17 | 当我在工作中表现出色时，我会得到我本应得到的奖励 | ① | ② | ③ | ④ | ⑤ | ⑥ |
| **18** | **我感觉我做的工作没有得到赏识** | ① | ② | ③ | ④ | ⑤ | ⑥ |
| 19 | 在这工作的人很少会得到奖励 | ① | ② | ③ | ④ | ⑤ | ⑥ |
| **20** | **我认为自己的努力没有得到应有的回报** | ① | ② | ③ | ④ | ⑤ | ⑥ |
| 21 | 我们的很多制度和程序都阻碍了工作的顺利完成 | ① | ② | ③ | ④ | ⑤ | ⑥ |
| **22** | **我的工作很少被制度或程序所打断（或干扰）** | ① | ② | ③ | ④ | ⑤ | ⑥ |
| 23 | 我有太多的工作要做 | ① | ② | ③ | ④ | ⑤ | ⑥ |
| **24** | **我有太多的文书工作（如计划、总结、汇报等）要处理** | ① | ② | ③ | ④ | ⑤ | ⑥ |
| 25 | 我喜欢和我共事的人 | ① | ② | ③ | ④ | ⑤ | ⑥ |
| **26** | **我发觉我必须更努力地工作，因为与我共事的人能力都不行** | ① | ② | ③ | ④ | ⑤ | ⑥ |
| 27 | 我喜欢和同事相处 | ① | ② | ③ | ④ | ⑤ | ⑥ |
| **28** | **工作中经常会发生斗嘴或争吵** | ① | ② | ③ | ④ | ⑤ | ⑥ |
| 29 | 我有时觉得我的工作一点意义都没有 | ① | ② | ③ | ④ | ⑤ | ⑥ |
| **30** | **我喜欢自己工作中所干的事** | ① | ② | ③ | ④ | ⑤ | ⑥ |
| 31 | 我有一种对自己从事工作的自豪感 | ① | ② | ③ | ④ | ⑤ | ⑥ |
| **32** | **我的工作能使人感到愉快** | ① | ② | ③ | ④ | ⑤ | ⑥ |
| 33 | 这个厂的人际交往看上去很不错 | ① | ② | ③ | ④ | ⑤ | ⑥ |
| **34** | **我对这个厂的目标还很不明确** | ① | ② | ③ | ④ | ⑤ | ⑥ |
| 35 | 我经常感到不知道厂里会发生什么事 | ① | ② | ③ | ④ | ⑤ | ⑥ |
| **36** | **工作任务经常得不到全面的解释** | ① | ② | ③ | ④ | ⑤ | ⑥ |

您的：

1. 性别：男□　女□

2. 年龄：20 岁以下□　21～25 岁□　26～30 岁□　31～35 岁□　36 ～45 岁□　45 岁以上□

3. 工龄：总工龄＿＿＿年；在目前单位工龄＿＿＿年

4. 学历：初中及以下□　高中□　中专□　大专□　本科□　研究生□

5.　所在部门：生产□　机修□　电修□　经营（财务、库房、司机等）□

6.　职位：员工□　工长□　值班经理□　副厂长（或厂长助理）□

问卷到此结束，请再检查一下是否还有问题没有填答。再次感谢并祝您工作顺利、万事如意！

# 附录 B  A 选煤厂工资奖金分配积分制考核激励办法

为了充分调动员工的积极性，特制定本工资奖金分配积分制考核激励暂行办法。

一、总则。本办法力求公平、公正，按照多劳多得的原则进行考核和分配。

二、工资奖金的构成。员工的薪酬分两部分：技能工资和绩效工资。技能工资的标准按照岗位制定，员工岗位调整后厂长批准到财务办理岗位工资变更手续。绩效工资按积分确定。

三、技能工资的计算。技能工资按照出勤的多少计算（满勤按 22 天计算）。基本工资按（出勤天数×月技能工资标准）/22 天计算。超出 22 天者每人每天增加 50 元。

四、绩效工资的计算。绩效工资按积分计算。

1. 生产班绩效工资积分与产量、安全、质量和文明生产等挂钩，按以下规则计算。

（1）每班入洗 100 吨原煤得 1 分；

（2）安全无事故每入洗 100 吨原煤得 1 分，班中出现轻伤则不得分，出现重伤以上人身事故从事故日算起一个月不得安全分；

（3）产品质量合格（根据化验室提供的快灰检测报告，精煤灰分 7%—8%之间）每入洗 100 吨原煤加 1 分，产品质量不合格（灰分在 9%—10%）不得分，严重不合格（灰分在 10%以上）扣 1 分；

（4）文明生产。卫生工作前期由机修从上至下治理跑冒滴漏，治理一层移交生产班一层，同时也开始考核一层。治理时间为一个月，每提前一天奖励机修 300 分。之后生产班卫生有一处不合格考核班组 5 分，包括由厂领导检查发现的，及由交接班岗位工检查出的汇报调度由经理以上的管理人员确认的。

（5）生产过程中出现机电故障需机修班处理的，按照处理时间×处理人数×9 分（按 900 吨/小时计算）的标准将生产班的分数划拨给机修班；

（6）积分计算示例：生产一班某日入洗原煤 9400 吨。班中叫机修处理 302 刮板跳链，3 人 2 小时。灰分 7%～8%带煤 6300 吨，灰分 9%～10%带煤 3100 吨。则本班应得分为：入洗原煤得 94 分+安全无事故得 94 分+灰分考核得分 63 分-叫机修处理故障 54（3×2×9）分-卫生有两处不合格 10 分，即生产一班合计得分 187 分。

（7）每班按下表中的岗位系统将本班得分分配到个人：

表 B1　生产班岗位及岗位系数设置表

| 岗位 | 岗位系数 | 岗位人数 | 备注 |
|---|---|---|---|
| 1#岗 | 1.0 | 1 | |
| 2#岗 | 1.0 | 1 | |
| 3#、4#岗 | 主 1.1，副 1.05 | 2 | |
| 5#、6#岗 | 1.0 | 2 | |
| 7#、8#岗 | 1.05 | 2 | |
| 9#、10#岗 | 1.0 | 2 | |
| 11#岗 | 1.0 | 1 | |
| 12#、13#岗 | 1.0 | 2 | |
| 14#岗 | 1.0 | 1 | |
| 15#、16#岗 | 1.05 | 2 | |
| 17# | 无岗 1.0 | 2 | 在什么岗得什么分 |
| 18#岗 | 1.1 | 1 | |
| 19#岗 | 1.2 | 1 | |
| 20#岗 | 1.25 | 1 | |
| 合计 | | 21 | |

2．机电修按照生产班产量的 3.5％计算积分。机电修工作不得影响生产班洗煤时间，如出现按以下原则考核：耽误 1 小时考核机电修

27 分，将此分划拨给生产班帮助处理故障的员工。检修工作提前完成后，机电修班也可以洗煤，洗煤得分按生产班计算方法计算。如当日检修班生产 9000 吨，机电修得分 270 分-事故影响 3 小时考核 81 分＋机修洗煤得分 90 分，合计机电修得分 282 分。机电修班按下表中的岗位系统将本班得分分配到个人。

**表 B2　机电修岗位及岗位系数设置**

| 岗位 | 岗位系数 | 岗位人数 | 备注 |
|---|---|---|---|
| 电焊工 | 1.15 | 8 | |
| 机修工 | 1.05 | 7 | |
| 注油工 | 1.1 | 2 | |
| 学徒工 | 1.0 | 3 | |
| 电工 | 1.1 | 8 | |
| 配电工 | 1.0 | 4 | |
| 领工 | 加 0.5 系数 | | |
| 副班长 | 1.2 | 2 | |
| 班长 | 1.25 | 2 | |
| 合计 | | 36 | |

五、　特殊情况下的积分计算

1. 原煤仓拉空时，按每小时 27 分分别给生产和机电修计分。

2. 全月井下生产量不足 10 万吨时，按 10 万吨产量计分。

六、班长每天将班组得分报给财务作为工资结算的依据，上报时双方要签字确认，上报时间不得晚于次日下午 5 点，否则班组得分按 0 分计算，后果由班长承担。

七、为了避免为短期得分或本班组得分而野蛮生产，对以下情况进行考核：（1）设备带病工作没有经过经理以上领导认可，一经发现全天生产班记零分。（2）煤泥水紊乱的，黑水洗煤的（溢流浓度 100g/l 以上的）或造成压耙事故的，扣除班组前三天的全部得分。（3）及时发现设备存在隐患的员工，公司可视情节奖励本人 10～100 分。（4）双系统原煤入洗量要求在 900～950 吨，单系统入洗量要求在 650～700 吨。超过要求产量扣调度员 10% 的积分。

八、工长每月有 200 分、值班经理每月有 500 分、副厂长每月有 1000 分考核积分，用以对员工进行考核以及处理应急事务（如卸料）、工作方法创新、好人好事（详见附件：积分获得标准）等。获得奖励加分或扣分都需由本人提出申请，写明申请原因等情况，如有证明人，须有证明人本人签字。管理人员应在 2 个工作日内进行核实，如情况属实并符合规定，则签字确认，并上交厂长，厂长无异议后签字并交综合办进行公示 3 天。如有异议按相关规定处理。公示无异议后由综合办交财务计入个人积分。奖励积分用不完月底自动清零，如不够用可以向厂长申请。员工有扣分事项不主动申报，被管理人员发现或其他人员举报，查实后加倍处罚，出现两次停职反省，出现三次解除劳动合同。可奖励事项（附件）每半年更新一次，全员均可提出建议，经积分制领导小组会议讨论通过后实施。

九、各班组自行制定本班组的积分考核办法，报厂长批准实施。班组每日得分须当日进行分配。分配应公平公正，如一个月内有五名员工因分配不合理找厂长申诉，如情况属实则扣除班长当月积分的 10%，情节严重的取消班长资格。

十、班组得分包括集控员得分，集控员得分与副班组标准相同，班中由于集控员误操作，或者错误指挥造成事故减少洗煤量的，由班长对调度员进行考核。

十一、积分与奖励挂钩办法。

1. 员工月所获总积分与其月收入直接挂钩；因突出事迹获得积分的员工由选煤厂总结其事迹，并张榜表扬；因创造了新的工作方法获得积分的，新工作方法以创新者的名字命名并在总公司推广；月积分排名前三的员工进入厂荣誉榜，张榜展示；月度进步最大的员工由厂部给员工家庭寄贺信和 100 元奖金；获得优秀公民行为积分的员工，选煤厂将给其家庭及所在社区送感谢信，给其父母送感谢信、慰问品及慰问金（数额根据事迹确定）。

2. 员工半年或全年所获总积分与其半年或年终奖直接挂钩。年度总分最高的员工进入总公司年度积分榜，照片进入企业宣传册和总公司展示墙。连续三年总积分最高由总公司发放特别贡献奖。连续十年或不连续累积十五年全厂总积分最高可以成为总公司终身荣誉员工，参与公司分红，总公司为终身荣誉员工塑像并在企业展示厅陈列，退休后享受规定待遇。

3. 员工年度总积分及单项总积分将与企业年度评优直接挂钩，总积分最高者成为年度优秀员工，某单项总积分最高者是当然的单项优秀员工，如安全方面积分最高的员工获评年度安全个人。获奖结果张榜公布，获奖者获得 10 次带薪参加公司培训机会、总公司为获奖者购买 1 年商业医疗补充保险。

4. 员工连续三个月积分在 50 分以上可以晋升一级岗位工资。晋级后如连续两月或累积三个月不能保持在 20 分以上则自动降级。

5. 员工获得提拔进入管理岗位，要求其岗位工资级别不低于 8 级。

6. 员工五险一金缴费标准分为五档，与员工上年度总积分挂钩。

7. 员工带薪休假及公司组织的旅游分五档，根据员工上年度积分确定。

8. 凡获得过积分奖励的员工均可选择参加不同层次和数量的培训。

十二、本办法经工长以上管理人员讨论形成初步意见后下发至班组讨论，全员均可提出合理化的建议，在公司总部和全厂人员表决通过（三分之二以上的员工同意）后实施。表决后全体员工通过文件后签字认可。本办法试行六个月，根据试行情况进行再完善后，修改形成正式文件实施。

附件：
A 选煤厂积分标准

积分可以从标准执行、安全工作（作业）、工作时效、标化、现场整洁、职业素养（包括合作、团队精神、优秀公民行为等）六个方面获得。

对徒弟的考核奖惩与师傅连带。徒弟受到奖励，师傅连带得到一半数量的积分奖励。徒弟受罚，师傅有责任的，第一次处罚师傅，不处罚徒弟。第二次徒弟与师傅同时处罚，师傅的处罚加倍。

标准中规定的扣分项均是初犯时的扣分值，同样问题当月再次出现加倍处罚，第三次当月再犯则停岗学习，考核合格后有班组接收后上岗，无班组接收则解除劳动合同。

一、标准执行

1. 提出比现有标准更好的标准，被公司采纳并实施加 5～30 分。

2. 连续三个月在标准方面无扣分，第四个月加 3 分，连续半年无扣分第六个月加 5 分，连续一年无扣分全年累计加 10 分。

3. 每年在执行标准方面累积积分最高的员工成为年度标准执行优秀员工。

4. 发现并制止别人违章作业加 3 分。

5. 违章作业初次扣 3 分。

6. 不服从工作安排和管理，第一次扣 2～3 分。

7. 班中严禁做与工作无关的事，发现一次扣 1 分（其中开车时不准看任何书籍、手机等电子阅读设备，停车检修时可以阅读与工作有关的技术书籍）。

8. 严格按照操作规程操作，车间或者班组检查发现有违规作业等情况，发现一次扣 1～3 分。

9. 对岗位操作规程抽查不熟练者一次扣 0.5～1 分。

10. 造成事故一次扣 3～5 分。

11. 严格执行交接班制度，交接班时人为造成生产系统不稳定者一次扣 5 分。

12. 认真按时完成班组交给的各项任务，完成不及时者扣 0.5～1 分，未完成并且不说明原因者扣 1.5 分。

13. 未能如实完成巡检内容每处扣 0.5 分。

14. 标准运行记录填写不规范每处扣 0.5 分，空一处扣 1 分。

二、工作（作业）安全

1. 积极参加厂里组织的各项安全活动，对于培训考核前三名分别加 3、2、1 分。对于安全培训无故不参加者一次扣 3 分，参加车间以及班组组织的安全学习，一次无故不参加者，车间组织的扣 2 分，班组组织的扣 1 分。

2. 连续三个月在安全方面无扣分，第四个月加 3 分，连续六个月无扣分第七个月加 5 分，连续十二个月无扣分则第十三个月加 10 分。

3. 每年在安全方面累积积分最高的员工成为年度安全优秀员工。

4. 不按规定穿戴劳保防护用品的查到一次扣 1 分。

5. 出现影响生产以及机电责任事故，根据事故等级一次扣 3～50 分，出现半小时（含半小时）以上责任事故，根据事故等级一次扣 5～100 分。

6. 事故隐患不及时汇报和处理者根据严重程度初次扣 2～10 分。

7. 对本岗位的安全规程和应知应会技能抽查时，不熟悉者一次扣 1 分。

8. 发现班前饮酒上岗位，或班中饮酒一次扣 10～50 分，醉酒闹事者解除劳动合同。

三、 工作时效

1. 准时参加厂组织的各项集体活动，无故不参加者扣 2 分（车间组织的扣 1 分）。

2. 上班及参加集体活动迟到，15 分钟内扣 0.5 分，16～30 分钟扣 1 分，30 分钟以上扣除当天积分。

3. 脱岗、串岗每次扣 1 分，超过 2 次/班停止工作反思。早退扣 2 分。

四、 标化（卫生清洁）

1. 每六个月在标化方面累积积分最高的班组，第七个月每人加 5 分，全年在安全方面累积积分最高的班组成为年度标化优秀班组，全班人员每人年累计积分加 20 分。

2. 在甲方标准检查中被评为前三名的班组或岗位，涉及人员每人分别加 3、2、1 分。

3. 设备和地面卫生"四无"标准执行：班中不按时打扫或达不到标准者发现一次扣 0.2～1 分，车间文明生产一处不合格，责任人扣 1 分，班组检查不合格者，责任人扣 1 分，班组检查不合格者责任人扣 0.5 分，被厂级检查不合格者责任人扣 2 分。

4. 着装不符合要求扣 0.5 分。

5. 交接班时强行交班走人者扣 5 分。交接班后遇突发情况未离厂，并做出重要贡献者根据实际情况加 1～10 分。

五、 现场整洁

1. 未整理清除岗位不必要的废物，发现一次，责任人扣 0.5 分。

2. 工具物品放置未归位，发现一次，责任人扣 0.5 分。

六、 职业素养

1. 不遵守岗位职业道德规范者一次扣 1 分。

2. 打架斗殴挑起者扣 5 分，被动斗殴者扣 3 分，情节严重者停工反思。

3. 发生偷盗公、私财物者，取消当月工资，解除劳动合同，触犯刑律者移交司法机关处理。

4. 损坏公共设施和财产除按价赔偿外，扣 3～10 分，其他处罚按公司相关规定执行。

5. 着装、言行举止不符合公司规定者一次扣 0.5～10 分。

6. 有意不配合工作，并被投诉，经查属实者扣 1～5 分。

7. 班中无故闹事者扣 1～10 分。

8. 不注重个人修养行为，不检点，损害集体荣誉者扣 5～10 分，造成不良后果者扣一季度效益工资，停工反思。

9. 不服从管理，无理取闹者扣 5～10 分，反复出现者解除劳动合同。

10. 子女考上全国重点以上本科大学的员工，加 10 分。

11. 在公开出版物上发表以公司为作者单位文章的员工，加 5 分。

12. 孝敬父母，受到各级政府表彰，根据等级加 5～100 分。

13. 家庭和睦，获评所在社区以上五好家庭，加 5～100 分。

14. 见义勇为，受到政府表彰或有充分的证明依据，根据程度加 5～100 分。

# 参考文献

[1] LAFFONT J-J, MARTIMORT D. The Theory of Incentives: The Principal-Agent Model [M]. Princeton,NJ: Princeton University Press, 2001.

[2] PORTER L W, BIGLEY G A, STEERS R M. Motivation and Work Behavior[M]. 7 edition.Burr Ridge: Irwin Professional Pub., The McGraw-Hill Companies, Inc., 2003.

[3] LAWLER III  E E. Motivation in work organizations[M]. San Francisco: Jossey-Bass Inc., 1994.

[4] AMBROSE M L, KULIK C T. Old Friends, New Faces: Motivation Research in the 1990s[J]. Journal of Management, 1999, 25(3): 231-292.

[5] 莱曼·W. 波特，格雷戈里·A. 比格利，理查德·M. 斯蒂尔斯. 激励与工作行为[M]. 陈学军译.北京：机械工业出版社，2006.

[6] ADLER N J, GUNDERSEN A. International dimensions of organizational behavior[M]. 4th edition.Cincinnati: South-Western Pub., 2002.

[7] 罗宾斯 S P. 组织行为学[M]. 第7版.孙健敏，李原等译.北京：中国人民大学出版社，1997.

[8] 代斌. "激励怪圈"困扰寿险营销[J]. 上海保险，2006，（05）：52+47.

[9] 查理·佩勒林. 4D卓越团队：美国宇航局就是这样管理的[M]. 李雪柏译.北京：中华工商联合出版社，2012.

[10]颜欢，纪双城，李珍等. 中国员工"敬业度"在全球偏低[N]. 环球时报，2012-07-27（7版）.

[11]王聪聪. 南京市总工会调查显示国企员工敬业度最低[N]. 中国青年报，2012-10-18（7版）.

[12]李琼. Hold 住"80后"三招最好使[N]. 广州日报，2012-08-27（C3版）.

[13]戴化勇. 格兰特实验的启示[J]. 企业管理，2012，（02）：22.

[14]斯皮策 D R. 完美激励：组织生机勃勃之道[M]. 张心琴译. 北京：东方出版社，2008.

[15]埃尔菲·科恩. 奖励的惩罚[M]. 程寅，艾斐译.上海：上海三联书店，2006.

[16]JENKINS JR G D, MITRA A, GUPTA N, et al. Are financial incentives related to performance? A meta-analytic review of empirical research[J]. Journal of Applied Psychology, 1998, 83(5): 777.

[17]齐善鸿，程江，焦彦. 道本管理"四主体论"：对管理主体与方式的系统反思——管理从控制到服务的转变[J]. 管理学报，2011.

[18]马克思，恩格斯. 马克思恩格斯全集（第四卷）[M]. 北京：人民出版社，1957.

[19]席酉民，葛京. 和谐管理理论：案例及应用[M]. 西安：西安交通大学出版社，2006.

[20]黎红雷. 儒家管理哲学[M]. 广州：广东高等教育出版社，1993.

[21]齐振海. 管理哲学[M]. 北京：中国社会科学出版社，1988.

[22]刘玉平. 论《周易》的阴阳和谐思维[J]. 周易研究，2004，（05）：65-71.

[23]彭华. 阴阳五行研究（先秦篇）[D]. 华东师范大学 历史学系，2004.

[24]郝大维，安乐哲. 汉哲学思维的文化探源[M]. 施忠连译.南京：江苏人民出版社，1999.

[25]李娟. 孟庄心性论比较研究[D]. 山东大学，2006.

[26] 马永庆. 儒家传统修身观与现代人格完善[J]. 山东师大学报（社会科学版），1996，（03）：3-8.

[27] 金炳华. 哲学大辞典 [M]. 上海：上海辞书出版社. 2001.

[28] 成中英，吕力. 成中英教授论管理哲学的概念、体系、结构与中国管理哲学[J]. 管理学报，2012，（08）：1099-1110.

[29] 李慧. 论禅宗心性论[D]. 郑州大学公共管理学院，2011.

[30] 陈伯君. 修身，中国文化的人生价值取向[J]. 中华文化论坛，2002，（02）：29-32.

[31] 黄义英. 从功过格看古代民间伦理教化及其对公民道德建设的启示[J]. 求实，2006，（S1）：215-216.

[32] 孙良珠. 李嘉诚全传[M]. 武汉：华中科技大学出版社，2010.

[33] 黄铁鹰. 海底捞你学不会[M]. 北京：中信出版社，2011.

[34] 宁高宁. 海底捞的机制[J]. 中国企业家，2011，（08）：110.

[35] 王石. 海底捞成功的奥秘[J]. 中国经济和信息化，2011，（09）：77.

[36] 何万斌. 海底捞：谁都想有尊严地生活[J]. 中外管理，2011，（06）：129.

[37] 张金峰. "海底捞"的员工管理秘笈[J]. 人力资源，2011，（04）：18-20.

[38] 徐罗. "海底捞"管理先"造人"[J]. 企业文化，2009，（06）：42.

[39] 黄铁鹰，梁钧平，潘洋. "海底捞"的管理智慧[J]. 商业评论，2009，（4）：82-91.

[40] 邓婕. 海底捞捞出真经 梦想不是水中月——访海底捞餐饮有限公司董事长 张勇[J]. 人力资源管理，2008，（01）：79-81.

[41] 邓熙. 海底捞的人性管理[J]. 新财经，2007，（11）：62-63.

[42] 李翔，余楠. 对话张勇：海底捞之道[N]. 经济观察报，2011-02-21（49）.

[43] 齐善鸿. 精神管理（第一册）[M]. 北京：中国经济出版社，2002.

[44] 风笑天. 社会学研究方法[M]. 北京：中国人民大学出版社，2001.

[45] ROBBINS S P, JUDGE T A. Organizational Behavior [M]. 13th edition London: Pearson Education Inc., 2009.

[46] 让-雅克·拉丰，大卫·马赫蒂摩. 激励理论（第一卷）：委托代理模型[M]. 陈志俊，李艳，单萍萍译. 北京：中国人民大学出版社，2002.

[47] MASSIE J L. Essentials of management[M]. Englewood Cliffs，NJ: Prentice Hall，1987.

[48] 罗宾斯 斯 P，德森佐 戴 A，玛丽·库尔特. 管理学：原理与实践 [M]. 7 版. 毛蕴诗译. 北京：机械工业出版社，2010.

[49] 齐善鸿. 论人性与激励战略[M]. 天津：天津人民出版社，1996.

[50] 齐善鸿. 新人力资源管理原理[M]. 深圳：海天出版社，1999.

[51] 齐善鸿. 道本管理：精神管理学说与操作模式[M]. 北京：中国经济出版社，2007.

[52] 齐善鸿等. 新管理哲学：道本管理[M]. 大连：东北财经大学出版社，2011.

[53] 齐善鸿，吴思. 道本管理：破解管理与人心的对抗[J]. 北大商业评论，2007，（12）：65-74.

[54] LOCKE E A, LATHAM G P. What should we do about motivation theory? Six recommendations for the twenty-first century[J]. The Academy of Management Review, 2004: 388-403.

[55] COASE R H. The nature of the firm[J]. Economica, 1937, 4(16): 386-405.

[56] 周其仁. 市场里的企业：一个人力资本与非人力资本的特别合约[J]. 经济研究，1996，（06）：71-80.

[57] SAPPINGTON D E M. Incentives in principal-agent relationships[J]. The Journal of Economic Perspectives, 1991: 45-66.

[58] 张五常. 经济解释卷一：科学说需求[M]. 神州增订版. 北京：

中信出版社 2011.

[59] LEIBENSTEIN H. Allocative Efficiency vs. "X-efficiency" [J]. The American Economic Review, 1966, 56(3): 392-415.

[60] 鄂桂红. 潜能的表现与潜能开发[J]. 中国人才，1997，（03）：10-11.

[61] 马斯洛. 人的潜能和价值[M]. 林方主译.北京：华夏出版社，1987.

[62] 刘汸生. 管理学[M]. 北京：科学出版社，2006：377.

[63] 刘志远，林云. 现代企业激励机制[M]. 上海：上海人民出版社，1997.

[64] 泰勒 F W. 科学管理原理[M]. 胡隆昶，冼子恩，曹丽顺译. 北京：中国社会科学出版社，1984.

[65] 道格拉斯·麦格雷戈. 企业的人性面[M]. 韩卉译.北京：中国人民大学出版社，2008.

[66] VROOM V H. Work and Motivation [M]. New York: Wiley，1964.

[67] HULL C L. Principles of behavior: An introduction to behavior theory[M]. New York: Appleton-Century-Crofts, 1943.

[68] SAMANTHA E K. Expectancy Theory Overview[EB/OL] (2012-1-8) https://wikispaces.psu.edu/display/PSYCH484/4.+Expectancy+ Theory.

[69] 史密斯 K G，希特 M A. 管理学中的伟大思想：经典理论的开发历程[M]. 徐飞，路琳译.北京：北京大学出版社，2010.

[70] BAGHER M. Organisational Behaviour and Management [EB/OL] [2012-01-08]. http://globalonline.napier.ac.uk/ videostore/enu/ obm/reader-obm/content/obm/textpages/enu-obm-bk02B0202.html.

[71] LATHAM G P. Work motivation: history, theory, research, and practice[M]. 2nd ed.Thousand Oaks, CA: Sage Publications, 2012.

[72] LOCKE E A, LATHAM G P. Work motivation and satisfaction: Light at the end of the tunnel[J]. Psychological Science, 1990, 1(4): 240.

[73] BANDURA A, MCCLELLAND D C. Social learning theory[M]. Englewood Cliffs, NJ: Prentice-Hall, Inc., 1977.

[74] BANDURA A. Self-efficacy: toward a unifying theory of behavioral change[J]. Psychological review, 1977, 84(2): 191-215.

[75] ROTTER J B. Generalized expectancies for internal versus external control of reinforcement[J]. Psychological monographs: General and applied, 1966, 80(1): 1-28.

[76] BANDURA A. Social foundations of thought and action: A social cognitive theory[M]. Englewood Cliffs, NJ: Prentice-Hall, Inc., 1986.

[77] BANDURA A. Social cognitive theory: An agentic perspective [J]. Annual review of psychology, 2001, 52(1): 1-26.

[78] 班杜拉 A. 思想和行动的社会基础——社会认知论[M]. 林颖译.上海：华东师范大学出版社，2001.

[79] 达夫特. 管理学[M]. 7 版.范海滨，王青译.北京：清华大学出版社，2009：706，712，716.

[80] LOCKE E A. The motivation to work: What we know[J]. Advances in motivation and achievement, 1997, 10: 375-412.

[81] 俞文钊. 管理心理学[M]. 3 版.大连：东北财经大学出版社，2008.

[82] 熊川武. 论教育管理的"全面激励"策略[J]. 高等师范教育研究，1995，（04）：61-66.

[83] 彭贺. 人为激励研究[D]. 复旦大学，2004.

[84] 刘苹. 人力资本权变激励策略研究[D]. 四川大学，2004.

[85] 张朝孝. 基于博弈论的员工激励与合作的机制研究[D]. 重庆大学，2003.

[86] 曾仕强，刘君政. 最有效的激励艺术[M]. 北京：北京联合出版公司，2011.

[87] ATKINSON J W. An introduction to motivation[M]. Princeton, NJ: Van Nostrand Reinhold, 1964.

[88] JONES M R. Nebraska Symposium On Motivation[M]. Lincoln: University of Nebraska Press, 1955.

[89] CAMPBELL J P, PRITCHARD R D. Motivation theory in industrial and organizational psychology[A]. // DUNNETTE M D. Handbook of industrial and organizational psychology[M]. Chicago: Rand Mcnally, 1976.

[90] 爱德华·劳勒三世. 组织中的激励[M]. 陈剑芬译. 北京：中国人民大学出版社，2011.

[91] 申来津. 精神激励的权变理论[D]. 南京师范大学，2002.

[92] DECI E L, RYAN R M. Intrinsic motivation and self-determination in human behavior[M]. New York: Plenum Press, 1985.

[93] AMABILE T M. The motivation to be creative[A]. // ISAKSEN S G. Frontiers of creativity research: Beyond the basics[M]. Buffalo: Bearly Limited, 1987: 223-254.

[94] AMABILE T M, HILL K G, HENNESSEY B A, et al. The Work Preference Inventory: Assessing intrinsic and extrinsic motivational orientations[J]. Journal of personality and social psychology, 1994, 66(5): 950-967.

[95] B NABOU R, TIROLE J. Intrinsic and Extrinsic Motivation[J]. Review of Economic Studies, 2003, 70(244): 489-520.

[96] 李小宁. 组织激励[M]. 北京：北京大学出版社，2005：15.

[97] 王明荣. 基于知识创新的企业激励机制研究[D]. 天津：天津大学 管理学院，2011.

[98] 马克斯·韦伯. 新教伦理与资本主义精神[M]. 康乐，简惠美译.桂林：广西师范大学出版社，2007.

[99] RUMMEL A, FEINBERG R. Cognitive evaluation theory: A meta-analytic review of the literature[J]. Social Behavior and Personality: an international journal, 1988, 16(2): 147-164.

[100] WIERSMA U J. The effects of extrinsic rewards in intrinsic motivation: A meta‐analysis[J]. Journal of Occupational and Organizational

Psychology, 1992, 65(2): 101-114.

[101] TANG S H, HALL V C. The overjustification effect: A meta‐analysis[J]. Applied Cognitive Psychology, 1995, 9(5): 365-404.

[102] FEHR E, G CHTER S, KIRCHSTEIGER G. Reciprocity as a contract enforcement device: Experimental evidence[J]. Econometrica: journal of the Econometric Society, 1997: 833-860.

[103] FEHR E, G CHTER S. How effective are trust-and reciprocity-based incentives?[A]. // BEN-NER A, PUTTERMAN L. Economics, Values, and Organization[M]. Cambridge: Cambridge University Press, 1998: 337-363.

[104] DECI E L, KOESTNER R, RYAN R M. A meta-analytic review of experiments examining the effects of extrinsic rewards on intrinsic motivation[J]. Psychological Bulletin, 1999, 125(6): 627-627.

[105] 万俊人. 论市场经济的道德维度[J]. 中国社会科学，2000，（02）：4-13+205.

[106] 怀特海. 过程与实在[M]. 杨富斌译. 北京：中国城市出版社，2003.

[107] 杨富斌. 怀特海过程哲学思想述评[J]. 国外社会科学，2003，（04）：75-82.

[108] 韩巍. 论"实证研究神塔"的倒掉[J]. 管理学报，2011，（07）：980-989.

[109] MILES R E, PORTER L W, CRAFT J A. Leadership attitudes among public health officials[J]. American Journal of Public Health and the Nations Health, 1966, 56(12): 1990-2005.

[110] KATZELL R A, THOMPSON D E. Work motivation: Theory and practice[J]. American Psychologist, 1990, 45(2): 144-153.

[111] BRAYFIELD A H, CROCKETT W H. Employee attitudes and employee performance[J]. Psychological Bulletin, 1955, 52(5): 396.

[112] 罗素·B. 西方哲学史[M]. 何兆武，李约瑟译. 北京：商务印书馆，2008.

[113] 刘放桐. 新编现代西方哲学[M]. 北京：人民出版社，2000.

[114] 冯友兰. 三松堂全集（第 1 卷）[M]. 第 2 版. 郑州：河南人民出版社，2001.

[115] 张维迎. 博弈论和信息经济学[M]. 上海：上海三联书店，1996.

[116] WEINER B. A theory of motivation for some classroom experiences[J]. Journal of Educational psychology, 1979, 71(1): 3-25.

[117] 张德. 人力资源开发与管理[M]. 第 4 版. 北京：清华大学出版社，2012.

[118] 马明，陈方英，孟华，等. 员工满意度与敬业度关系实证研究——以饭店企业为例[J]. 管理世界，2005，（11）：120-126.

[119] 雷恩 D A. 管理思想史[M]. 第五版. 孙健敏，黄小勇，李原译. 北京：中国人民大学出版社，2009.

[120] 叶航，汪丁丁，罗卫东. 作为内生偏好的利他行为及其经济学意义[J]. 经济研究，2005，（08）：84-94.

[121] 马歇尔. 经济学原理（上卷）[M]. 第 8 版. 朱志泰译. 北京：商务印书馆，1964.

[122] G TH W, SCHMITTBERGER R, SCHWARZE B. An experimental analysis of ultimatum bargaining[J]. Journal of Economic Behavior & Organization, 1982, 3(4): 367-388.

[123] 魏光兴. 公平偏好的博弈实验及理论模型研究综述[J]. 数量经济技术经济研究，2006，（08）：152-161.

[124] ROTH A E, PRASNIKAR V, OKUNO-FUJIWARA M, et al. Bargaining and Market Behavior in Jerusalem, Ljubljana, Pittsburgh, and Tokyo: An Experimental Study[J]. The American Economic Review, 1991, 81(5): 1068-1095.

[125] BLOUNT S. When Social Outcomes Aren't Fair: The Effect of Causal Attributions on Preferences[J]. Organizational Behavior & Human Decision Processes, 1995, 63(2): 131-144.

[126] HOFFMAN E, MCCABE K A, SMITH V L. Behavioral

foundations of reciprocity: Experimental economics and evolutionary psychology[J]. Economic Inquiry, 1998, 36(3): 335-335.

[127] CAMERON L A. Raising the Stakes in the Ultimatum Game: Experimental Evidence From Indonesia[J]. Economic Inquiry, 1999, 37(1): 47-47.

[128] HENRICH J, BOYD R, BOWLES S, et al. In Search of Homo Economicus: Behavioral Experiments in 15 Small-Scale Societies[J]. The American Economic Review, 2001, 91(2): 73-78.

[129] FALK A, FEHR E, FISCHBACHER U. Testing theories of fairness—Intentions matter[J]. Games and Economic Behavior, 2008, 62(1): 287-303.

[130] KAHNEMAN D, KNETSCH J L, THALER R. Fairness as a Constraint on Profit Seeking: Entitlements in the Market[J]. The American Economic Review, 1986, 76(4): 728-741.

[131] ANDREONI J, MILLER J H. Rational cooperation in the finitely repeated prisoner's dilemma: Experimental evidence[J]. The Economic Journal, 1993, 103(418): 570-585.

[132] FORSYTHE R, HOROWITZ J L, SAVIN N E, et al. Fairness in simple bargaining experiments[J]. Games and Economic Behavior, 1994, 6(3): 347-369.

[133] FEHR E, KIRCHSTEIGER G, RIEDL A. Does fairness prevent market clearing? An experimental investigation[J]. Quarterly Journal of Economics, 1993, 108(2): 437-437.

[134] BERG J, DICKHAUT J, MCCABE K. Trust, Reciprocity, and Social History[J]. Games and Economic Behavior, 1995, 10(1): 122-142.

[135] FAHR R, IRLENBUSCH B. Fairness as a constraint on trust in reciprocity: earned property rights in a reciprocal exchange experiment[J]. Economics Letters, 2000, 66(3): 275-282.

[136] COX J C. Trust and reciprocity: implications of game triads and social contexts[J]. New Zealand Economic Papers, 2009, 43(2):

89-104.

[137] FEHR E, SIMON G. Cooperation and Punishment in Public Goods Experiments[J]. The American Economic Review, 2000, 90(4): 980-994.

[138] BOWLES S, GINTIS H. The evolution of strong reciprocity: cooperation in heterogeneous populations[J]. Theoretical population biology, 2004, 65(1): 17-28.

[139] DOMINIQUE J F, FISCHBACHER U, TREYER V, et al. The neural basis of altruistic punishment[J]. science, 2004, 305(5688): 1254-1258.

[140] 高良谋，高静美. 管理学的价值性困境：回顾、争鸣与评论[J]. 管理世界，2011，（01）：145-167.

[141] 齐善鸿. 面向实践的管理核心命题的重新思考[J]. 管理学报，2012，（01）：32-37.

[142] 齐善鸿，李彦敏. 大道说管理[M]. 武汉：湖北长江出版集团长江文艺出版社 2012.

[143] 深圳市聚成企业管理顾问股份有限公司. 公司理念[EB/OL] [2012-06-13]. http://www.jucheng.com/qyll/index.jhtml.

[144] 孔子. 论语[M]. 张燕婴译.北京：中华书局，2006.

[145] 成中英.C 理论：中国管理哲学[M]. 修订版. 北京：东方出版社，2011.

[146] 陆昌勤，方俐洛，凌文辁. 组织行为学中自我效能感研究的历史、现状与思考[J]. 心理科学，2002，（03）.

[147] 齐善鸿，程江，焦彦. 道本管理"四主体论"：对管理主体与方式的系统反思——管理从控制到服务的转变[J]. 管理学报，2011，（09）：1298-1305.

[148] 齐善鸿，曹振杰. 道本管理论：中西方管理哲学融和的视角[J]. 管理学报，2009，（10）：1279-1284+1290.

[149] 齐善鸿，邢宝学. 解析"道本管理"的价值逻辑——管理技术与文化融合的视角[J]. 管理学报，2010，（11）：1584-1590.

[150] 休谟. 人性论 （上）[M]. 关文运译. 北京：商务印书馆，1980.

[151] 埃德加·沙因. 组织心理学[M]. 马红宇，王斌译. 北京：中国人民大学出版社，2009.

[152] 周建远. 主体性与发展[M]. 天津：天津社会科学院出版社，2003.

[153] 恩斯特·卡西尔. 人论[M]. 甘阳译. 上海：上海译文出版社，1985.

[154] 阿尔贝特·施韦泽. 对生命的敬畏：阿尔贝特·施韦泽自述[M]. 陈泽环译.上海：上海人民出版社，2007.

[155] 孟子. 孟子[M]. 万丽华，蓝旭译.北京：中华书局，2006.

[156] 冯友兰. 哲学的精神[M]. 西安：陕西师范大学出版社，2008.

[157] 索伦·克尔凯郭尔. 非此即彼[M]. 陈俊松，黄德先译. 北京：光明日报出版社，2007.

[158] 杨春时. 从客体性到主体性到主体间性——西方美学体系的历史演变[J]. 烟台大学学报（哲学社会科学版），2004，（04）：379-383.

[159] 边立新. 关于主体、主体性问题讨论综述[J]. 党校科研信息，1991，（07）：3-5.

[160] 刘福森. 主体性及其在认识、实践和社会历史中的表现[J]. 哲学动态，1991，（09）：24-27.

[161] 李林昆. 对主体性问题的几点认识[J]. 哲学研究，1991，（03）：25-32.

[162] 陈志良. 释主体性原则[J]. 哲学动态，1988，（03）：16-18.

[163] 袁贵仁. 关于主体性研究的两个问题[J]. 哲学动态，1991，（02）：19-21.

[164] 简明哲学百科词典编写组. 简明哲学百科词典 [M]. 北京：现代出版社.1990.

[165] 尼古拉斯·布宁，余纪元. 西方哲学英汉对照辞典 [M]. 北京；人民出版社.2001.

[166] 王晓东. 西方哲学主体间性批判[M]. 北京：中国社会科学出版社，2004.

[167] 康伟. 师生主体间性理论与实践研究[D]. 西安：陕西师范大学教育科学学院，2007.

[168] ANDERSON N, SCHALK R. The psychological contract in retrospect and prospect[J]. Journal of Organizational Behavior, 1998, 19(S1): 637-647.

[169] LEVINSON H, PRICE C R, MUNDEN K J, et al. Men, management, and mental health[M]. Cambridge: MA: Harvard University Press, 1962.

[170] ARGYRIS C. Understanding Organizational Behavior[M]. Dorsey Press, 1960.

[171] GIBSON R O. Toward a Conceptualization of Absence Behavior of Personnel in Organizations[J]. Administrative Science Quarterly, 1966, 11(1): 107-133.

[172] KOTTER J P. The Psychological Contract: Managing the Joining-Up Process[J]. California Management Review, 1973, 15(3): 91-99.

[173] ROUSSEAU D M. New hire perceptions of their own and their employer's obligations: A study of psychological contracts[J]. Journal of Organizational Behavior, 1990, 11(5): 389-400.

[174] ROBINSON S L, KRAATZ M S, ROUSSEAU D M. Changing obligations and the psychological contract: a longitudinal study[J]. Academy of Management Journal, 1994, 37(1): 137-152.

[175] HERRIOT P, MANNING W E O, KIDD J M. The Content of the Psychological Contract[J]. British Journal of Management, 1997, 8(2): 151.

[176] 陈加洲，凌文辁，方俐洛. 组织中的心理契约[J]. 管理科学学报，2001，（02）：74-78.

[177] CULLINANE N, DUNDON T. The psychological contract: A

critical review[J]. International Journal of Management Reviews, 2006, 8(2): 113-129.

[178] MACNEIL I R. Relational contract: what we do and do not know[J]. Wisconsin Law Review, 1985: 483-525.

[179] ROUSSEAU D M. Psychological contracts in organizations: Understanding written and unwritten agreements[M]. CA: SAGE Publications, Inc, 1995.

[180] SHORE L M, BARKSDALE K. Examining degree of balance and level of obligation in the employment relationship: a social exchange approach[J]. Journal of Organizational Behavior, 1998, 19(7): 731-744.

[181] 白艳莉. 心理契约破裂对员工行为的影响机制研究[D]. 上海：复旦大学管理学院，2010.

[182] SHORE L M, TETRICK L E. The psychological contract as an explanatory framework in the employment relationship[A]. // COOPER C L, ROUSSEAU D M. Trends in organizational behavior[M]. New York: Wiley, 1994: 91-109.

[183] ROUSSEAU D M. Schema, promise and mutuality: The building blocks of the psychological contract[J]. Journal of Occupational & Organizational Psychology, 2001, 74(4): 511.

[184] HERRIOT P, PEMBERTON C. Facilitating new deals[J]. Human Resource Management Journal, 1997, 7(1): 45-56.

[185] SCHALK R, ROE R E. Towards a dynamic model of the psychological contract[J]. Journal for the theory of social behaviour, 2007, 37(2): 167-182.

[186] CONWAY N, BRINER R B. Understanding psychological contracts at work: A critical evaluation of theory and research[M]. Oxford University Press, 2006.

[187] HAO Z, WAYNE S J, GLIBKOWSKI B C, et al. the impact of psychological contract breach on work-related outcomes: a meta-analysis [J]. Personnel Psychology, 2007, 60(3): 647-680.

[188] MORRISON E W, ROBINSON S L. when employees feel betrayed: a model of how psychological contract violation develops[J]. Academy of Management Review, 1997, 22(1): 226-256.

[189] ROBINSON S L. Trust and Breach of the Psychological Contract[J]. Administrative Science Quarterly, 1996, 41(4): 574-599.

[190] TURNLEY W H, FELDMAN D C. Re-examining the effects of psychological contract violations: Unmet expectations and job[J]. Journal of Organizational Behavior, 2000, 21(1): 25.

[191] COYLE-SHAPIRO J, KESSLER I. consequences of the psychological contract for the employment relationship: a large scale survey[J]. Journal of Management Studies, 2000, 37(7): 903-930.

[192] 彼得·圣吉. 第五项修炼——学习型组织的艺术与实务[M]. 郭进隆译.上海：上海三联书店，1998.

[193] 曹振杰. 员工和谐型心智模式及其对工作绩效的影响研究：以酒店餐饮企业为例[D]. 天津：南开大学 商学院，2011.

[194] CRAIK K. The Nature of Explanation[M]. Cambridge, England: Cambridge University Press, 1943.

[195] ROUSE W B, MORRIS N M. On looking into the black box: Prospects and limits in the search for mental models[J]. Psychological Bulletin, 1986, 100(3): 349-363.

[196] WILLIAMS M D, HOLLAN J D, STEVENS A L. Human Reasoning about a Simple Physical System[A]. // STEVENS A L, GENTNER D. Mental Model[M]. NJ: Lawrence Erlbaum Associates, 1983: 131-151.

[197] NORMAN D A. some observations on mental models[A]. // GENTNER D, STEVENS A L. mental models[M]. Hillsdale, NJ: Lawrence Erlbaum Associates, Inc., 1983.

[198] O'CONNOR J, MCDERMOTT I. The Art of Systems Thinking: Essential Skills for Creativity and Problem Solving [M]. San francisco, CA: Thorsons Publish Co., 1997.

[199] SENGE P M. The fifth discipline: the art and practice of the learning organization[M]. New York: Currency Doubleday, 1990.

[200] HEYWORTH R M. Mental Representation of Knowledge for a Topic in High school Chemistry[M]. Michigan: Bell & Howell Company, 1988.

[201] 张馨文. 师院学生电化学心智模式之研究[D]. 台湾：台中师范学院国民教育研究所，2000.

[202] PATTERSON K, GRENNY J, SWITZLER A, et al. The balancing act: Mastering the competing demands of leadership[M]. Cincinnati, Ohio: Thomson Executive Press, 1996.

[203] 李澄益. 高阶经理人心智模式与领导型态之探索性研究[D]. 台湾：国立中正大学企业管理研究所，2003.

[204] 张声雄. 第五项修炼导读[M]. 上海：上海三联书店，2001.

[205] 彭聃龄. 普通心理学[M]. 北京：北京师范大学出版社，2004.

[206] 刘义庆. 世说新语[M]. 北京：中华书局，2007.

[207] NISBETT R E. The geography of thought: how Asians and Westerners think differently and why[M]. New York: Free Press, 2004.

[208] 齐善鸿,吴思. 新企业文化理论——以道为本的"道本管理"[J]. 中外企业文化，2006，（09）：22-25.

[209] 齐善鸿. 道本管理:中国企业文化纲领[M]. 北京：中国经济出版社，2007.

[210] 齐善鸿，刘明，吕波. 精神激励的内在逻辑及操作模式[J]. 科技管理研究，2007，（07）：137-139.

[211] DRUCKER P F. Management's New Paradigms[J]. Forbes, 1998, 162(7): 152-177.

[212] 彼得·F.德鲁克等. 知识管理[M]. 杨开峰译. 北京：中国人民大学出版社，1999.

[213] BURDETT J O. to coach, to not to coach—that is the question! part 1[J]. Industrial & Commercial Training, 1991, 23(5): 10.

[214] 赵敦华. 超越的循环——前现代性、现代性和后现代性的循环关系[J]. 马克思主义与现实，1994，（04）：78-86.

[215] 齐善鸿，白长虹，陈春花等. 出路与展望：直面中国管理实践[J]. 管理学报，2010，（11）：1685-1691.

[216] 罗伯特·卡普兰，戴维·诺顿. 平衡计分卡：战略实践[M]. 上海博意门咨询有限公司译. 北京：中国人民大学出版社，2009.

[217] 罗伯特·卡普兰，大卫·诺顿. 平衡计分卡：化战略为行动[M]. 刘俊，勇孙薇译. 广州：广东经济出版社，2004.

[218] 休伯特·兰佩萨德. 个人平衡计分卡[M]. 万丹译. 北京：中信出版社，2006.

[219] 张信晖，孔繁雪. 安利超级激励手册[M]. 广州：广东经济出版社，2007.

[220] 王朝晖. 湖南平安寿险公司销售人员激励机制研究[D]. 湖南大学，2006.

[221] 彼得·斯科尔特斯. 英明领导手册[M]. 钟汉清译. 北京：华夏出版社，2001.

[222] 谭劲松. 关于管理研究及其理论和方法的讨论[J]. 管理科学学报，2008，（02）：145-152.

[223] 艾尔·巴比. 社会研究方法[M]. 第十一版. 邱泽奇译. 北京：华夏出版社，2009.

[224] 袁方，王汉生. 社会研究方法教程[M]. 北京：北京大学出版社，1997.

[225] SMITH V L. An experimental study of competitive market behavior[J]. The Journal of Political Economy, 1962, 70(2): 111-137.

[226] 保罗·萨缪尔森，威廉·诺德豪斯. 经济学[M]. 萧琛等译. 北京：华夏出版社，1999.

[227] 林诚光. 准实验研究[A]. // 陈晓萍，徐淑英，樊景立. 组织与管理研究的实证方法[M]. 第二版. 北京：北京大学出版社，2012：178-188.

[228] 戴尔·菲尔德. 工作评价：组织诊断与研究实用量表[M]. 阳

志平，王薇，王东升等译. 北京：中国轻工业出版社，2004.

[229] SPECTOR P E. Job Satisfaction Survey, JSS Page[EB/OL] [2011-06-19]. http://shell.cas.usf.edu/~pspector/scales/jsspag.html.

[230] BLAU G. Testing the Longitudinal Impact of Work Variables and Performance Appraisal Satisfaction on Subsequent Overall Job Satisfaction[J]. Human Relations, 1999, 52(8): 1099-1113.

[231] 曾晖. 员工敬业度的评价与开发[M]. 天津：南开大学出版社，2008.

[232] 杨红明. 基于工作特征的企事业单位员工内在动机和敬业度作用机制研究[D]. 武汉：华中科技大学管理学院，2010.

[233] HARTER J K, SCHMIDT F L, HAYES T L. Business-unit-level relationship between employee satisfaction, employee engagement, and business outcomes: a meta-analysis[J]. Journal of Applied Psychology, 2002, 87(2): 268-279.

[234] 吴明隆. 问卷统计分析实务——SPSS 操作与应用[M]. 重庆：重庆大学出版社，2010.

[235] 郭咸纲. 西方管理思想史[M]. 第 2 版. 北京：经济管理出版社，2002.

[236] SOROKIN P A. Sociology as a Science[J]. Social Forces, 1931, 10(1): 21-27.

# 后　记

本书是在我博士毕业论文的基础上经过较大修改而成的。

本研究得以顺利完成，首先应感谢我的导师齐善鸿教授。"仰之弥高，钻之弥坚，瞻之在前，忽焉在后。夫子循循然善诱人，博我以文，约我以礼，欲罢不能。既竭吾才，如有所立卓尔。虽欲从之，未由也已"是我跟随老师学习感受的最好描述。老师带博士重在育人，要我们带着崇高的使命感进行学术研究和探索。本研究是在导师的学术思想指引和悉心指导下完成的，无论是论文的观点还是选题、构思都渗透着老师的思想和心血。如果没有老师的引导，我不可能去学习哲学、国学、心理学和社会学的相关知识，就不可能做出本研究成果。除了学业，在生活方面，老师也给我及每个弟子以严父般的关怀和指导。老师高远的志向、坦荡的胸怀、治学的严谨都给学生留下了受益终生的精神财富。老师教给我的不仅是治学之道，更是为人之方、处世之本。

师母李彦敏老师也为我及其他同门的成长花费了很多心血。师母的善良、热情、周到和慈爱，对我们的关心和照顾，让我们总能感受到亲人般的温暖。感谢师母！

感谢我的硕士导师张玉利教授。在南开大学商学院求学期间，老师一直给予我学业和生活上的指导与帮助，使我受益颇多。感谢南开大学商学院及旅游与服务学院的李天元教授、徐虹教授、于斌教授、袁庆宏教授、戚安邦教授、王迎军教授、薛有志教授、齐岳教授、李建标教授、刘建华教授、于良知教授、许晖教授、陈家刚副教授……您们精彩的授课，给了我知识和能量。感谢天津大学的刘金兰教授、赵黎明教授，天津财经大学的梁智教授、罗永泰教授，河北工业大学的罗明奇教授，程社明博士在论文写作及答辩过程中的指导和建议、您们渊博的学识和高尚的品格让我深为敬佩。感谢《南开管理评论》编辑部主任王学秀博士对本研究的指导和社会实践等方面的关照。感谢对本研究进行盲审的各位专家学者，感谢您们的默默付出。

感谢我的同门，已毕业的博士王鉴忠、王寿鹏、焦彦、曹振杰、邢宝学、孟奕爽、张党珠，仍在读的博士生李亮、肖华、李亚楠、赵良勇、徐明、孙继哲、李宽，已经毕业或再读的硕士梁林春、彭辉、杜记兰、张莹、唐赵、张金华、苏东风、高俊喜、刘翊、武力、高虹等在学习和论文写作过程中给予的帮助。特别感谢曹振杰博士、邢宝学博士对本研究提出的宝贵意见，感谢我的同级好友孟奕爽博士的诸多关心、帮助和无私的分享。

感谢已旅居加拿大的好友陈建启（Stephen Chen），除了给我的论文思路提出意见，还给我从大洋的彼岸寄来了最新的学术著作，使我能及时了解海外的研究成果。感谢天津大学的好友何勇军和南开好友田新、苏东海、吴海燕、王瑞、张春庆、徐海林等给予的帮助、鼓励与支持。

感谢在实验过程中给予了大力支持的领导、朋友，很多企业及其员工，他们是北京中煤阳光矿业技术有限公司总经理谢冬梅女士、芬雷选煤工程技术（北京）有限公司华北地区公司总经理王国华先生、平煤集团田庄选煤厂总工程师曾庆刚先生、神宁集团大武口洗煤厂副厂长陈刚先生、内蒙古准格尔旗力量煤业有限公司大饭铺选煤厂副厂长韩长江先生"借此机会向他们致以深深地谢意。要感谢的友人还有很多，限于篇幅，恕不能一一列出。

感恩父母对我的养育之恩和对我学业的支持和鼓励。平凡而伟大的母爱、父爱是我快乐的源泉、成长的动力和永远的精神力量。为了子女的成长，他们付出了太多。我能上博士一直是他们的愿望，也是我考博的主要动力之一。

感谢我的爱人邢敏及岳父、岳母大人，多年的默默付出、无数辛苦劳累，都是为了我能集中精力完成学业，学有所成，这些，我都记在心间，化作动力。

感谢我的哥哥和姐姐等家人，谢谢您们对父母亲的照顾、对我的理解和支持。感谢儿子程看霖，他的很多想法对本研究也有启发。

感谢南开大学，她的精神已在我心中烙下了深深的印痕，也是本研究立意的来源之一。

感谢南开大学出版社第四事业部主任王乃合博士，这部专著能够顺利出版，得益于王主任的热情帮助和高效工作。

感谢所有培育、关心和帮助过我的人！

作为一名有着十多年管理工作经历的大龄脱产博士生，选择重新寒窗苦读就是希望能做出既有理论深度，又能切实帮助管理实践提升的研究成果。这本书，是四年努力的成果之一。对于这个成果，充满自信的同时，也深知自己才疏学浅，错漏之处难免。恳请不吝赐教。

程　江

二〇一四年八月十九日

南开大学出版社网址：http://www.nkup.com.cn

投稿电话及邮箱：  022-23504636      QQ：1760493289
                                   QQ：2046170045(对外合作)
邮购部：          022-23507092
发行部：          022-23508339      Fax：022-23508542

南开教育云：http://www.nkcloud.org

App：南开书店 app

　　南开教育云由南开大学出版社、国家数字出版基地、天津市多媒体教育技术研究会共同开发，主要包括数字出版、数字书店、数字图书馆、数字课堂及数字虚拟校园等内容平台。数字书店提供图书、电子音像产品的在线销售；虚拟校园提供 360 校园实景；数字课堂提供网络多媒体课程及课件、远程双向互动教室和网络会议系统。在线购书可免费使用学习平台，视频教室等扩展功能。

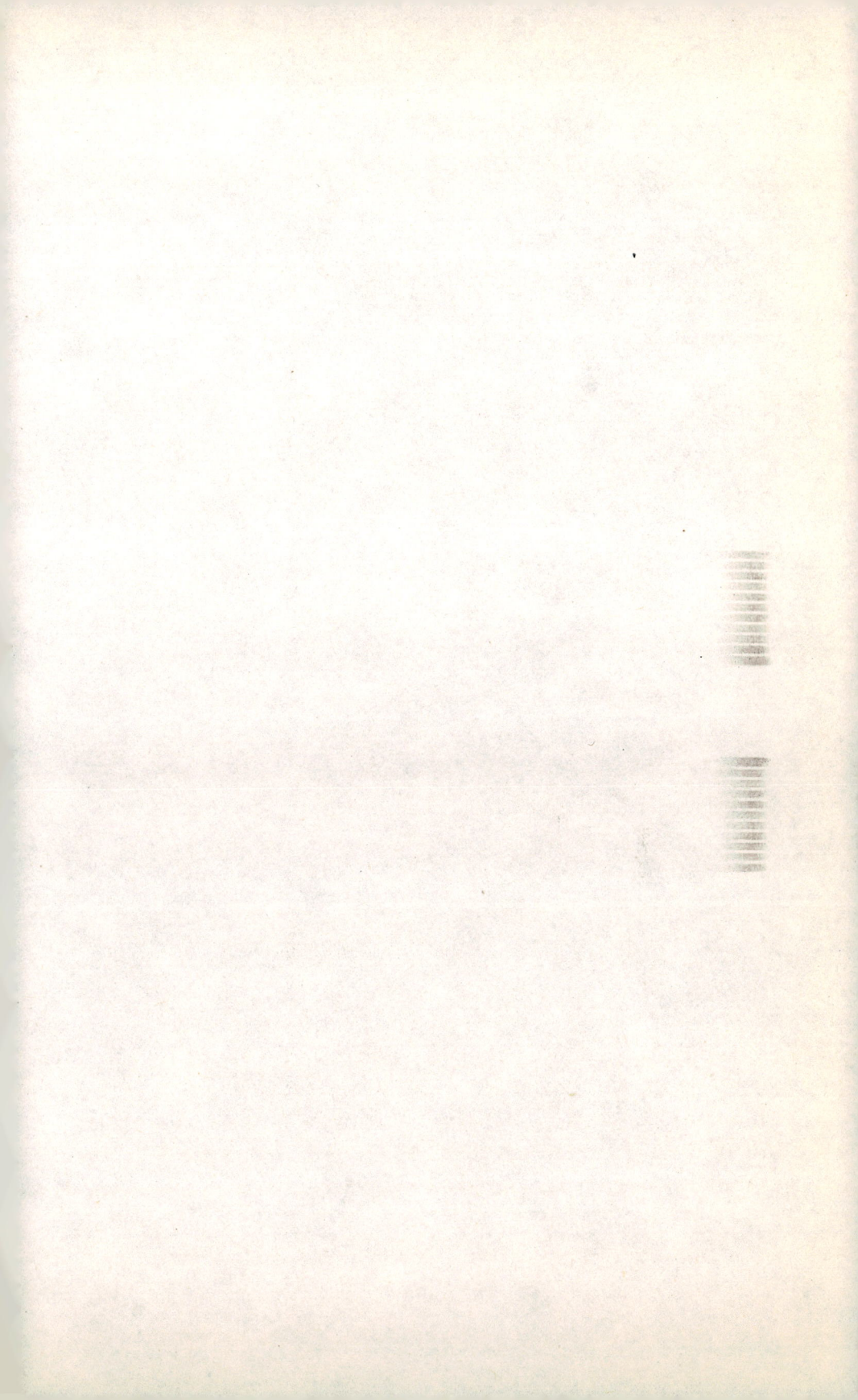